Umwandlungen im Konzern

Europäische Hochschulschriften

Publications Universitaires Européennes
European University Studies

Reihe II
Rechtswissenschaft

Série II Series II
Droit
Law

Bd./Vol. 4851

PETER LANG
Frankfurt am Main · Berlin · Bern · Bruxelles · New York · Oxford · Wien

Tobias Bage

Umwandlungen im Konzern

Gesellschafterschutz bei Formwechsel, Verschmelzung oder Spaltung herrschender und abhängiger Aktiengesellschaften und Gesellschaften mbH

PETER LANG
Internationaler Verlag der Wissenschaften

Bibliografische Information der Deutschen Nationalbibliothek
Die Deutsche Nationalbibliothek verzeichnet diese Publikation in der Deutschen Nationalbibliografie; detaillierte bibliografische Daten sind im Internet über <http://www.d-nb.de> abrufbar.

Zugl.: Berlin, Humboldt-Univ., Diss., 2008

Gedruckt auf alterungsbeständigem,
säurefreiem Papier.

11
ISSN 0531-7312
ISBN 978-3-631-58440-8

Printed in Germany 1 2 3 4 5 7

www.peterlang.de

Meinen Eltern

Vorwort

Die vorliegende Arbeit wurde im Wintersemester 2007/2008 von der Juristischen Fakultät der Humboldt Universität zu Berlin als Dissertation angenommen. Rechtsprechung und Literatur konnten bis November 2008 berücksichtigt werden.

Mein verehrter Lehrer Herr Prof. Dr. Thomas Raiser hat die Arbeit angeregt und gefördert. Hierfür und für die großzügig gewährten Freiräume bei der Fertigstellung der Schrift möchte ich herzlich danken. Mein Dank gilt ferner Frau Prof. Dr. Christine Windbichler für die zügige Erstellung des Zweitgutachtens.

Herzlich gedankt sei außerdem Herrn Prof. Dr. Rüdiger Veil für seine Diskussionsbereitschaft und steten freundschaftlichen Rat. An unsere gemeinsame Zeit am Lehrstuhl denke ich oft und gerne zurück.

Anne danke ich für die liebevolle Geduld, die sie in allen Lebenslagen mit mir aufbringt.

Ganz besonderer Dank gilt schließlich meinen Eltern für die großzügige und von Herzen kommende Förderung und Unterstützung meiner Ausbildung. Ihnen widme ich diese Arbeit.

Düsseldorf, im Dezember 2008 Tobias Bage

Inhaltsverzeichnis

Einleitung

A. Das Spannungsverhältnis zwischen Umwandlungsrecht und Konzernrecht

Verschmelzungen, Spaltungen und Formwechsel finden in der Praxis in beträchtlichem Umfang unter Beteiligung verbundener Unternehmen statt. Dennoch verzichtete der Gesetzgeber 1994 bei der Neukodifikation des Umwandlungsrechts darauf, spezifische Vorschriften über den Minderheitenschutz bei Umwandlungen verbundener Unternehmen in das Gesetz aufzunehmen. Zwar hatte der Diskussionsentwurf ("DiskE UmwG") aus dem Jahre 1988 in den §§ 385 - 389 DiskE UmwG noch eigenständige Regelungen bestimmter konzernspezifischer Probleme vorgesehen,[1] doch waren diese bereits im Referentenentwurf 1992 ("RefE UmwG") nicht mehr enthalten.

Der Verzicht auf besondere Minderheitenschutzvorschriften bei Umwandlungen verbundener Unternehmen wurde damit begründet, dass die Entwicklung in Rechtsprechung und Schrifttum noch nicht so weit gediehen sei, dass sich für den besonderen Fragekreis des Konzernrechts eine abschließende Regelung treffen ließe, die insbesondere auch den faktischen Konzern erfassen würde. Eine solche Teilregelung könne erst getroffen werden, wenn eine allgemeine Lösung für die im Konzernrecht auftretenden Fragen gefunden worden sei.[2]

Die Maximen, die de lege ferenda für gesetzliche Sonderregelungen für die Umwandlung verbundener Unternehmen zu beachten gewesen wären, wurden in der Diskussion über ein neues Umwandlungsrecht prägnant und zutreffend von *Krieger*[3] formuliert:

> "Es besteht ein berechtigtes Interesse der Praxis, bei konzernrelevanten Umstrukturierungen nicht über Gebühr behindert zu werden."
>
> "Umwandlungsmaßnahmen sollten nicht dazu führen, dass der konzernrechtliche Schutz von Minderheitsgesellschaftern beeinträchtigt wird."

---

[1] Vgl. DiskE UmwG, Bundesanzeiger 214a vom 15.11.1988.

[2] RefE UmwG, Beilage Nr. 112a zum Bundesanzeiger 112 vom 20.06.1992, S.16.

[3] *Krieger* ZGR 1990, 517, 518. *Kriegers* dritter Forderung, wonach die Vorschriften über die Verschmelzung denen des Vertragskonzerns möglichst weitgehend angeglichen werden sollten, hat der Gesetzgeber umgesetzt: Im Zuge der Bereinigung des Umwandlungsrechts wurden die §§ 293a-293g in das AktG aufgenommen, die für Bericht und Prüfung eines Unternehmensvertrags weitestgehend identische Regelungen treffen, wie die §§ 8-12 UmwG für die Verschmelzung. Vgl. auch RegE UmwG, BT-Drucks. 12/ 6699, S. 178.

Die vorliegende Arbeit will untersuchen, ob dieses Spannungsverhältnis zwischen dem Umstrukturierungsinteresse der Unternehmen einerseits und dem konzernrechtlichen Minderheitenschutz andererseits unter Rückgriff auf die vorhandenen Vorschriften zufriedenstellend aufgelöst werden kann.[4]

B. Eingrenzung des Untersuchungsgegenstands und Gang der Darstellung

Gegenstand der Arbeit sind Umwandlungen von Unternehmen im faktischen Konzern, im Vertragskonzern und im Eingliederungskonzern.

Den Ausgangspunkt der Untersuchung bildet eine kritische Reflexion der Grundsätze der Unternehmensbewertung. Dies ist angezeigt, weil sowohl im Konzernrecht als auch im Umwandlungsrecht Gesellschafterschutz hauptsächlich auf vermögensrechtlicher Ebene stattfindet. Die Unternehmensbewertung spielt hierbei eine zentrale Rolle. Bei Umwandlungen unter Beteiligung abhängiger Gesellschaften wird daher regelmäßig zu hinterfragen sein, ob allgemein anerkannte Bewertungsgrundsätze aufgrund der Konzernzugehörigkeit modifiziert werden müssen.

Das Kernstück der Arbeit sind die anschließenden Fallgruppenanalysen der denkbaren Konstellationen von Umwandlungen konzernverbundener Unternehmen. Hier soll untersucht werden, ob sich das gerade skizzierte Spannungsverhältnis zwischen dem Umwandlungsinteresse der Unternehmen und dem Minderheitenschutz unter Rückgriff auf die vorhandenen Vorschriften sachgerecht auflösen lässt. Die gesetzlichen Regelungen und die ergänzend von Rechtsprechung und Wissenschaft entworfenen Konzepte zum Schutz der Minderheitsgesellschafter werden also daraufhin untersucht, ob sie sich auch in der Umwandlung bewähren.

Den Fallgruppenanalysen wird eine kurze Darstellung des Minderheitenschutzmodells der jeweils untersuchten Konzernierungsform vorangestellt.
Da übertragende Umwandlungen - also Verschmelzungen und Spaltungen - auch mit einem Formwechsel einhergehen können, beginnen die Fallgruppenanalysen jeweils mit einer Untersuchung des Formwechsels. Sofern bereits die für den isolierten Formwechsel gefundenen Ergebnisse zwingende Maßstäbe an

[4] Sollten diesbezüglich Unstimmigkeiten aufgedeckt werden, gilt es zunächst, unter Rückgriff auf die geltende Rechtslage nach tragfähigen Lösungen zu suchen. Falls sich dieses Vorgehen als nicht zielführend erweisen sollte, stellt sich die Frage, ob eine Ergänzung des UmwG um konzernspezifische Vorschriften ratsam oder gar erforderlich ist.

den Minderheitenschutz anlegen, sind bei übertragender Umwandlung auf eine Gesellschaft anderer Rechtsform die entsprechenden Regeln zu kombinieren. Hierauf wird im Folgenden nicht jedes Mal erneut hingewiesen werden.

Anschließend folgt jeweils eine Analyse der Verschmelzungsmöglichkeiten. Am Anfang steht dabei stets die Untersuchung der sog. "vertikalen“ Konzernverschmelzung, also der Verschmelzung zwischen herrschendem Unternehmen und abhängiger Gesellschaft. Sodann werden die Probleme einer Verschmelzung (i) des herrschenden Unternehmens und (ii) der abhängigen Gesellschaft mit dritten Rechtsträgern diskutiert. In diesen Konstellationen wird auch der Schutz der Gesellschafter des Fusionspartners der abhängigen bzw. der herrschenden Gesellschaft in den Blick genommen.

Schließlich werden die Varianten der Spaltung erörtert. Die Untersuchung beschränkt sich auf Fälle, in denen eine konzernierte Gesellschaft als übertragender (d.h. “sich spaltender“) Rechtsträger auftritt. Ist eine konzernverbundene Gesellschaft übernehmender Rechtsträger, lassen sich die spezifischen Rechtfolgen problemlos aus den bei der Verschmelzung gewonnen Ergebnissen ableiten. Sonderprobleme, die sich bei sog. nicht-verhältniswahrenden Spaltungen ergeben können, werden nicht erörtert.

1. Teil: Grundzüge der Unternehmensbewertung

§ 1: Methodik der Unternehmensbewertung

A. Einleitung

Bei Verschmelzungen und Spaltungen muss der übernehmende Rechtsträger gemäß §§ 2, 123 UmwG den Anteilsinhabern des übertragenden Rechtsträgers als Gegenleistung für die Übertragung ihres Gesellschaftsvermögens Anteile oder Mitgliedschaften gewähren. In welchem Verhältnis die Anteile umgetauscht werden, bestimmt sich nach dem Wert der beteiligten Unternehmen. Beim Formwechsel wird eine Unternehmensbewertung erforderlich, falls einzelne Gesellschafter nach § 207 UmwG berechtigt sind, gegen Barabfindung aus der Gesellschaft auszuscheiden.

Nachfolgend wird ein kurzer Überblick über die Methodik der Unternehmensbewertung anhand der Ertragswertmethode gegeben. Anschließend wird die jüngere Rechtsprechung des Bundesverfassungsgerichts zur Berücksichtigung von Börsenkursen bei der Unternehmensbewertung vorgestellt und diskutiert, inwieweit diese Rechtsprechung auf Umwandlungssachverhalte übertragbar ist.

B. Unternehmensbewertung anhand der Ertragswertmethode

Für die Bewertung lebender Unternehmen hat sich die von den Gerichten anerkannte Ertragswertmethode durchgesetzt.[5] Das Ertragswertverfahren beruht auf der Überlegung, dass sich der Erwerber eines Unternehmens bei der Preisfindung hauptsächlich daran orientieren wird, welchen Ertrag er aus dem Unternehmen in Zukunft ziehen kann. Kern der Methode ist deshalb die Schätzung der zukünftig erzielbaren Erträge. Um diese Erträge prognostizieren zu können, wird auf die Ergebnisse der vergangenen Jahre und insbesondere auf die Planungsrechnungen des Unternehmens zurückgegriffen. Die Summe der erwarteten zukünftigen Erträge wird sodann nach der Rentenformel auf den Bewertungsstichtag abgezinst. Die prognostizierten Erträge werden also als Verzinsung des eingesetzten Kapitals betrachtet. Auf diesem Wege lässt sich berechnen, welches Kapital bei einer Investition in ein vergleichbares Anlageobjekt vermutlich dieselben Erträge erbracht hätte. Dieses ist dann der Ertrags-

[5] Zu Einzelheiten vgl. IDW Standard S 1 neu, Grundsätze zur Durchführung von Unternehmensbewertungen (WpG 2004, 889 ff.), *Großfeld*, Unternehmensbewertung, S. 39 ff; *Piltz*, Unternehmensbewertung, S. 125 ff.

wert des Unternehmens. Zu dem so ermittelten Betrag ist der Verkehrswert des nicht betriebsnotwendigen Vermögens zu addieren.[6]

Da durch konzernleitende Maßnahmen die Ertragskraft eines abhängigen Unternehmens u.U. massiv und nachhaltig geschwächt werden kann, führt die Anwendung der Ertragswertmethode bei der Ermittlung des Unternehmenswertes einer abhängigen Gesellschaft mitunter zu fragwürdigen Ergebnissen. Gleiches gilt für die Fälle, in denen das herrschende Unternehmen die abhängige Gesellschaft unter Aufwendung erheblicher Mittel saniert hat. In den Fallgruppenanalysen wird daher zu untersuchen sein, ob aufgrund eines bestehenden Konzernverhältnisses das übliche Verfahren der Ertragswertermittlung modifiziert werden muss.

C. Berücksichtigung von Börsenkursen

Die Rechtsprechung und der überwiegende Teil der rechtswissenschaftlichen Literatur lehnten es jahrzehntelang ab, vorhandene Börsenkurse bei rechtlich relevanten Unternehmensbewertungen zu berücksichtigen. Als Begründung wurde im Wesentlichen angeführt, dass der Börsenkurs von Zufälligkeiten abhänge und deshalb nicht den wahren Wert eines Unternehmens widerspiegele.[7] Im Schrifttum wurde jedoch zunehmend Kritik an dieser tradierten Auffassung laut. Es wurde argumentiert, dass der Wert eines Unternehmens letztlich vom Markt bestimmt werde[8] und deshalb der Börsenkurs stets die Untergrenze für eine Abfindung bilden,[9] oder zumindest zum Zwecke einer Plausibilitätskontrolle herangezogen werden müsse.[10]

Das Bundesverfassungsgericht hat sich dieser Auffassung angeschlossen und im sog. "DAT/Altana"-Beschluss aufgezeigt, dass bei der Bewertung einer abhängigen Gesellschaft zum Zwecke der Ermittlung von Abfindung und Ausgleich bei einem Unternehmensvertrag (§§ 304, 305 AktG) sowie der Ab-

---

[6] Vgl. nur BayObLG AG 1996, 127, 128; BayObLG AG 1996, 176, 178; OLG Düsseldorf AG 1990, 397, 401; AG 1999, 321.

[7] BGHZ 71, 40, 51 ("Kali+Salz"); OLG Düsseldorf AG 1995, 85; WM 1984, 732 ("Thyssen/Rheinstahl") *Großfeld* Unternehmensbewertung, 2. Aufl. 1998, S. 34 ff; KölnKomm AktG/*Koppensteiner* 2. Aufl. 1987; § 305 Rdn. 37; *Kamprad* AG 1986, 321, 322.

[8] *Luttermann* ZIP 1999, 45 ff; *Rodloff* DB 1999, 1149; *Aha* AG 1997, 26, 27.

[9] *Emmerich*/Habersack Aktien- und GmbH-Konzernrecht, 1. Auflage, 1998, § 305 Rdn. 35.

[10] IDW-Standard S 1 - Grundsätze zur Durchführung von Unternehmensbewertungen, Ziff. 3, WpG 2000, 825, 827; vgl. auch *Seetzen* WM 1999, 565, 571.

findung bei einer Eingliederung (§ 320a AktG) ein existierender Börsenkurs im Regelfall nicht unterschritten werden darf.[11]

Das Bundesverfassungsgericht rekurrierte im "DAT/Altana"-Beschluss zunächst auf seine ständige Rechtsprechung zu Art. 14 Abs. 1 Grundgesetz, wonach die Gewährleistung des Eigentums auch das Anteilseigentum in Form der Aktie umfasst, das im Rahmen seiner gesellschaftsrechtlichen Ausgestaltung durch Privatnützigkeit und Dispositionsbefugnis gekennzeichnet ist.[12] Dieser Schutz hindere den Gesetzgeber aber nicht, im Rahmen der aktienrechtlichen Ausgestaltung der Rechtsbeziehungen unter den Aktionären Maßnahmen zuzulassen, die diese verfassungsrechtlich geschützte Stellung berühren, selbst wenn sie zum Entzug (Eingliederung oder Squeeze-Out) oder einer erheblichen Beeinträchtigung der mitgliedschaftlichen oder vermögensrechtlichen Stellung führen (Unternehmensvertrag).

Derartige Maßnahmen seien Inhalts- und Schrankenbestimmungen i.S.v. Art. 14 Abs. 1 Satz 2 Grundgesetz.[13] Deshalb sei für den Verlust oder die vergleichbare Beeinträchtigung der vermögenswerten Rechtsposition ein voller Ausgleich zu leisten. Diese von Art. 14 Abs. 1 Grundgesetz geforderte „volle" Entschädigung dürfe nicht unter dem Verkehrswert liegen. Der Verkehrswert könne bei börsennotierten Unternehmen aber nicht ohne Rücksicht auf den Börsenkurs festgesetzt werden, denn sonst erhielten die Minderheitsaktionäre für ihre Aktien weniger, als sie ohne die zur Entschädigung verpflichtende Intervention des Mehrheitsaktionärs bei einem Verkauf erlöst hätten.

Der Verkehrswert wird durch die Verkehrsfähigkeit der Aktie geprägt und entspricht dem Betrag, den der Aktionär bei freier Veräußerung auf dem relevanten Markt erzielen kann. Er ist - wie das Bundesverfassungsgericht weiter ausgeführt hat - in der Regel mit dem Börsenwert identisch.[14] Ausnahmen von diesem Grundsatz sollen nach dem Bundesverfassungsgericht gelten, wenn (i) über einen längeren Zeitraum mit Aktien der Gesellschaft praktisch kein Handel stattgefunden hat, (ii) aufgrund einer Marktenge der einzelne außenstehende

---

[11] BVerfGE 100, 289 ("DAT/Altana").
[12] BVerfG NZG 2007, 631; NZG 2003, 1016; BVerfGE 100, 289, 301; BVerfGE 14, 263, 276.
[13] BVerfGE 14, 263 277f.; BVerfGE 100, 289, 302; NZG 2007, 587, Rdnr. 19; BGH, NZG 2006, 117.
[14] Vgl. BVerfGE 100, 289, 307 ff.; BGHZ 148, 108.

Aktionär nicht in der Lage ist, seine Aktien zum Börsenpreis zu veräußern, oder (iii) der Börsenpreis manipuliert worden ist.[15]

Die Gleichstellung von Börsen- und Verkehrswert beruht auf der Annahme, dass die Börse auf der Grundlage der ihr zur Verfügung stehenden Informationen und Informationsmöglichkeiten die Ertragskraft des Gesellschaftsunternehmens zutreffend bewertet, der Erwerber von Aktien sich an dieser Einschätzung durch den Markt orientiert und sich daher Angebot und Nachfrage danach regulieren, so dass sich die Marktbewertung im Börsenkurs der Aktien niederschlägt.[16]

Nachfolgend werden die Konsequenzen des "DAT/Altana"-Beschlusses, der sich unmittelbar nur auf die Ermittlung von Abfindung und Ausgleich bei Abschluss eines Unternehmensvertrags und die Barabfindung bei einer Eingliederung bezieht, für Entschädigungspflichten nach dem UmwG erörtert. Hierbei wird zwischen umwandlungsrechtlichen Abfindungsverpflichtungen und der Ermittlung eines angemessenen Umtauschverhältnisses differenziert.

§ 2: Börsenkurs und Umwandlungsmaßnahmen

A. Börsenkurs und Ermittlung einer angemessenen Abfindung

Die §§ 29, 125, 207 UmwG zeigen auf, dass niemand gezwungen sein soll, nach einer Umwandlung in einer Gesellschaft zu verbleiben, die in einer anderen Rechtsform organisiert ist oder ausschließlich vinkulierte Anteile begeben hat. Andererseits soll der Mehrheit aber nicht generell die Möglichkeit genommen werden, auch solche Umwandlungen zu beschließen. Das Gesetz löst diesen Konflikt, indem es derartige Umwandlungsmaßnahmen zwar zulässt, jedoch dissentierenden Gesellschaftern ein Austrittsrecht gegen eine angemessene Barabfindung gewährt.

---

[15] BVerfGE 100, 289, 309. In den hier untersuchten Konstellationen von Umwandlungen im Konzern wird eine Marktenge wohl in den seltensten Fällen vorliegen. Die Gerichte verneinen meist selbst in Fällen des Squeeze Out nach §§ 327a ff. AktG eine Marktenge. So hat z.B. das OLG München ZIP 2006, 1722. 1723, bei einem Free Float von 0,45 Prozent (= 14.220 Aktien) und einem Handel von insgesamt 7,4 Prozent des Free Float (= 1.049 Aktien; 0,033 Prozent des Grundkapitals) an sechs Handelstagen im Dreimonatszeitraum eine Marktenge abgelehnt. Vgl. ferner OLG Frankfurt, AG 2007, 403; OLG Stuttgart AG 2007 705, 711; OLG Düsseldorf DB 2006, 2391, 2395. 404 LG Frankfurt AG 2006, 757, 758.

[16] BVerfGE 100, 289, 307 f.

Diese Konfliktsituation zwischen Mehrheit und Minderheit ist vergleichbar mit derjenigen bei Konzernierungsmaßnahmen nach §§ 291 ff AktG, über die das Bundesverfassungsgericht im "DAT/Altana"-Fall entschieden hat. Dort beruht das gesetzliche Austrittsrecht auf dem Gedanken, dass niemand gezwungen werden soll, in einem Verband zu verbleiben, der sich vertraglich der Leitungsmacht eines anderen Unternehmens unterstellt. Gleichwohl erkennt der Gesetzgeber aber ein legitimes unternehmerisches Bedürfnis nach derartigen Strukturmaßnahmen an.

Aufgrund der vergleichbaren Interessenlagen soll nunmehr auch im Umwandlungsrecht nach allgemeiner Ansicht bei der Bemessung der Barabfindung ausscheidender Gesellschafter *stets* der Börsenkurs beachtet werden.[17] Er bildet - sofern nicht besondere Umstände das Bild verzerren - die Untergrenze für die Höhe der Abfindung.

B. Berücksichtigung von Börsenkursen bei Ermittlung einer Umtauschrelation

Ob Börsenkurse auch bei der Umtauschwertermittlung bei einer Verschmelzung oder Spaltung zu berücksichtigen sind, wird äußerst kontrovers diskutiert. Einige Oberlandesgerichte und zahlreiche Stimmen im Schrifttum lehnen eine Übertragung der "DAT/Altana"-Rechtsprechung des Bundesverfassungsgerichts auf die Umtauschwertermittlung bei Verschmelzungen grundsätzlich ab.[18] Andere Teile des Schrifttums sprechen sich – mit Unterschieden im Detail – für eine Übertragung der "DAT/Altana"-Grundsätze auf die Verschmelzung aus.[19] Nachfolgend werden die wesentlichen Argumente der widerstreitenden Auffassungen dargestellt und kritisch gewürdigt.

---

[17] *Erb* DB 2001, 523; *Lutter/Drygala* in: Lutter UmwG § 5 Rdn. 31; *Piltz* ZGR 2001, 185, 212, *Wilm* NZG 2000, 234 237.

[18] BayObLG AG 2003, 569 ("Hypo-Vereinsbank"); OLG Stuttgart AG 2006, 420, 427; *Bungert* BB 2003, 699; *ders./Eckert* BB 2000, 1845, 1846; *Decher* FS Wiedemann, S. 787, 806f; *Hüffer* AktG, § 305 Rdn 24k; *Hüttemann* ZGR 2001, 454, 565; *Kirchner/Sailer* NZG 2002, 305, 311; *Lutter/Drygala* in: Lutter UmwG § 5 Rdn. 27; *Riegger* DB 1999, 1890; *Wilm* NZG 2000, 234, 235.

[19] *Behnke* NZG 1999, 934; *Gehling* in: Semler/Stengel UmwG § 8 Rdn. 26; *Piltz* ZGR 2001, 185, 205; *Puszkajler* BB 2003, 1692; Schmitt/*Hörtnagl*/Stratz UmwG § 5 Rdn. 47; *Vetter* AG 1999, 569, 572; *ders.* ZIP 2000, 561, 566; *Vollrath* FS Widmann, S. 121, *Erb* DB 2001, 523, *Weiler/Meyer* NZG 699.

I. Eigentumsrelevanz

Gegen eine Übertragung der "DAT/Altana"-Grundsätze auf die Verschmelzung wird geltend gemacht, dass Verschmelzungen, anders als die Konzernierungsmaßnahmen, über die das Bundesverfassungsgerichts entschieden hat, keine enteignende Wirkung hätten. Während die Minderheitsaktionäre durch den Abschluss von Unternehmensverträgen oder durch Eingliederungen gleichsam aus der Gesellschaft gedrängt würden, blieben sie bei einer Verschmelzung auch künftig an der nunmehr verschmolzenen Gesellschaft beteiligt.

Diesem Argument der angeblich "fehlenden Eigentumsrelevanz" wird entgegnet, dass die rechtliche und wirtschaftliche Situation der Minderheitsaktionäre in der Verschmelzung durchaus mit der Lage bei Konzernierungsmaßnahmen vergleichbar sei. Denn für den Minderheitsaktionär mache es kaum einen Unterschied, ob er seine Beteiligung durch eine Eingliederung verliere bzw. „sein" Unternehmen vertraglicher Leitungsmacht unterstellt wird, oder ob seine Gesellschaft aufgrund eines Mehrheitsentscheids mit einem anderen Rechtsträger verschmolzen wird.[20]

Diese Analyse überzeugt. Bei einer übertragenden Verschmelzung besteht die schützenswerte Rechtsstellung des Aktionärs darin, dass die ihm als Gegenleistung vom übernehmenden Rechtsträger gewährten Anteile nicht weniger wert sein dürfen, als er alternativ bei freier Desinvestitionsentscheidung - d.h. bei einem Verkauf seiner Aktien über die Börse - vor der Verschmelzung erhalten hätte. Eine Ausrichtung des Umtauschverhältnisses allein an den Ertragswerten würde aber die Aktionäre des (im jeweiligen Verhältnis zum Ertragswert) an der Börse besser bewerteten Unternehmens um den von ihnen realisierbaren Vermögensvorteil enteignen.

Hiergegen lässt sich auch nicht einwenden, dass die betroffenen Aktionäre ja ihre Aktien weiterhin über die Börse veräußern könnten, wenn das Umtauschverhältnis den Börsenwert ihrer Gesellschaft nicht reflektiert. Denn an den Kapitalmärkten schlägt ein nicht am Börsenwert orientiertes Umtauschverhältnis in der Regel umgehend auf den Kurs durch, da kein vernünftiger Anleger bereit sein wird, für eine Aktie mehr zu zahlen, als er hierfür an Gegenwert in der bevorstehenden Verschmelzung erhalten wird.

---

[20] *Behnke* NZG 1999, 934; *Erb* DB 2001, 523; *Piltz* ZGR 2001, 185, 205; *Puszkajler* BB 2003, 1692, 1693.

Unternehmensvertrag und Eingliederung einerseits und Verschmelzung andererseits können daher für die Minderheitsaktionäre eine vergleichbare "Eigentumsrelevanz" aufweisen. Dies spricht für eine Übertragung der Börsenkursrechtsprechung auf die Verschmelzung.

II. Interessen der Anteilseigner des aufnehmenden Rechtsträgers

Da bei einer Verschmelzung die Mitgliedschaftsrechte aller beteiligten Anteilseigner vom Umtauschverhältnis betroffen sind, muss es den Interessen sämtlicher Anteilseigner beider Gesellschaften gerecht werden.[21] Nicht nur die Aktionäre abhängiger Gesellschaften, sondern auch die Gesellschafter anderer beteiligter Rechtsträger können sich also darauf berufen, dass Art. 14 Abs. 1 Grundgesetz ihr Anteilseigentum im oben dargestellten Sinne schützt.[22]

Vor diesem Hintergrund wird gegen eine Übertragung der "DAT/Altana"-Rechtsprechung auf Verschmelzungsfälle eingewendet, dass die Aktionäre einer Gesellschaft, deren Ertragswert über dem Börsenwert liegt, benachteiligt würden, wenn für beide Gesellschaften der Börsenwert angesetzt wird.[23] In einem solchen Fall bei der aufnehmenden Gesellschaft den (höheren) Ertragswert anzusetzen, sei nicht möglich, da dies gegen den Bewertungsgrundsatz der Methodengleichheit verstoßen würde.[24] Daher müssten in dieser Konstellation beide Gesellschaften nach der Ertragswertmethode bewertet werden.

Diese Argumentation überhöht jedoch den "Grundsatz der Methodengleichheit", der keineswegs in Stein gemeißelt ist. Vielmehr besteht Konsens darüber,

---

[21] Ausführlich OLG Stuttgart AG 2006, 420, 421 f.

[22] BayObLG AG 2003, 569, 572, OLG Stuttgart AG 2007, 705, 712; *Adolff* Unternehmensbewertung im Recht der börsennotierten Aktiengesellschaft, S. 462 f; *Bungert/Eckert* BB 2000, 1845, 1846; *Martens* AG 2003, 593, 597 f; *Paschos* ZIP 2003, 1017, 1020 f; *Piltz* ZGR 2001, 185, 205; *Riegger* DB 1999, 1889, 1890; *Vetter* DB 2001, 1347, 1352; *Wilm* NZG 2000, 234, 236.

[23] *BayObLG, AG 2003, 569 ("Hypo-Vereinsbank"); Bungert/Eckert BB 2000, 1845,* 1846; *Lutter/Drygala in:* Lutter UmwG § 5 Rdn. 30; *Riegger* DB 1999, 1890; *Wilm* NZG 2000, 234, 235.

[24] OLG München AG 2007, 701, 705; OLG Stuttgart AG 2006, 420, 427; OLG Karlsruhe AG 2006, 463, 464; OLG Düsseldorf AG 2003, 329 334; LG Dortmund ZIP 2001, 739; *Bermel/Hannappel* in: Goutier/Knopf/Tulloch UmwG § 5 Rdn. 23; *Bungert* BB 2003, 699, 703; *Bungert./Eckert* BB 2000, 1845, 1847; *Lutter/Drygala* in: Lutter UmwG § 5 Rdn. 29f; Köln-Komm AktG/*Koppensteiner* § 305 Rdn. 110; *Luttermann* EWiR 2000, 109; *Marsch-Barner* in: Kallmeyer UmwG § 8 Rdn. 14; *W. Müller* EWiR 2000, 751; *Piltz* ZGR 2001, 185, 205ff; Widmann/*Mayer* UmwG § 5 Rdn. 101; *Wilm* NZG 2000, 235; aA *Weiler/Meyer* ZIP 2001, 2153, 2158.

in begründeten Ausnahmefällen das Prinzip der Meistbegünstigung anzuwenden.[25] So wird das Meistbegünstigungsprinzip nach allgemeiner Auffassung beispielsweise immer dann angewandt, wenn der Liquidationswert einer Gesellschaft über ihrem Ertragswert liegt. In einem solchen Fall ist für diese Gesellschaft der Liquidationswert anzusetzen, wohingegen bei der anderen Gesellschaft der Ertragswert herangezogen wird.[26]

Der Meistbegünstigungsgrundsatz spiegelt sich auch im Gesetz wider: Gemäß § 12 Abs. 2 Satz 2 Nr. 3 UmwG muss der Verschmelzungsprüfer – wenn für die beteiligten Unternehmen verschiedene Bewertungsmethoden angewendet wurden – in einer Parallelrechnung darlegen, welche Werte sich bei der Anwendung der verschiedenen Methoden auf alle beteiligten Unternehmen jeweils ergeben würden.

Auch die Argumentation des Bundesverfassungsgerichts in der "DAT/Altana"-Entscheidung weist den Weg in Richtung des Meistbegünstigungsgrundsatzes. Denn das Gericht stellte einerseits klar, dass der Börsenkurs lediglich die Untergrenze der den außenstehenden Aktionären zu gewährenden Abfindung markiert und gegebenenfalls ein höherer Ertragswert maßgeblich sein soll.[27] Andererseits hat es aber aufgezeigt, dass es verfassungsrechtlich nicht zwingend ist, einen etwaigen Börsenwert der herrschenden Gesellschaft als Obergrenze für deren Bewertung heranzuziehen. Die Gerichte seien vielmehr frei - etwa bei einer schlechten Verfassung der Kapitalmärkte -, dem herrschenden Unternehmen einen höheren Wert beizumessen als den Börsenwert.[28]

Demnach ist es verfassungsrechtlich zulässig, die Börsenwerte *beider* Gesellschaften jeweils nur als Untergrenze der Bewertung heranzuziehen. Dies kann im Ergebnis dazu führen, dass die abhängige Gesellschaft nach dem höheren

---

[25] Vgl. *Martens* AG 2003, 593; *Paschos* ZIP 2003, 1017, 1021; *Puszkajler* BB 2003, 1692, 1694 (mit Berechnungsbeispielen), vgl. ferner KölnKomm AktG/*Koppensteiner* § 305 Rdn. 114.

[26] Vgl. BayObLG DB 1995 1703; *Lutter/Drygala* in: Lutter UmwG § 5 Rdn. 22; *Marsch-Barner* in: Kallmeyer UmwG § 8 Rdn. 13.

[27] BVerfGE 100, 289, 306; s. auch OLG Düsseldorf AG 2003, 329, 334; OLG Hamburg NZG 2003, 89, 90; OLG Hamburg NZG 2002, 189,190; OLG Stuttgart NZG 2000, 744, 745.

[28] BVerfGE 100, 289, 310, vgl. aber die Nachfolgeentscheidung BGHZ 147, 108, 121: Hiernach soll ein höherer Ertragswert der Obergesellschaft – anders als bei der abhängigen Gesellschaft - nicht ohne weiteres maßgeblich sein, vielmehr bedürfe es der besonderen "Darlegung und des Beweises von Umständen, aus denen auf eine Abweichung des Börsenkurses vom Verkehrswert zu schließen ist." Diese "Asymmetrie" wird im Schrifttum zu Recht kritisiert, vgl. *Bungert* BB 2001, 1163 f.

Börsenwert, das herrschende Unternehmen hingegen nach dem höheren Ertragswert (oder vice versa) zu bewerten ist.

Das in der "DAT/Altana"-Entscheidung angelegte Meistbegünstigungsprinzip ist konsequenterweise auch auf Verschmelzungsfälle zu übertragen. Wird für beide Gesellschaften das jeweils höhere Bewertungsergebnis angesetzt, also entweder der Börsenwert oder der Ertragswert, realisieren sich Bewertungsrisiken und Bewertungschancen für die Gesellschafter beider beteiligten Rechtsträger in gleicher Weise.[29]

Dass bei Anwendung des Meistbegünstigungsprinzips die Minderheitsaktionäre der übertragenden Gesellschaft den Börsenwert ihrer Aktien nicht unmittelbar realisieren können, wenn der Börsenkurs der als Gegenleistung gewährten Aktien unter deren (dann maßgebenden) anteiligen Ertragswert liegt, ist hinzunehmen. Würde das Maß der Beteiligung am verschmolzenen Rechtsträger ausschließlich daran festgemacht, ob Aktionäre durch Veräußerung der neuen Beteiligung an der Börse denselben (Geld-)Wert erzielen können wie bei einer Veräußerung ihrer ursprünglichen Beteiligung am übertragenden Rechtsträger, so würde im Ergebnis mittelbar eine Barabfindung gewährt. Diese sieht das Gesetz bei der rechtsformwahrenden Verschmelzung aber gerade nicht vor.[30] Im Übrigen steht dem Nachteil, der sich daraus ergeben mag, dass der Minderheitsaktionär die im Wege des Umtauschs erlangten Aktien des verschmolzenen Unternehmens nicht zum selben Preis veräußern kann wie unmittelbar vor der Verschmelzung die Aktien der übertragenden Gesellschaft, die Möglichkeit gegenüber, an der künftigen Unternehmensentwicklung zu partizipieren.[31] Die außenstehenden Aktionäre können daher auch bei der Ermittlung des Umtauschverhältnisses für eine Konzernverschmelzung nicht fordern, dass der Börsenkurs des herrschenden Unternehmens die Obergrenze für dessen Bewertung markiert.

---

[29] Vgl. *Martens* AG 2003, 593, 599; *ders*, in: FS Röhricht S. 987, 989; *Reuter* DB 2001, 2483; für Konzernverschmelzungen auch *Paschos*, ZIP 2003, 1017, 1021ff.; vgl. auch KölnKomm-SpruchG/*Riegger*, Anh. § 11 Rdnr. 58, 61; MüHdbAG/*Krieger* § 70 Rdnr. 137; HeidelbergerKomm AktG/*Schenk* § 305 Rdn. 51. Der Meistbegünstigungsgrundsatz kann und sollte auch dann zur Anwendung kommen, wenn lediglich eine der beteiligten Gesellschaften börsennotiert ist, vgl. *Puszkaljer* BB 2003, 1692, 1694.

[30] Vgl. OLG Stuttgart AG 2007, 705; 714; *Martens* AG 2003, 593, für die Abfindung in Aktien; ähnlich *Adolff* a.a.O. S. 478; vgl. auch *Maier-Reimer/Kolb*, FS Welf Müller, S. 93, 108.

[31] OLG Stuttgart AG 2007, 705; 714; *Martens* AG 2003, 593, 599.

Somit stellt die Anerkennung des Meistbegünstigungsprinzips sicher, dass die Gesellschafter des aufnehmenden Rechtsträgers durch eine Übertragung der Börsenkurs-Rechtsprechung auf die Verschmelzung nicht benachteiligt werden. Der entsprechende Einwand gegen die Übertragung der „DAT/Altana"-Grundsätze auf die Verschmelzung ist daher hinfällig.

III. Konzernkonflikt

Gegen die Übertragung der "DAT/Altana"-Rechtsprechung auf die Verschmelzung wird ferner eingewendet, dass das Urteil vor dem Hintergrund eines Konzernkonflikts ergangen ist. Dieser Konflikt zwischen Mehrheits- und Minderheitsgesellschaftern bestehe nur bei Unternehmensverträgen und Eingliederungen, nicht aber bei der Verschmelzung. Zumindest bei einem "Merger of Equals" gebe es keinen Interessengegensatz zwischen dem Großaktionär und den jeweiligen Minderheitsaktionären der an der Verschmelzung beteiligten Gesellschaften.[32]

Dass dieser Einwand für die hier thematisierten Konzernverschmelzungen ins Leere geht, liegt auf der Hand. Mit Recht wird daher zunehmend vertreten, zumindest bei Konzernverschmelzungen einen vorhandenen Börsenwert der abhängigen Gesellschaft stets als Untergrenze ihrer Bewertung heranzuziehen.[33]

Der Hinweis auf den angeblich nicht bestehenden Interessenkonflikt ist aber auch bei Verschmelzungen ohne Konzernbezug nicht überzeugend. Die Berücksichtigung von Börsenkursen gewährleistet die Umsetzung des verfassungsrechtlich garantierten Eigentumsschutzes. Es ist wenig überzeugend, den Minderheitsaktionären diesen Schutz bei Verschmelzungen von vorneherein zu versagen, weil sich in bestimmten Konstellationen ihre Interessen mit denen des Mehrheitsaktionärs decken können. Wenn bei einem "Merger of Equals" der jeweilige Mehrheitsaktionär mit den Minderheitsaktionären "in einem Boot sitzt", führt dies lediglich zu einer gewissen Wahrscheinlichkeit, dass die Parteien um ein angemessenes Umtauschverhältnis ringen werden. Dass die

---

[32] BayObLG AG 2003, 569 ("Hypo-Vereinsbank"); *Adolff* Unternehmensbewertung im Recht der börsennotierten Aktiengesellschaft, S. 446; *Bungert/Eckert* BB 2000, 1845, 1846; *Decher* FS Widmann, S. 787, 800; *Kirchner/*Sailer NZG 2002, 305, 311; *Lutter/Drygala* in: Lutter UmwG § 5 Rdn. 27; *Riegger* DB 1999, 1890; *Wilm* NZG 2000, 234, 235, *Wilsing/Kruse* DStR 2001, 991, 995.

[33] Vgl. OLG Stuttgart AG 2007, 705; *Lutter/Drygala* in: Lutter UmwG, § 5 Rdn. 28 (die allerdings am Prinzip der Methodengleichheit festhalten wollen); *Paschos* ZIP 2003, 1017, 1023; *Wilsing/Kruse* DStR 2001, 991, 995; ferner KölnKomm AktG/*Koppensteiner* § 305 Rdn. 114.

Großaktionäre am Ende der Verhandlungen dann tatsächlich auch ein angemessenes Umtauschverhältnis vereinbaren, garantiert dieser Gleichlauf der Interessen allerdings gerade nicht.

Somit liefert auch der Hinweis auf den angeblichen Interessengleichlauf von Mehrheitsgesellschafter und Minderheitsgesellschaftern keinen stichhaltigen Einwand gegen die Übertragung der „DAT/Altana"-Grundsätze auf die Verschmelzung.

C. Ergebnis zur Berücksichtigung von Börsenkursen

Bei Ermittlung einer angemessenen Abfindung gemäß §§ 29, 125, 207 UmwG markiert der Börsenkurs stets die Untergrenze der zu gewährenden Entschädigung. Dies folgt aus der Vergleichbarkeit der Interessenlage der abfindungsberechtigten Aktionäre mit der Interessenlage der Aktionäre bei Konzernierungsmaßnahmen nach §§ 291 ff AktG, über die das Bundesverfassungsgericht im "DAT/Altana"-Fall entschieden hat.

Auch bei der Ermittlung des angemessenen Umtauschverhältnisses im Rahmen einer übertragenden Umwandlung bilden evtl. vorhandene Börsenkurse die Untergrenze für die Bewertung der beteiligten Gesellschaften. Die gegen die Übertragung der „DAT/Altana"-Grundsätze auf die Verschmelzung erhobenen Einwände dringen nicht durch. Auch im Rahmen einer Verschmelzung darf der Aktionär als Gegenleistung nicht weniger erhalten, als er bei einer freien Desinvestionsentscheidung, also bei einer Veräußerung über die Börse, erhalten hätte. Der Börsenwert ist selbst dann als Untergrenze der Bewertung heranzuziehen, wenn nur eine der beteiligten Gesellschaften börsennotiert ist. Der Grundsatz der Meistbegünstigung verdrängt dann das Prinzip der methodengleichen Bewertung.

D. Ermittlung der maßgeblichen Börsenkurse

Obwohl seit der DAT/Altana-Entscheidung des Bundesverfassungsgerichts zwischenzeitlich einige Jahre ins Land gegangen sind, ist weiterhin ungeklärt, wie der für eine rechtlich relevante Unternehmensbewertung maßgebliche Börsenkurs zu ermitteln ist. Das Bundesverfassungsgericht hatte festgehalten, dass nicht notwendigerweise auf den Börsenkurs zum Bewertungsstichtag abzustellen sei, weil sonst die Möglichkeit bestünde, den Kurs in die Höhe zu treiben. Daher könne etwa auf einen Durchschnittskurs im Vorfeld der Bekanntgabe des Unternehmensvertrags zurückgegriffen werden.[34]

Auch der BGH, der erneut über die Sache „DAT/Altana" zu entscheiden hatte, lehnte es ab, auf einen fixen Stichtagskurs aufzusetzen. Stattdessen erklärte er aus Gründen der Rechtssicherheit einen Durchschnittskurs für maßgeblich. Dieser Referenzkurs sei in Anlehnung an § 305 Abs. 3 Satz 2 AktG auf den Tag zu beziehen, an dem die Hauptversammlung der beherrschten AG dem Abschluss des Unternehmensvertrags zugestimmt hat. Die erforderliche Nähe zu diesem Stichtag gebiete es, einen relativ kurzen Zeitraum für die Bildung des Durchschnittskurses zu wählen. Insoweit sei ein Zeitraum von drei Monaten, der unmittelbar vor der Hauptversammlung der beherrschten AG liegt, erforderlich, aber auch ausreichend, um der Gefahr von Kursmanipulationen wirksam begegnen zu können.[35]

Der BGH nahm dabei ausdrücklich in Kauf, dass die Erwartung der Marktteilnehmer, infolge des Abschlusses des Unternehmensvertrags eine günstige Abfindung erreichen zu können, typischerweise den Börsenpreis in die Höhe treibt. Dieses Phänomen beruht nach Auffassung des BGH zum einen auf dem Marktgesetz, dass Angebot und Nachfrage die Preise bestimmen, zum anderen darauf, dass der Markt seine Einschätzung über die zu erwartenden unechten und echten Synergieeffekte zum Ausdruck bringe. Da die Minderheitsaktionäre nicht weniger erhalten dürften als sie bei einer freien Desinvestitionsentscheidung zum Zeitpunkt des Zustandekommens des Unternehmensvertrags erlangt hätten, sei ein höherer Börsenkurs auf Grund von Abfindungsspekulationen hinzunehmen, soweit er nicht auf Börsenkursmanipulationen beruhe.[36]

Auf die hierauf ergangene Verfassungsbeschwerde hat das Bundesverfassungsgericht bestätigt, dass die vom BGH gewählte Methode verfassungsrechtlich nicht zu beanstanden ist. Es hat aber zugleich bekräftigt, dass dies nicht die einzig verfassungsrechtlich zulässige Methode ist. Vielmehr sei von den Fachgerichten auf einfachrechtlicher Ebene zu entscheiden, ob nicht stattdessen ein anderer Referenzzeitraum, etwa drei Monate vor Bekanntgabe der Maßnahme, maßgeblich sein soll.[37]

---

[34] BVerfGE 100, 289.
[35] BGHZ 147, 108; bestätigt durch BGHZ 156, 57.
[36] BGHZ 147, 108, 112.
[37] BVerfG ZIP 2007, 175, 177 f.

Die Instanzgerichte hatten sich bislang überwiegend dem BGH angeschlossen.[38] Das Schrifttum lehnt demgegenüber diese Rechtsprechung nahezu einhellig ab und möchte stattdessen die Referenzperiode nach Maßgabe des § 5 Abs. 1 WpÜG-AngebotsVO bilden.[39] Danach hat der Bieter bei Übernahmeangeboten und Pflichtangeboten den Aktionären der an einer inländischen Börse zugelassenen Zielgesellschaft eine Gegenleistung anzubieten, die mindestens dem gewichteten durchschnittlichen inländischen Börsenkurs dieser Aktien während der letzten drei Monate vor der Veröffentlichung des Angebots entspricht. Letzter Tag für die Bildung des Durchschnittskurses bei abfindungspflichtigen Maßnahmen soll danach nicht der Tag der Hauptversammlung sein, sondern der Tag des Bekanntwerdens der Maßnahme (im Regelfall durch eine Ad-hoc-Mitteilung nach § 15 WpHG).

Diese Auffassung überzeugt. Der Börsenkurs in dem Zeitraum von drei Monaten vor der Hauptversammlung ist bereits aus technischen Gründen nicht besonders praktikabel, weil er zum Zeitpunkt der Erstellung des Verschmelzungsberichts wegen der zu beachtenden Einberufungsfrist (§ 123 Abs. 1 AktG) noch gar nicht feststehen kann.[40] Die Praxis muss sich daher regelmäßig mit schwer handhabbaren Anpassungsregelungen behelfen.[41]

---

[38] Die Instanzgerichte gelangten in den vorgelegten Fällen teils zu dem Ergebnis, dass der nach dem Ertragswertverfahren zu bestimmende Abfindungsbetrag höher ist als der nach der Vorgabe des BGH bestimmte Börsenkurs, wobei jedoch nicht ersichtlich wird, ob ein anderer Referenzzeitraum dazu geführt hätte, dass der sich nach dem Ertragswertverfahren ergebende Betrag überschritten wird, vgl. OLG Hamburg NZG 2002, 189, 190; OLG Hamburg NZG 2003, 89, 90; OLG Stuttgart OLGR 2004, 6, 8; OLG Karlsruhe AG 2005, 2005, AG45, 47; OLG München ZIP 2006, 1722, 1723; LG Frankfurt AG 2005, 930, 933 f.; LG Frankfurt AG 2006, 757, 758 f.; LG Frankfurt NZG 2006, 868, 869).

[39] *Hüffer* AktG § 305 Rn. 24 e/f; KölnKomm SpruchG/*Riegger* Anh. § 11 Rn. 56; *Emmerich/Habersack* Aktien- und GmbH-Konzernrecht, § 305 Rn. 47 b/c; KölnKomm AktG/*Koppensteiner* § 305 AktG Rn. 104; *Großfeld*, Unternehmens- und Anteilsbewertung im Gesellschaftsrecht, 4. Aufl. 2002, S. 195 f.; *Bungert* BB 2001, 1163, 1166; *Puszkajler* BB 2003, 1692, 1694; *E. Vetter* DB 2001, 1347, 1349 ff.; aus der Rechtsprechung KG ZIP 2007, 75; OLG Frankfurt AG 2003, 581, 582; ähnlich LG Stuttgart AG 2005, 450, 452: Durchschnitt der letzten 3 Monate vor Beauftragung des Vorgutachters. Das OLG Stuttgart NZG 2007, 305 wollte sich dieser Auffassung anschließen und hatte die Frage daher nach §§ 12 Abs. 2 Satz 2 SpruchG, 28 Abs. 2 FGG dem BGH zur erneuten Entscheidung vorgelegt. Die Parteien haben sich dann aber noch vor einer Entscheidung des BGH verglichen.

[40] *Bungert* BB 2001, 1163, 1165, *Emmerich/Habersack* Aktien- und GmbH-Konzernrecht, § 305 Rdn. 47 b/c; KölnKomm SpruchG/*Riegger* Anh. § 11 Rdn. 56; KölnKommAktG/ *Koppensteiner* § 305 Rdn. 102; *E. Vetter* DB 2001, 1347, 1350.

[41] Vgl. *Wasmann* BB 2007, 608.

Für die hier untersuchte Verschmelzungskonstellation kommt hinzu, dass das UmwG - anders als § 305 Abs. 2 AktG für die Ermittlung der konzernrechtlichen Kompensationsansprüche - gerade keinen verbindlichen Stichtag für die Ermittlung der Verschmelzungswertrelation festlegt.[42] Wenn aber die Stichtagsregelung, auf die der BGH seine Rechtsprechung zur Ermittlung der angemessenen Entschädigung bei Abschluss eines Unternehmensvertrags maßgeblich stützt, im Umwandlungsrecht keine Entsprechung gefunden hat, so sollten hier ausschließlich die angeführten sachbezogenen Argumente ausschlaggebend sein.

Ausschlaggebend ist aber letztlich der inhaltliche Einwand, dass die Börsenkurse durch die Bekanntgabe des Vorhabens und insbesondere durch die Bekanntgabe der zu erwartenden Umtauschrelation nachhaltig beeinflusst werden, ohne dass dies mit einem realen Wertverlust oder -zuwachs der betroffenen Unternehmen korrespondieren muss.[43] Um insoweit den Effekt einer „selbsterfüllenden Prophezeiung" auszuschließen, sollte das Ende der dreimonatigen Referenzperiode auf den Tag der Ankündigung der Umwandlungsmaßnahme fallen.

Im Sinne einer Synchronisation mit § 5 Abs. 1 WpÜG-AngebotsVO und zur Vermeidung von Verzerrungen sollte nicht ein ungewichteter Kurs,[44] sondern ein nach Umsätzen gewichteter Durchschnittskurs herangezogen werden.[45] Derart gewichtete Umsätze spiegeln das Marktgeschehen besser wider und

---

[42] Vgl. *Lutter/Drygala* in: Lutter UmwG § 5 Rdn. 24. Nach h.M. soll der maßgebliche Stichtag der Tag sein, an dem die Hauptversammlung der übertragenden Gesellschaft der Verschmelzung zustimmt, vgl. *Hoffmann-Becking* FS Fleck, 105, 114; *Mayer* in: Widmann/Mayer UmwG § 5 Rdn. 131 jeweils mwN.

[43] Vgl. für die Beeinflussung des abfindungsrelevanten Börsenkurses der Untergesellschaft bei Konzernierungsmaßnahmen insbesondere OLG Stuttgart NZG 2007, 302, 305: „Nach Bekanntgabe des Abfindungsbetrags pendelt sich der Kurs häufig auf einen etwas darüber liegenden Kurs ein. Auch dieser hier ebenfalls zu beobachtende Effekt ist ohne weiteres damit zu erklären, dass der sichere Sockel für einen Abfindungsbetrag im Raum steht, verbunden mit der Hoffnung auf einen etwas höheren Betrag im Wege eines Spruchverfahrens und die erwartete Kostenerstattung. Da es sich hierbei um ein den Gesetzmäßigkeiten des Marktes folgendes Geschehen handelt, kann keine Korrektur über den Einwand der Manipulation erfolgen, abgesehen davon, dass ein entsprechender Nachweis in tatsächlicher Hinsicht kaum zu führen ist." Siehe auch KG ZIP 2007, 75, 77; *Bungert* BB 2001, 1163, 1165; *Großfeld* Unternehmens- und Anteilsbewertung im Gesellschaftsrecht, S. 196; *Hüffer* AktG § 305 Rdn. 24 e; *Weber* ZGR 2004, 280, 284 ff.

[44] So aber OLG Düsseldorf NZG 2003, 588, 591; OLG Hamburg NZG 2002, 189, 190

[45] OLG Frankfurt AG 2003, 581, 582; OLG München ZIP 2006, 1722, 1724; *Emmerich/Habersack* Aktien- und GmbH-Konzernrecht, § 305 Rn. 47 d; KölnKomm SpruchG/*Riegger* Anh. § 11 Rn. 55 f.; *E. Vetter* DB 2001, 1347, 1351.

verhindern, dass vereinzelte „Ausreißer“ bei geringen Umsätzen eine sachlich nicht zu rechtfertigende Bedeutung erlangen können.

2. Teil: Umwandlungen im faktischen Konzern

Einleitung

Umwandlungen unter Beteiligung faktisch verbundener Unternehmen werfen eine ganze Reihe schwieriger Rechtsfragen auf. So ließen sich in diesem Kontext beispielsweise auch die Problemkomplexe eines *Konzerneingangsschutzes* durch richterliche Inhaltskontrolle abhängigkeitsbegründender Umwandlungsbeschlüsse[46] oder der *Konzernleitungsmacht*[47] erörtern. Diese Themen sind jedoch weitestgehend ausdiskutiert und werden deshalb in der vorliegenden Arbeit nicht weiter untersucht.

Die Erörterung wird stattdessen auf die bislang wenig untersuchten Auswirkungen von Umwandlungen auf konzernrechtliche Nachteilsausgleichs- und Schadensersatzansprüche der abhängigen Gesellschaft fokussieren.[48] Mittelbar gewährleisten diese Rechtsinstitute im faktischen Konzern zugleich auch den Vermögensschutz der Minderheitsgesellschafter. Thematisiert wird daher insbesondere, ob und ggf. wie derartige Ansprüche bzw. Forderungen sich auf die bei einer Umwandlung erforderliche Unternehmensbewertung auswirken.

Die Frage nach dem Schicksal konzernrechtlicher Ausgleichs- und Schadensersatzpflichten wird in einer Fallgruppenuntersuchung erörtert. Zur Verdeutlichung der Problemrelevanz wird in gebotener Kürze jedoch zunächst die Haftungsverfassung im faktischen Konzern skizziert.

---

[46] Unter Bezugnahme auf BGHZ 80, 69 ("Suessen") wollen u.a. *Lutter/Drygala* in: Lutter UmwG § 13 Rdn. 38; *Timm* ZGR 1987, 402, 424 ff; *Emmerich* in: Scholz GmbHG Anh. KonzernR, Rdn. 102; *Raiser/Veil* Recht der Kapitalgesellschaften, § 46 Rdn. 73 und § 52 Rdn. 21 und *Hirte* Bezugsrechtsausschluss, S. 165 ff Konzerneingangsschutz durch eine richterliche Inhaltskontrolle abhängigkeitsbegründender Umwandlungsbeschlüsse gewährleisten, aA *Bermel* in: Goutier/Knopf/Tulloch UmwG § 13 Rdn. 24; GroßKomm AktG/*K.Schmidt* § 243 Rdn. 46.

[47] Nach h.M. muss die Hauptversammlung der Obergesellschaft nach Maßgabe der "Holzmüller-Doktrin" (vgl. BGHZ 83, 122 – jetzt konkretisiert durch BGH ZIP 2004, 993 und BGH ZIP 2004, 1001 - "Gelatine") bei Umwandlungen "bedeutender" Tochtergesellschaften mitwirken, vgl. nur OLG Köln ZIP 1993, 110, *Bermel* in: Goutier/Knopf/Tulloch UmwG § 13 Rdn. 30; Emmerich/*Habersack* Aktien- und GmbH-Konzernrecht, Vor 311 Rdn. 42; *Lutter/Drygala* in: Lutter UmwG § 13 Rdn. 42; *Lutter* FS Stimpel, S. 825, 829; *Krieger* ZGR 1990, 517, 538; *Mülbert* Aktiengesellschaft, Unternehmensgruppe und Kapitalmarkt, S. 437 f; *Timm* Konzernspitze, S. 139. 143 ff.

[48] Lediglich *Meilicke/Heidel* AG 1989, 117 erörtern einzelne Aspekte der Thematik.

§ 1: Das System des Minderheitenschutzes im faktischen Konzern

A. Faktischer Aktienkonzern

Besteht kein Beherrschungsvertrag, so darf gemäß § 311 Abs. 1 AktG ein herrschendes Unternehmen seinen Einfluss nicht dazu benutzen, eine abhängige Aktiengesellschaft oder Kommanditgesellschaft auf Aktien zu veranlassen, ein für sie nachteiliges Rechtsgeschäft vorzunehmen oder Maßnahmen zu ihrem Nachteil zu treffen oder zu unterlassen, es sei denn, dass die Nachteile ausgeglichen werden. Die Ausgleichspflicht tritt nur ein, wenn die Einflussnahme des herrschenden Unternehmens für das Rechtsgeschäft bzw. die Maßnahme und für den daraus erwachsenen Nachteil ursächlich war.

Ist der Ausgleich nicht während des Geschäftsjahrs tatsächlich erfolgt, so muß gemäß § 311 Abs. 2 AktG spätestens am Ende des Geschäftsjahrs, in dem der abhängigen Gesellschaft der Nachteil zugefügt worden ist, bestimmt werden, wann und durch welche Vorteile der Nachteil ausgeglichen werden soll. Auf die zum Ausgleich bestimmten Vorteile ist der abhängigen Gesellschaft ein Rechtsanspruch zu gewähren.

Ein Nachteil kann durch jeden erdenklichen Vermögensvorteil kompensiert werden, sofern dieser nur einer Bewertung zugänglich ist. Neben Barzahlungen kommen daher auch unentgeltliche oder verbilligte Lieferungen und Leistungen jeder Art (Sachen, Rechte, Dienstleistungen) oder die Verschaffung von Ansprüchen gegen Dritte in Betracht.[49] Das herrschende Unternehmen kann die Modalitäten des Nachteilsausgleichs einseitig bestimmen.[50] Diese Regelungen sind im Vergleich zu einer Schadensersatzverpflichtung nach §§ 249 ff. BGB (also Naturalrestitution oder Geldersatz) eine erhebliche Privilegierung des herrschenden Unternehmens.

Während des laufenden Geschäftsjahres hat die abhängige Gesellschaft keinen durchsetzbaren Rechtsanspruch auf einen Nachteilsausgleich. Werden die Nachteile aber nicht im Laufe des Geschäftsjahrs ausgeglichen, so muss bis zum

---

[49] Emmerich/*Habersack* Aktien- und GmbH-Konzernrecht, § 311 Rdn. 63, MünchHdbAG/*Krieger* § 69 Rdn. 86; Geßler/Hefermehl AktG/*Kropff* § 311 Rdn. 135.

[50] *Beuthien* DB 1969, 1781, 1783; Emmerich/*Habersack* Aktien- und GmbH-Konzernrecht § 311 Rdn. 71; *Hüffer* AktG § 311 Rdn. 41; MünchHdbAG/*Krieger* § 69 Rdn. 88; *Möhring* FS Schilling, S. 253, 265; GroßKomm/*Würdinger* § 311 Rdn. Anm. 10; aA *Altmeppen* ZIP 1996, 693, 696; *Geßler* FS Westermann, S. 145, 161; MünchKomm AktG/*Kropff* § 311 Rdn. 250 ff.

Ende des Geschäftsjahres bestimmt werden, wann und durch welche Vorteile der Ausgleich erfolgen soll. Die abhängige Gesellschaft und das herrschende Unternehmen müssen hierüber spätestens am Bilanzstichtag einen Vertrag schließen.

Veranlasst das herrschende Unternehmen die abhängige Gesellschaft zu nachteiligen Rechtsgeschäften oder Maßnahmen, gleicht dann aber die Nachteile nicht rechtzeitig aus, ist es gemäß § 317 Abs. 1 Satz 1 AktG zum Schadensersatz verpflichtet. Der Inhalt dieses Anspruchs bestimmt sich nach den §§ 249 ff BGB. Grundsätzlich ist also die Wiederherstellung des ursprünglichen Zustandes geschuldet. Gegebenenfalls müssen nachteilige Rechtsgeschäfte oder Maßnahmen rückabgewickelt werden.[51] Ist das nicht möglich, ist Schadensersatz in Geld zu leisten.

B. Faktischer GmbH-Konzern

Im faktischen GmbH-Konzern wird der Konzernkonflikt über die mitgliedschaftliche Treuebindung[52] des herrschenden Unternehmens gelöst.[53] Dieses verstößt gegen seine Treuepflicht, wenn es auf den gemeinsamen Zweck und die legitimen Interessen der Mitgesellschafter keine Rücksicht nimmt und so die abhängige Gesellschaft grundlos schädigt oder die Rechte der Minderheitsgesellschafter ohne Not verkürzt.

Verstößt das herrschende Unternehmen gegen seine Treuepflichten, macht es sich nach Maßgabe der §§ 249 ff BGB schadenersatzpflichtig.[54] Grundsätzlich ist die treuwidrige Maßnahme rückgängig zu machen. Ist dies nicht möglich, ist

[51] Emmerich/*Habersack* Aktien- und GmbH-Konzernrecht, § 317 Rdn. 15; *Hüffer* AktG § 317 Rdn. 9; KölnKomm AktG/*Koppensteiner* § 317 Rdn. 20; MünchKomm AktG/*Kropff* § 317 Rdn. 28.

[52] Vgl. hierzu BGHZ 95, 330, 340 ("Autokran"); grundlegend zur Treuepflicht BGHZ 65, 15 ("ITT").

[53] *Casper* in: Ulmer/Habersack/Winter GmbHG Anh. § 77 Rdn. 54; *Emmerich* in: Scholz GmbHG § 44 Anh. Rdn. 70; *Eschenbruch* Konzernhaftung, S. 261 ff; *Hüffer* AktG § 311 Rdn. 51; *Koppensteiner* in: Rowedder/Schmidt-Leithoff GmbHG Anh. KonzernR Rdn. 53 ff; *Monopolkommssion*, 7. HauptGA Tz. 864; *Raiser/Veil* Recht der Kapitalgesellschaften § 53 Rdn. 46; *Ulmer* in: Hachenburg GmbHG § 77 Anh. Rdn. 73 ff; *Wiedemann* Unternehmensgruppe, S. 77 f: *M. Winter* Treuebindungen, S. 113 ff; *Zöllner* in: Baumbach/Hueck GmbHG Anh. KonzernR Rdn. 98 f. Alternative Modelle bei *K. Schmidt* GesR, § 39 III; *Lutter* ZGR 1987, 324, 362 ff.

[54] BGH BB 1977, 465; BGH, WM 1978, 1205; *Emmerich* in: Scholz GmbHG § 44 Anh. Rdn. 184 ff; *Eschenbruch* Konzernhaftung S. 273; *Raiser/Veil* Recht der Kapitalgesellschaften § 53 Rdn. 49; *Ulmer* in: Hachenburg GmbHG § 77 Anh., Rdn. 86.

Schadensersatz in Geld zu leisten. Die Abwendung der Schadensersatzpflicht durch Gewährung eines Nachteilsausgleichs entsprechend § 311 AktG scheidet aus.[55] Die Ansprüche stehen der abhängigen Gesellschaft zu. Wegen der Abhängigkeit ist jedoch nicht immer sichergestellt, dass die Gesellschaft diese Ansprüche tatsächlich verfolgen wird. Die (Minderheits-) Gesellschafter können die Ansprüche daher im Wege der actio pro socio geltend machen.[56]

[55] *Emmerich* in: Scholz GmbHG § 44 Anh., Rdn. 75; *Koppensteiner* in: Rowedder/Schmidt-Leithoff GmbHG Anh. KonzernR Rdn. 53; *Zöllner* in: Baumbach/Hueck GmbHG Anh. KonzernR Rdn. 56.

[56] BGHZ 65, 15, 21 ("ITT"); BGH, AG 1990, 458; *v. Gerkan* ZGR 1988, 441; *Casper* in: Ulmer/Habersack/Winter GmbHG Anh. § 77 Rdn. 85; *Emmerich* in: Scholz GmbHG § 44 Anh. Rdn. 190 ff; *Ulmer* in: Hachenburg GmbHG § 77 Anh. Rdn. 89 ff; *Zöllner* ZGR 1988, 392, 410 f.

§ 2: Fallgruppenanalyse

A. Formwechsel im faktischen Konzern

I. Formwechsel des herrschenden Unternehmens

Fraglich ist, wie sich der Formwechsel eines faktisch herrschenden Unternehmens auf dessen Verpflichtungen wegen Einflussnahmen auf eine abhängige Gesellschaft auswirkt. Die Antwort muss an § 202 Abs. 1 Nr. 1 UmwG anknüpfen, wonach der formwechselnde Rechtsträger in der neuen Rechtsform "weiterbesteht". Das Vermögen und sämtliche Rechtsverhältnisse des Rechtsträgers sollen umfassend und unmittelbar in die neue Rechtsform transportiert werden.[57] Durch diese sog. "Identitätsthese" will das Gesetz eine umfassende Kontinuität der Vermögensordnung bei gleichzeitiger Diskontinuität der Verfassung und des anwendbaren Normensystems sicherstellen.[58]

Die Identitätsthese stößt jedoch an ihre Grenzen, wenn zwingende gesetzliche Regelungen mit der Rechtsordnung der neuen Organisationsform unvereinbar sind.[59] Daher wird nachstehend untersucht, ob der Rechtsträger neuer Rechtsform Altverbindlichkeiten aufgrund faktischer Konzernleitung, also Obliegenheiten und Verpflichtungen nach den §§ 311 ff AktG bzw. aus der Verletzung mitgliedschaftlicher Treuepflichten in der GmbH, automatisch und unverändert übernimmt, oder ob die Rechtsordnung der neuen Organisationsform einer Überleitung derartiger Verbindlichkeiten entgegensteht.

1. Formwechsel des herrschenden Unternehmens im Aktienkonzern

Die Obliegenheiten und Pflichten gegenüber einer abhängigen Aktiengesellschaft zur Ausgleichs- bzw. Schadensersatzleistung gemäß §§ 311, 317 AktG knüpfen nicht an die Rechtsform der Obergesellschaft an. Die Vorschriften verlangen lediglich, dass der herrschende Aktionär *Unternehmen* i.S.d. §§ 15 ff AktG ist.[60] Dass die Unternehmensqualität allein aufgrund eines Formwechsels entfällt, ist ausgeschlossen.

---

[57] *K.Schmidt* ZIP 1995, 1388; *Wolf* ZIP 1996, 1203.

[58] Vgl. hierzu nur *K. Schmidt* ZGR 1990, 594, *ders.* ZIP 1995, 1387; *Meister/Klöcker* in: Kallmeyer UmwG § 202 Rdn. 13.

[59] Vgl. *Decher* in: Lutter UmwG § 202 Rdn. 8, 23 ff; *Hennrichs* Formwechsel und Gesamtrechtsnachfolge, S. 39; *Laumann* in: Goutier/Knopf/Tulloch UmwG § 202 Rdn. 5 ff.

[60] Emmerich/*Habersack* Aktien- und GmbH-Konzernrecht § 311 Rdn. 13; *Hüffer* AktG § 311 Rdn. 12; MünchHdbAG/*Krieger* § 69 Rdn. 68.

Ist das beherrschte Unternehmen eine Aktiengesellschaft, wirkt sich ein Formwechsel des faktisch herrschenden Unternehmens also in keiner Weise auf bereits begründete Ansprüche nach §§ 311, 317 AktG aus. Das herrschende Unternehmen unterliegt daher auch nach seinem Formwechsel in unveränderter Form der Obliegenheit zum Nachteilsausgleich nach § 311 AktG bzw. schuldet Schadensersatz nach § 317 AktG.

2. Formwechsel des herrschenden Unternehmens im GmbH-Konzern

Auch für die mitgliedschaftliche Treuebindung des herrschenden Unternehmens in der abhängigen GmbH – als dem Rechtsgrund der Haftungsverpflichtung im GmbH-Konzern – spielt seine Rechtsform keine Rolle. In einer abhängigen GmbH unterliegt eine herrschende Aktiengesellschaft denselben mitgliedschaftlichen Treuepflichten wie eine herrschende GmbH. Bereits begründete Schadensersatzpflichten des herrschenden Unternehmens bestehen daher auch nach seinem Formwechsel unverändert fort.

II. Formwechsel der abhängigen Gesellschaft

Beim Formwechsel einer abhängigen Gesellschaft ist für die Ermittlung des Schicksals bereits begründeter Ansprüche dieser Gesellschaft gegen ihr herrschendes Unternehmen an die Identitätsthese des § 202 UmwG anzuknüpfen. Das Gesetz liefert keine Anhaltspunkte dafür, dass Ansprüche aus faktischer Konzernleitung entfallen sollen, weil die abhängige Gesellschaft ihr "Rechtskleid" ändert. Dies wäre aus der Perspektive der Minderheitsgesellschafter und der Gesellschaftsgläubiger auch nicht nachvollziehbar.

Gleichwohl können sich Probleme ergeben, wenn das herrschende Unternehmen aufgrund eines qualifizierten Anteilsbesitzes den Umwandlungsbeschluss der abhängigen Gesellschaft aus eigener Machtvollkommenheit fassen kann. In dieser Konstellation besteht die Gefahr, dass ein Formwechsel dazu benutzt werden könnte, die Durchsetzung bestehender Ansprüche zu vereiteln oder zu erschweren. Wie dieser Gefahr zu begegnen ist, soll im Folgenden untersucht werden. Es wird dabei danach differenziert, ob die abhängige Gesellschaft ihre Rechtsform von einer Aktiengesellschaft in eine GmbH, oder von einer GmbH in eine Aktiengesellschaft wechselt. Hierbei ist stets im Blick zu behalten, dass die Geltung des § 311 AktG für das herrschende Unternehmen im Vergleich zur GmbH-rechtlichen Pflicht zur Naturalrestitution eine erhebliche Privilegierung darstellt.

Beispiel: Das herrschende Unternehmen erteilt die Weisung, die abhängige Gesellschaft möge ihm ein Grundstück zu einem erheblich unter dem Verkehrswert liegenden Preis veräußern. Wird die Weisung ausgeführt, besteht bei einer abhängigen GmbH grundsätzlich ein Anspruch auf Rückübereignung des Grundstücks. Ist dies nicht möglich (beispielsweise weil das Grundstück weiterveräußert wurde), schuldet das herrschende Unternehmen Geldersatz. Ist die abhängige Gesellschaft aber eine Aktiengesellschaft, kann das herrschende Unternehmen nach § 311 AktG den Nachteil beispielsweise auch dadurch ausgleichen, indem es sich verpflichtet, der abhängigen Gesellschaft zu verbilligten Konditionen Dienstleistungen zu erbringen.

1. Formwechsel von der Aktiengesellschaft in die GmbH

Wird eine abhängige Aktiengesellschaft in eine GmbH umgewandelt, ist fraglich, nach welchem Regelungssystem Nachteile kompensiert werden müssen, die das herrschende Unternehmen zwischen dem letzten Bilanzstichtag und dem Tag des Wirksamwerdens des Formwechsels veranlasst hat. Namentlich stellt sich die Frage, ob es noch zulässig ist, der abhängigen Gesellschaft zum Tag des Wirksamwerdens des Formwechsels einen Nachteilsausgleichsanspruch gemäß § 311 Abs. 2 AktG einzuräumen, oder ob zuvor veranlasste nachteilige Maßnahmen und Rechtsgeschäfte jetzt nach den strengeren GmbH-Regeln rückgängig gemacht werden müssen, obwohl die abhängige Gesellschaft zum Zeitpunkt der Einflussnahme noch eine Aktiengesellschaft war.

Das herrschende Unternehmen stünde wesentlich schlechter, wenn es wegen einer "rückwirkenden" Anwendung der GmbH-Regeln nicht mehr den Ausgleich nach § 311 AktG gewähren dürfte, sondern konzernleitende Maßnahmen im Wege der Naturalrestitution rückgängig machen müsste. Ein Bedürfnis hierfür bestünde nur, wenn die "Nachwirkung" des § 311 AktG eine gefestigte Rechtsposition der Minderheitsgesellschafter oder Gläubiger der abhängigen Gesellschafter materiell beeinträchtigen würde. Dies ist jedoch nicht ersichtlich, denn die Gesellschafter und Gläubiger der abhängigen Gesellschaft konnten zum Zeitpunkt der Veranlassung des Nachteils ohnehin nicht mehr als den Nachteilsausgleich nach § 311 AktG erwarten. Ihre Situation wird durch die Fortgeltung des alten Haftungsregimes also nicht beeinträchtigt. Eine rückwirkende Anwendung der GmbH-Regeln ist somit weder erforderlich noch geboten. Das Haftungsregime ändert sich also erst mit Wirksamwerden des Formwechsels. Von diesem Zeitpunkt an entfällt für das herrschende Unternehmen ex nunc die Privilegierung des § 311 AktG. Bei Veranlassung nachteiliger Maßnahmen gelten fortan die strengeren Regeln über die abhängige GmbH.

Bezogen auf den Beispielsfall hieße das, dass das herrschende Unternehmen auch nach dem Formwechsel den Nachteil durch Erbringung verbilligter Dienstleistungen ausgleichen könnte und nicht zu einer Rückübertragung des Grundstücks verpflichtet ist.

2. Formwechsel von der GmbH in die Aktiengesellschaft

Beim Formwechsel einer faktisch beherrschten GmbH in die Aktiengesellschaft stellt sich die Frage, ob vom herrschenden Unternehmen vor Wirksamwerden der Umwandlung veranlasste Nachteile weiterhin nach den Regeln für die abhängige GmbH rückgängig zu machen sind, oder ob solche Nachteile nun nach § 311 AktG kompensiert werden können.

Dürfte das herrschende Unternehmen bereits veranlasste Nachteilszufügungen nach Eintragung des Formwechsels gemäß § 311 AktG ausgleichen, könnte es den Formwechsel dazu instrumentalisieren, die strengeren GmbH-rechtlichen Regeln rückwirkend zu unterlaufen. Dies gilt es zum Schutze der Minderheitsgesellschafter zu verhindern. Es ist insoweit auch unerheblich, ob bereits Klagen auf Naturalrestitution bzw. Geldersatz wegen einer Nachteilszufügung anhängig sind. Die Minderheitsgesellschafter können also auch nach dem Wirksamwerden des Formwechsels in die Aktiengesellschaft die Rückabwicklung nachteiliger Geschäfte und Maßnahmen verlangen, die das herrschende Unternehmen vor dem Wirksamwerden des Formwechsels veranlasst hat. Zwingende aktienrechtliche Regelungen stehen dem nicht entgegen.[61]

Für den Beispielsfall würde das bedeuten, dass das herrschende Unternehmen auch nach dem Formwechsel die Rückübertragung des Grundstücks schuldet und die abhängige Gesellschaft nicht einfach auf einen Nachteilsausgleich durch verbilligte Erbringung von Dienstleistungen verweisen könnte.

Nachteilszufügungen, die erst nach dem Wirksamwerden des Formwechsels der abhängigen Gesellschaft veranlasst werden, können allerdings nach Maßgabe des § 311 AktG ausgeglichen werden. Mit diesem Zeitpunkt beginnt daher auch die Berichtspflicht nach § 312 AktG.

[61] Auch in der Aktiengesellschaft bestehen mitgliedschaftliche Treuepflichten des Mehrheitsaktionärs gegenüber der Minderheit, vgl. grundlegend BGHZ 103, 184 ("Linotype").

B. Verschmelzungen im faktischen Konzern

I. Verschmelzung von herrschendem Unternehmen und abhängiger Gesellschaft

1. Auswirkung auf konzernrechtliche Ausgleichs- und Schadensersatzansprüche

Werden die Obergesellschaft und das abhängige Unternehmen miteinander verschmolzen, so erlöschen infolge der durch die Universalsukzession eintretenden Konfusion alle noch nicht erfüllten konzernrechtlichen Ausgleichsobliegenheiten aus § 311 AktG. Dasselbe gilt für Schadensersatzansprüche aus § 317 AktG und aus Verletzungen der mitgliedschaftlichen Treuepflicht.[62] Ob die Obergesellschaft oder die Untergesellschaft als aufnehmender Rechtsträger auftritt oder die Verschmelzung zur Neugründung erfolgt, ist für den Eintritt der Konfusion ohne Belang.

2. Erfüllung der Ansprüche oder Einbeziehung in die Ermittlung der Umtauschrelation?

Da durch die Verschmelzung des faktisch herrschenden Unternehmens mit der abhängigen Gesellschaft bislang bestehende konzernrechtliche Ansprüche bzw. Obliegenheiten untergehen, stellt sich die Frage, ob die Obergesellschaft hierfür eine Entschädigungsleistung erbringen muss.

Das herrschende Unternehmen könnte z.B. verpflichtet sein, nachteilige Maßnahmen und Rechtsgeschäfte noch vor der Eintragung der Verschmelzung auszugleichen. Alternativ könnten die Effekte nicht ausgeglichener Maßnahmen und Rechtsgeschäfte aber auch bei der Ermittlung der Umtauschrelation berücksichtigt werden.

Da die konzernrechtlichen Kompensationsvorschriften die Gläubiger und die Minderheitsgesellschafter der abhängigen Gesellschaft schützen wollen, ist für die Analyse der beiden Alternativen der Blick auf die Interessenlage dieser Gruppen zu richten. Dabei ergibt sich folgendes Bild:

---

[62] Das Rechtsinstitut der Konfusion ist zwar positivrechtlich nicht geregelt, wird jedoch vom BGB, beispielsweise in § 425 Abs. 2, vorausgesetzt. § 25 Abs. 2 Satz 2 UmwG zeigt, dass auch der Umwandlungsgesetzgeber wie selbstverständlich von einer Konfusion ausging.

Den Gläubigern der abhängigen Gesellschaft kann das Schicksal der konzernrechtlichen Ersatzansprüche gleichgültig sein. Denn mit Eintragung der Verschmelzung können die Gläubiger der vormaligen Untergesellschaft ihre Forderungen direkt gegen den verschmolzenen Rechtsträger geltend machen. Können sie die Gefährdung ihrer Ansprüche glaubhaft machen, haben sie außerdem einen Anspruch auf Sicherheitsleistung nach § 22 Abs. 1 UmwG.

Anders stellt sich die Interessenlage der Minderheitsgesellschafter dar. Forderungen gegen das herrschende Unternehmen aus § 317 AktG bzw. der mitgliedschaftlichen Treuepflicht gehören zum Vermögen der Gesellschaft und sind in der Bilanz zu aktivieren. Somit sind sie - ebenso wie sonstige offene Forderungen – als nicht betriebsnotwendiges Vermögen in eine Unternehmensbewertung einzubeziehen.[63] Spiegelbildlich sind die entsprechenden Verbindlichkeiten bei der Ermittlung des nicht-betriebsnotwendigen Vermögens der Obergesellschaft in Abzug zu bringen. Entfielen die Ansprüche ersatzlos, würden der Wert der Untergesellschaft zu niedrig und der Wert der Obergesellschaft äquivalent zu hoch angesetzt.

Problematisch ist aber, dass die fraglichen Ersatzansprüche ohne die Verschmelzung von den Außenseitern evtl. im Wege eine actio pro societate hätten eingeklagt werden müssen. Sind konzernrechtliche Kompensationsansprüche bei der Bewertung der Gesellschaften zu berücksichtigen, müssten sie hingegen dem Grunde und gegebenenfalls der Höhe nach von Amts wegen in einem umwandlungsrechtlichen Spruchverfahren ermittelt werden. Die Minderheitsgesellschafter wären also von ihrer Klagelast befreit.

Einzelne Gerichte halten dies nicht für sachgerecht, weil die Berücksichtigung konzernrechtlicher Ansprüche in einem umwandlungsrechtlichen Spruchverfahren zu einer (angeblich) inakzeptablen Vermengung des Amtsermittlungsverfahrens mit einem zivilprozessualen Streitverfahren führe.[64] Es sei nicht

---

[63] Nach zutreffender Ansicht müssen nicht ausgeglichene Nachteile und Schadensersatzansprüche gemäß §§ 311, 317 AktG auch bei der Ermittlung eines festen Ausgleichs gemäß § 304 AktG berücksichtigt werden, vgl. OLG Stuttgart AG 1994, 564 f.; OLG Karlsruhe AG, 1998, 96, 97; OLG Hamburg AG 1980, 163, 164; OLG Frankfurt AG 1989, 444, 445; - MünchKomm AktG/*Bilda* § 304 Rdn. 79; *Emmerich*/Habersack Aktien- und GmbH-Konzernrecht § 304 Rdn. 30; *Hüffer* AktG § 304 Rdn. 9; KölnKomm AktG/*Koppensteiner* § 304 Rdn. 58; MünchHdbAG/*Krieger* § 70 Rdn. 87; *Raiser/Veil* Recht der Kapitalgesellschaften § 54 Rdn. 68; *Meilicke/Heidel* AG 1989, 117, 121. Zur Berücksichtigung bei einer Barabfindung gemäß §§ 12, 13 UmwG aF vgl. OLG Düsseldorf AG 1991, 106, 108.

[64] OLG München AG 1965, 139, LG Düsseldorf AG 1989, 138, 139; sympathisierend auch OLG Stuttgart NZG 2000, 744, 746.

hinnehmbar, dass die Minderheitsgesellschafter aufgrund des im Spruchverfahren geltenden Amtsermittlungsgrundsatzes (§ 12 FGG) von der Beweislast und wegen der besonderen Kostenregelungen überdies weitgehend vom Klagerisiko befreit würden. Eine Prüfung konzernrechtlicher Ansprüche im Spruchverfahren scheide daher aus.

Dieser Ansicht dürfte durch die Reform des Spruchverfahrens einiger Wind aus den Segeln genommen sein. Zwar gilt über § 17 Abs. 1 SpruchG auch weiterhin der Amtsermittlungsgrundsatz des § 12 FGG, jedoch statuiert § 9 SpruchG nunmehr umfangreiche Verfahrensförderungspflichten der Parteien, die durch die Präklusionsanordnung des § 10 SpruchG sanktioniert werden; außerdem können gemäß § 15 Abs. 2 Satz 2, Abs. 4 SpruchG nun auch den Antragstellern Verfahrenskosten auferlegt werden.

Überdies führt die gerade dargestellte Rechtsprechung zwangsläufig zu dem inakzeptablen Ergebnis, dass sich das herrschende Unternehmen – sofern es die erforderliche Stimmrechtsmehrheit hält – durch Veranlassung einer Verschmelzung sanktionslos und auf Kosten der Minderheit bestehenden Verpflichtungen entziehen könnte. Denn falls noch keine Klage erhoben ist, wird den außenstehenden Aktionären für die Zukunft jegliche Klagemöglichkeit abgeschnitten, weil die Gesellschaft nach Wirksamwerden der Verschmelzung nur noch auf Leistung an sich selbst klagen könnte. Dies wäre aber ein unzulässiger In-Sich-Prozeß.[65] Wegen der Unzulässigkeit von In-Sich-Prozessen müssten auch Verfahren, die die Außenseiter zuvor im Wege der actio pro societate bereits angestrengt haben, mit dem Eintritt der Konfusion zwangsläufig enden.[66] Die Berücksichtigung der Ausgleichs- bzw. Schadensersatzansprüche bei der Ermittlung der Umtauschwertrelation ist daher geboten. Nur so lässt sich gewährleisten, dass bestehende konzernrechtliche Ersatzansprüche nicht ersatzlos zu Lasten der Minderheitsgesellschafter entfallen.[67]

---

[65] Zur Unzulässigkeit eines In-Sich-Prozesses vgl. nur Zöller ZPO/*Vollkommer* Vor § 50 Rdn. 1, m.w.N.

[66] Vgl. BGH NJW RR 1999, 1552 (Prozessbeendigung bei Vereinigung von Kläger- und Beklagtenstellung durch Erbgang); OLG Köln NJW RR 1992, 1337 (Klageerledigung bei Konfusion).

[67] I.E. wohl ebenso OLG Düsseldorf AG 1991, 106, 107 f ("Wicküler"), *Meilicke/Heidel* AG 1989, 117, *Seetzen* WM 1994, 45, 51; *Vollrath* in: Widmann/Mayer UmwG § 30 Rdn. 14.

II. Verschmelzung des herrschenden Unternehmens mit einer dritten Gesellschaft

1. Auswirkung auf konzernrechtliche Ausgleichsobliegenheiten und Schadensersatzansprüche

Die Verschmelzung eines faktisch herrschenden Unternehmens mit einer dritten Gesellschaft hat keine Auswirkungen auf bereits begründete Verbindlichkeiten aus faktischer Konzernleitung. Die konzernrechtlichen Verpflichtungen und Obliegenheiten bestehen bei einer Verschmelzung auf das herrschende Unternehmen unverändert fort bzw. gehen bei übertragender Verschmelzung des herrschenden Unternehmens auf den übernehmenden Rechtsträger gemäß § 20 Abs. 1 Nr. 1 UmwG über.

Gefahrenpotential birgt diese Konstellation somit für die Gesellschafter des Verschmelzungspartners, denn fortan haftet das gemeinsame Gesellschaftsvermögen für die Altverbindlichkeiten aus faktischer Konzernleitung. Die hieraus für die Gesellschafter resultierenden Gefahren werden jedoch durch die erweiterten Informationspflichten bei Umwandlungen von Konzerngesellschaften gemäß § 8 Abs. 1 Satz 3 UmwG abgemildert.

2. Sicherheitsleistung für konzernrechtliche Ersatzansprüche

Kann die abhängige Gesellschaft glaubhaft machen, dass eine Verschmelzung der Obergesellschaft die Erfüllung ihrer konzernrechtlichen Ansprüche gefährdet, könnte sie möglicherweise Sicherheitsleistung gemäß § 22 UmwG verlangen.

§ 22 Abs. 1 Satz 1 UmwG setzt voraus, dass der zu sichernde Anspruch bei Eintragung der Verschmelzung im Register des übernehmenden Rechtsträgers bereits begründet wurde, ohne dass zum Zeitpunkt des Sicherheitsverlangens Fälligkeit eingetreten ist.

Schadensersatzansprüche nach § 317 AktG oder wegen der Verletzung mitgliedschaftlicher Treuepflichten erfüllen diese Voraussetzungen nicht. Diese Ansprüche werden bereits unmittelbar mit ihrer Entstehung fällig, so dass die abhängige Gesellschaft hierfür keine Sicherheitsleistung verlangen kann, sondern direkt auf Leistung klagen muss.

Schwieriger ist zu beurteilen, ob für die im laufenden Geschäftsjahr zugefügten Nachteile (die noch bis Ende des Geschäftsjahres ausgeglichen werden könnten) Sicherheitsleistung verlangt werden kann. Voraussetzung des Anspruchs auf Sicherheitsleistung nach § 22 UmwG ist, dass der "Entstehungsgrund" des zu sichernden Anspruchs "bereits gelegt" ist.[68] In diesem Zusammenhang erweist es sich als problematisch, dass das herrschende Unternehmen zwar einer Rechtspflicht zum Nachteilsausgleich unterliegt, der beherrschten Gesellschaft jedoch kein korrespondierender, durchsetzbarer Rechtsanspruch zur Seite steht.[69]

Bei der gebotenen wirtschaftlichen Betrachtung läßt sich gleichwohl nicht leugnen, dass der Entstehungsgrund des Anspruchs auf Nachteilsausgleich bereits mit der Veranlassung des Nachteils gelegt wird. Dass nach der gesetzlichen Konzeption der Anspruch erst zum Bilanzstichtag entsteht, weil der Nachteilsausgleich noch bis zum Ende des Geschäftsjahres erfolgen kann, rechtfertigt keine andere Einschätzung. Gerade in den kritischen Fällen besteht auch ein legitimes Sicherungsinteresse der Tochtergesellschaft, so dass dort ein Anspruch auf Sicherheitsleistung zu bejahen ist. Um die Höhe der Sicherheit zutreffend zu ermitteln, muss im Rahmen der Bewertungsarbeiten für den Zeitraum vom Geschäftsjahresbeginn bis zum Wirksamwerden der Verschmelzung also ein „virtueller" Abhängigkeitsbericht erstellt werden.[70]

---

[68] *Grunewald* in: Lutter UmwG § 22 Rdn. 7; *Maier-Reimer* in: Semler/Stengel UmwG § 22 Rdn. 9; *Marsch-Barner* in: Kallmeyer UmwG § 22 Rdn 3.

[69] Die Durchsetzung des Nachteilsausgleichs scheitert schon daran, dass der Anspruch mit dem Ende des Geschäftsjahrs entfällt. An seine Stelle tritt dann der Anspruch auf Schadensersatz nach § 317 AktG, vgl. *Hüffer* AktG § 311 Rdn. 38; KölnKomm AktG/*Koppensteiner* § 311 Rdn. 122; MünchHdb AG/*Krieger* § 69 Rdn. 85; MünchKomm AktG/*Kropff* § 312 Rdn. 263; *Kellmann* BB 1969, 1509, 1511; *Luchterhandt* ZHR 133, 1, 38; *Möhring* FS Schilling, S 253, 265.

[70] Vgl. KölnKomm AktG/*Koppensteiner* § 312 Rdn. 17; *Emmerich/Habersack* Aktien- und GmbH-Konzernrecht § 312 Rdn. 11. *Mutter* AG 2005, 823, 824 weist mit Recht darauf hin, dass für das laufende Geschäftsjahr regelmäßig – aufgrund der Rückwirkung der Verschmelzung – kein Jahresabschluss mehr erstellt werde und demgemäß auch kein Abschlussprüfer den Abhängigkeitsbericht im Rahmen seiner Tätigkeit prüfen könne. Wolle man außerdem den gesamten Zeitraum bis zur Verschmelzung erfassen, könne er erst nach Eintragung der Verschmelzung erstellt werden, dann aber gebe es bei übertragender Verschmelzung weder einen amtierenden Vorstand noch Aufsichtsrat, die für die Aufstellung und Prüfung verantwortlich wären.

III. Verschmelzung der abhängigen Gesellschaft mit einer dritten Gesellschaft

Auch bei Verschmelzungen faktisch abhängiger Gesellschaften mit Dritten sind bei der Ermittlung des Unternehmenswerts der abhängigen Gesellschaft noch nicht erfüllte konzernrechtliche Ansprüche zu berücksichtigen.[71] Die Gesellschafter des Fusionspartners werden hierdurch nicht benachteiligt, da die Ansprüche wegen § 20 Abs. 1 Nr. 1 UmwG fortan vom verschmolzenen Rechtsträger geltend gemacht werden können und somit von der abhängigen Gesellschaft als Vermögenswert in das verschmolzene Unternehmen eingebracht werden. Wird ein umwandlungsrechtliches Spruchverfahren eingeleitet, muss das Spruchgericht daher u.U. Bestand und Werthaltigkeit dieser Ansprüche inzident überprüfen. Ist die Durchsetzbarkeit des Anspruchs - etwa wegen zweifelhafter Bonität des herrschenden Unternehmens - ungewiss, so ist gegebenenfalls ein Risikoabschlag vorzunehmen.[72] Die tatsächliche Entscheidung über den Anspruch, der weiterhin im zivilprozessualen Klageverfahren geltend gemacht werden muss, wird durch eine Prüfung im Spruchverfahren freilich nicht vorweggenommen.

---

[71] *Meilicke/Heidel* AG 1989, 117, 120 ff.

[72] Vgl. *Seetzen* WM 1994, 45, 51.

C. Spaltungen im faktischen Konzern

I. Spaltung des herrschenden Unternehmens

Gemäß § 126 Abs. 1 Nr. 9 UmwG muss der Spaltungs- und Übernahmevertrag eine genaue Bezeichnung und Aufteilung der Gegenstände des Aktiv- und Passivvermögens enthalten, die an jeden der übernehmenden Rechtsträger übertragen werden. Hieraus folgt, dass bei Spaltung eines faktisch herrschenden Unternehmens auch konzernrechtliche Ausgleichsobliegenheiten und/oder Schadensersatzverpflichtungen prinzipiell im Spaltungsvertrag bzw. Spaltungsplan zuzuweisen sind.

Die aus der Spaltung hervorgegangenen Rechtsträger haften in sämtlichen Spaltungsvarianten gemäß § 133 Abs. 1 UmwG als Gesamtschuldner für die Altverbindlichkeiten der übertragenden Gesellschaft. Dies gilt auch für Verbindlichkeiten wegen der Ausübung faktischer Konzernleitungsmacht. Bei fälligen Schadensersatzansprüchen gemäß § 317 AktG bzw. wegen Verletzung der mitgliedschaftlichen Treuepflicht ist diese Haftung nicht weiter problematisch.

Weniger eindeutig ist hingegen die Ausgestaltung der gesamtschuldnerischen Mithaft für einen noch nicht bewirkten Ausgleich nach § 311 AktG. Denn § 133 UmwG gilt nur für bereits "begründete" Ansprüche. Die Subsumtion unter dieses Tatbestandsmerkmal ist hinsichtlich des Nachteilsausgleichs gemäß § 311 AktG problematisch, weil die Nachteile im laufenden Geschäftsjahr stets noch kompensiert werden können und deshalb ungewiss ist, ob überhaupt ein Anspruch entstehen wird. Ungeachtet dieser Eigenart des Nachteilsausgleichs muss aber aufgrund des evidenten Schutzbedürfnisses der Untergesellschaft und des Missbrauchspotentials davon ausgegangen werden, dass die Obliegenheit zum Nachteilsausgleich bereits mit Veranlassung des Nachteils i.S.v. § 133 Abs. 1 UmwG "begründet" wird, und daher die an der Spaltung beteiligten Gesellschaften gesamtschuldnerisch haften. Wird der Nachteil nicht rechtzeitig ausgeglichen, kann das abhängige Unternehmen daher sowohl von der übertragenden als auch von der aufnehmenden Gesellschaft Schadensersatz nach § 317 AktG fordern, unabhängig davon, welcher Gesellschaft die Ausgleichsobliegenheit nach § 311 AktG zugewiesen wurde.

Weil das UmwG durch die gesamtschuldnerische Haftung nach § 133 und den Anspruch auf Sicherheitsleistung nach §§ 125, 22 die Interessen der Gläubiger hinreichend berücksichtigt, sind Sonderzustimmungsrechte zugunsten von Gläubigern nicht vorgesehen. Demzufolge bestehen auch bei der Übertragung von Verbindlichkeiten aus faktischer Konzernhaftung keinerlei Mitspracherechte der beherrschten Gesellschaft. Die Zuweisung konzernrechtlicher Verbindlichkeiten liegt also in der alleinigen Kompetenz der beteiligten Rechtsträger.

II. Spaltung der abhängigen Gesellschaft

Bereits begründete konzernrechtliche Ansprüche auf Nachteilsausgleich bzw. Schadensersatz bleiben ungeachtet einer Spaltung der abhängigen Gesellschaft bestehen, und müssen daher im Spaltungsplan bzw. Spaltungsvertrag gemäß § 126 Abs. 1 Nr. 9 UmwG zugewiesen werden.

Werden die Ansprüche nicht ausdrücklich zugeordnet, gilt § 131 Abs. 3 UmwG, wonach durch Auslegung des Spaltungsvertrags oder Spaltungsplans zu ermitteln ist, welchem Rechtsträger eine "vergessene" Forderung zusteht.[73] Bezieht sich ein konzernrechtlicher Kompensationsanspruch eindeutig auf einen bestimmten Betrieb oder Teilbetrieb der Unternehmung, so wird eine Auslegung regelmäßig ergeben, dass die Forderung fortan von demjenigen Rechtsträger geltend gemacht werden kann, dem diese unternehmerische Einheit zugeordnet wurde.[74] Lässt sich eine bestehende Kompensationsverpflichtung nicht zweifelsfrei zuordnen, so verbleibt sie bei Abspaltung und Ausgliederung beim übertragenden Rechtsträger.[75] Bei der Aufspaltung ist nach erfolgloser Auslegung - zumindest für auf Geld lautende Ansprüche - davon auszugehen, dass die Forderung quotal nach dem Verhältnis des übertragenen Reinvermögens (nach Buchwerten) auf die Rechtsträger transferiert wird.[76] Die Rechtsträger sind insofern Teilgläubiger.[77]

---

[73] Der Wortlaut des § 131 UmwG erfasst zwar allein die Aufspaltung, kann aber, da er ein allgemeines Prinzip widerspiegelt, auch für die Abspaltung und die Ausgliederung fruchtbar gemacht werden, vgl. *Teichmann* in: Lutter UmwG § 131 Rdn. 82; iE auch *Kübler* in: Semler/Stengel UmwG § 131 Rdn. 71.

[74] Vgl. zu den Auslegungsregeln Schmitt/*Hörtnagl*/Stratz UmwG § 131 Rdn. 102; *Vossius* in: Widmann/Mayer UmwG § 131 Rdn. 204; *Teichmann* in: Lutter UmwG § 131 Rdn. 19.

[75] Begr RegE zu § 131 UmwG, BR-Drucks. 75/94; Schmitt/*Hörtnagl*/Stratz UmwG § 131 Rdn. 110; *Teichmann* in: Lutter UmwG § 131 Rdn. 20.

[76] Schmitt/*Hörtnagl*/Stratz UmwG § 131 Rdn. 107; *Kübler in:* Semler/Stengel UmwG § 131 Rdn. 70; *Teichmann* in: Lutter UmwG § 131 Rdn. 84.

[77] *Vossius* in: Widmann/Mayer UmwG § 131 Rdn. 213; aA Schmitt/*Hörtnagl*/Stratz UmwG § 131 Rdn. 106: Mitgläubigerschaft nach § 432 BGB.

§ 3: Ergebnis zur Umwandlung im faktischen Konzern

Der Umstand, dass eine Kapitalgesellschaft als herrschendes Unternehmen oder abhängige Gesellschaft in einen faktischen Konzern eingebunden ist, bereitet in der Umwandlung keine größeren Schwierigkeiten. Auf faktischer Konzernleitung beruhende Verpflichtungen und Ansprüche werden, ebenso wie andere gesetzliche Ansprüche und Verpflichtungen, von der umwandlungsrechtlichen Transformations- bzw. Sukzessionsdogmatik erfasst.

Bei übertragenden Umwandlungen unter Beteiligung einer abhängigen Gesellschaft müssen etwaige Ansprüche gegen die Obergesellschaft bei der Ermittlung des Unternehmenswerts der Untergesellschaft berücksichtigt werden.

3. Teil: Umwandlungen im Vertragskonzern

Einführung / Eingrenzung des Untersuchungsgegenstands

Umwandlungen unter Beteiligung vertraglich konzernierter Gesellschaften sind maßgeblich von drei verschiedenen Fragestellungen geprägt:

Vorrangig stellt sich zunächst immer die Frage, ob die Umwandlung den Unternehmensvertrag beendet, oder ob der Vertrag trotz der Umwandlung (gegebenenfalls inhaltlich verändert) in Kraft bleibt. Anhand welcher Kriterien dieses "***Schicksal des Unternehmensvertrags***" zu ermitteln ist, wird in einem gesonderten Abschnitt analysiert.

Ist das Schicksal des Unternehmensvertrags geklärt, muss untersucht werden, wie sich die Umwandlung auf die Ansprüche der außenstehenden Aktionäre auswirkt. Problematisch sind insbesondere die Auswirkungen auf Ausgleichsansprüche. In diesem Zusammenhang ist zu prüfen, ob aufgrund des Unternehmensvertrags die herkömmliche Methodik der Unternehmensbewertung modifiziert werden muss, was natürlich entsprechende Auswirkungen auf das Umtauschverhältnis haben würde. Wenn noch ein Spruchverfahren anhängig ist, bereitet außerdem das laufende Abfindungsangebot Probleme. Kann das Abfindungsangebot aus dem Unternehmensvertrag nicht mehr angenommen werden ("verfristete Abfindungsverpflichtung"), fragt sich außerdem, ob die Umwandlungsmaßnahme eine erneute Abfindungsverpflichtung auslöst. Diese Themenkomplexe werden nachstehend jeweils unter dem Gliederungsabschnitt "***Vermögensbezogener Gesellschafterschutz***" abgehandelt.

Die Auswirkungen der Umwandlung auf die Vermögensrechte der beteiligten Parteien könnten auf mögliche "qualifizierte Tatbestandserfordernisse" der Umwandlung ausstrahlen. So wäre denkbar, dass neben dem Umwandlungsbeschluss beispielsweise gesonderte Beschlussfassungen beteiligter Hauptversammlungen nach §§ 293, 295 Abs. 1, 296 Abs. 1 AktG oder gar Sonderbeschlüsse gemäß §§ 295 Abs. 2, 296 Abs. 2 AktG zu fassen sind, sofern eine Umwandlung die in diesen Normen beschriebenen spezifischen Rechtsbeeinträchtigungen zur Folge hat.[78] Diese Thematik wird jeweils unter dem Glie-

[78] Es mag auf den ersten Blick eigenartig erscheinen, dass mit den *Auswirkungen der Umwandlung* auf die Ansprüche der Außenseiter zunächst Rechtsfolgen der Umwandlung erörtert werden, bevor man sich den Tatbestandsvoraussetzungen widmet. Dies liegt jedoch in der Natur der §§ 295 Abs. 2, 296 Abs. 2 AktG: Sonderbeschlüsse sind danach nur erforderlich, wenn die Ansprüche der Außenseiter auf Abfindung und/oder Ausgleich beeinträchtigt wer-

derungspunkt "***Gesellschafterschutz durch Mitwirkungs- und Beschlusserfordernisse***" erörtert.

Die Analyse beschränkt sich auf Beherrschungs- und Gewinnabführungsverträge nach § 291 AktG. Die Unternehmensverträge des § 292 AktG, also Gewinngemeinschaften, Teilgewinnabführungsverträge, Betriebsführungs- und Betriebspachtverträge, sind nicht Gegenstand dieser Arbeit.[79]

Beherrschungs- und Gewinnabführungsverträge werden in der Darstellung grundsätzlich nicht getrennt voneinander untersucht. Die einheitliche Erörterung ist sachgerecht, da in der Praxis die beiden Verträge regelmäßig - zumeist aus steuerlichen Gründen - zu einem sog. Organschaftsvertrag verbunden werden, und das Gesetz für Beherrschungs- und Gewinnabführungsverträge die selben Wirksamkeitsvoraussetzungen vorsieht und hinsichtlich des hier untersuchten Minderheitenschutzes weitgehend identische Rechtsfolgen aufstellt.[80]

§ 1: Grundlagen

A. Minderheitenschutz im Aktienvertragskonzern

Um die Auswirkungen von Umwandlungen vertraglich verbundener Unternehmen zutreffend erfassen zu können, werden einleitend die gesetzlichen und die ergänzend durch Rechtsprechung und Wissenschaft entwickelten Regelungen zum Schutz der außenstehenden Aktionäre im Vertragskonzern dargestellt.

I. Vermögensbezogener Gesellschafterschutz

Beherrschungs- und Gewinnabführungsverträge erlauben dem herrschenden Unternehmen, massiv in die mitgliedschaftlichen Rechte der außenstehenden Aktionäre der beherrschten Gesellschaft auf Teilhabe an Vermögen und Ertrag ihrer Gesellschaft einzugreifen. Aus der Eigentumsgarantie des Artikels 14 Grundgesetz folgt, dass die außenstehenden Aktionäre für derartige Beeinträchtigungen eine volle wirtschaftliche Entschädigung erhalten müssen. Das AktG trägt dieser verfassungsrechtlichen Vorgabe in den §§ 304, 305 Rechnung

---

den.

[79] Vgl. zu diesen Vertragstypen *Gutheil* Die Auswirkungen von Umwandlungen auf Unternehmensverträge, *passim*.

[80] Um die Darstellung sprachlich zu vereinfachen, wird nachfolgend nur von der "beherrschten Gesellschaft" und dem "herrschenden Unternehmen" gesprochen.

und gibt den Minderheitsaktionären ein Wahlrecht, entweder gegen Gewährung einer angemessenen Abfindung aus der Gesellschaft auszuscheiden oder während der Vertragslaufzeit einen angemessenen Ausgleich zu beziehen.

1. Abfindung

Ist das herrschende Unternehmen eine unabhängige Aktiengesellschaft oder KGaA mit Sitz in einem Mitgliedsstaat der europäischen Union oder einem anderen EWR-Vertragsstaat, muss es eine Abfindung in eigenen Aktien anbieten. Ist es seinerseits von einer Aktiengesellschaft oder KGaA mit Sitz in einem Mitgliedsstaat der europäischen Union oder einem anderen EWR-Vertragsstaat abhängig, schuldet es gemäß § 305 Abs. 2 Nr. 2 AktG Aktien dieses Unternehmens (nachfolgend "Konzernspitze") oder eine Barabfindung. In allen anderen Fällen, namentlich wenn das herrschende Unternehmen eine andere Rechtsform oder seinen Sitz im Ausland hat, ist eine Barzahlung zu leisten. Die Fallgruppenuntersuchung wird diese vom Gesetz vorgegebene Differenzierung nachvollziehen.

Zur Ermittlung der Höhe der angemessenen Abfindung muss der Wert des abhängigen Unternehmens festgestellt werden, um daraus den Wert der einzelnen Aktien ableiten zu können. Wird in Aktien abgefunden, ist außerdem der Wert des herrschenden Unternehmens bzw. der Konzernspitze zu ermitteln. Stichtag für die Bewertungen ist gemäß § 305 Abs. 3 Satz 2 AktG der Zeitpunkt, an dem die Hauptversammlung der abhängigen Gesellschaft dem Beherrschungsvertrag zugestimmt hat.[81]

2. Ausgleich

Die Höhe des sog. *festen Ausgleichs* gemäß § 304 Abs. 2 Satz 1 AktG berechnet sich nach den künftigen Ertragsaussichten der abhängigen Gesellschaft. Die Aktionäre sollen hinsichtlich des Dividendenbezugsrechts so gestellt werden, als ob ihre Gesellschaft weiterhin unabhängig geblieben wäre. Stichtag für die Ermittlung der Höhe des Anspruchs ist der Zeitpunkt, in dem der Beherrschungsvertrag aufgrund der Genehmigung durch die Hauptversammlung des beherrschten Unternehmens wirksam geworden ist.[82]

---

[81] Zur Unternehmensbewertung vgl. eingehend oben, 1. Teil.
[82] Vgl. nur BGHZ 138, 136, 139 ("Asea/BBC II").

Ist das herrschende Unternehmen eine Aktiengesellschaft oder KGaA, so kann der Ausgleich alternativ auch nach dessen Dividende bemessen werden, wobei ein angemessenes Umrechnungsverhältnis bestimmt werden muss, § 304 Abs. 2 Satz 2 AktG, sog. *variabler Ausgleich*. In diesem Fall ist die Dividende zu zahlen, die unter Berücksichtigung der Wertrelationen auf Aktien der Obergesellschaft mit gleichem Nennwert entfällt. Wird ein variabler Ausgleich angeboten, müssen also beide Unternehmen bewertet werden.

3. Spruchverfahren und Ergänzungsanspruch

Die außenstehenden Aktionäre können gemäß §§ 304 Abs. 3 Satz 2, 305 Abs. 5 Satz 2 AktG den Zustimmungsbeschluss zum Unternehmensvertrag nicht mit der Begründung anfechten, dass ein Abfindungsangebot fehlt oder die Höhe des festgesetzten Ausgleichs oder der Abfindung unangemessen ist. Stattdessen haben sie die Möglichkeit, vor dem erstinstanzlich zuständigen Landgericht zu beantragen, dass dieses den vertraglich geschuldeten Ausgleich und/oder die zu gewährende Abfindung bestimmt, § 1 Abs.1 Nr. 1 SpruchG.

Das Gericht kann die im Vertrag festgesetzte Leistung lediglich zugunsten der Aktionäre verbessern, nicht aber verschlechtern. Wird im Spruchverfahren ein höherer Ausgleich und/oder eine höhere Abfindung durchgesetzt, dann steht gemäß § 13 SpruchG auch denjenigen Aktionären, die bereits das ursprüngliche Angebot angenommen haben, ein sog. Ergänzungsanspruch zu.[83] Gleiches gilt für eine Ergänzung des Ausgleichs.

Die Verpflichtung zur Leistung der Abfindung kann vertraglich befristet werden. Wird ein Spruchverfahren eingeleitet, verlängert sich gemäß § 305 Abs. 4 Satz 3 AktG die Frist, in der die außenstehenden Aktionäre zwischen dem Verbleib in der Gesellschaft und der Wahrnehmung der Abfindungsoption wählen können. Das Wahlrecht endet dann frühestens zwei Monate nach dem Tag, an dem die Entscheidung über den zuletzt beschiedenen Antrag im Bundesanzeiger bekannt gemacht worden ist. Da sich die Verfahren meist über

[83] Dies war bereits vor Inkrafttreten des SpruchG anerkannt, vgl. BGHZ 135, 374, 380 ("Guano"); OLG Celle, AG 1979 230, 233; OLG Düsseldorf AG 1990, 397, 401; BayObLG AG 1996, 127; AG 1996, 177; *Emmerich*/Habersack Aktien- und GmbH-Konzernrecht § 305 Rdn. 86; *Geßler*/Hefermehl AktG § 305 Rdn. 74; *Haase* AG 1995, 7; *Hoffmann-Becking* ZGR 1990, 482, 499; *Hüffer* AktG § 305 Rdn. 32; MünchHdbAG/*Krieger* § 70 Rdn. 143; *Raiser/Veil* Recht der Kapitalgesellschaften § 54 Rdn. 88; aA *Hüchting* Abfindung und Ausgleich, S. 85 ff; KölnKomm AktG/*Koppensteiner* 2. Aufl. 1987; § 305 Rdn. 56; *ders.* BB 1978, 769.

mehrere Jahre hinziehen,[84] kann es vorkommen, dass eine Umwandlung zu einem Zeitpunkt stattfindet, zu dem die Option auf Annahme der Abfindung wegen eines anhängigen Spruchverfahrens noch ausgeübt werden kann. Weil dies eine Reihe von Folgeproblemen aufwirft, wird die Fallgruppenanalyse an vielen Stellen danach differenzieren, ob zum Zeitpunkt der Umwandlung ein Spruchverfahren anhängig ist und daher das Abfindungsangebot aus dem Unternehmensvertrag noch angenommen werden kann (nachstehend auch "offene" oder "laufende Annahmeoption / Abfindungsverpflichtung") oder ob dies nicht mehr möglich ist (nachstehend auch "verfristete Annahmeoption / Abfindungsverpflichtung").

II. Gesellschafterschutz durch Mitwirkungs- und Beschlusserfordernisse

Ein Unternehmensvertrag mit einer abhängigen Aktiengesellschaft wird nur mit Zustimmung der Hauptversammlung wirksam. Der Beschluss bedarf einer Mehrheit von mindestens drei Vierteln des bei der Beschlussfassung vertretenen Kapitals, § 293 Abs. 1 AktG. Soll eine Aktiengesellschaft herrschender Vertragsteil werden, so muss gemäß § 293 Abs. 2 AktG auch deren Hauptversammlung einen entsprechenden Beschluss fassen.

Gemäß § 295 Abs. 1 AktG gelten die für den Vertragsschluss aufgestellten Zustimmungs- und Formvorschriften auch dann, wenn ein Unternehmensvertrag nachträglich geändert werden soll. Die Änderung wird erst wirksam, wenn die Hauptversammlungen der beteiligten Gesellschaften zustimmen. Sollen Bestimmungen über den Ausgleich oder die Abfindung geändert werden, steht diese Änderung gemäß § 295 Abs. 2 AktG zudem unter dem Vorbehalt eines Sonderbeschlusses der außenstehenden Aktionäre.

Eine einverständliche Aufhebung des Vertrags ist nach § 296 AktG ohne weiteres möglich. Sie erfordert lediglich eine Einigung der Vertretungsorgane beider Vertragspartner; eine Zustimmung der Hauptversammlungen ist nicht vorgesehen. Jedoch verlangt § 296 Abs. 2 AktG einen zustimmenden Sonderbeschluss der außenstehenden Aktionäre, weil diese ihre Rechte auf Ausgleich und Abfindung nicht gegen ihren Willen verlieren sollen.[85]

---

[84] Die Begründung zum Regierungsentwurf des SpruchG nennt eine durchschnittliche Verfahrensdauer von fünf Jahren (zur verfassungsrechtlichen Beurteilung einer siebenjährigen Verfahrensdauer in erster Instanz vgl. BVerfG, AG 1999, 711 - "Siemens/SNI").

[85] BGH ZIP 1997, 786.

Eine *außerordentliche Kündigung* wird vom jeweiligen Vertretungsorgan erklärt. Die Zustimmung der Hauptversammlung ist nicht erforderlich. Kündigt die abhängige Gesellschaft den Vertrag aus wichtigem Grund, bedarf es jedoch eines Sonderbeschlusses der außenstehenden Aktionäre, § 297 Abs. 2 AktG. Hingegen ist nach der rechtspolitisch fragwürdigen Regelung des § 297 AktG ein Sonderbeschluss entbehrlich, wenn das herrschende Unternehmen die Kündigung ausspricht.[86]

Die *ordentliche Kündigung* des Unternehmensvertrags ist zwar im Gesetz nicht geregelt, kann aber vertraglich vereinbart werden.[87] Es gelten dann § 297 Abs. 2 und Abs. 3 AktG.

B. Minderheitenschutz im GmbH-Vertragskonzern

I. Einführung

Dass eine GmbH im Vertragskonzern die Position des herrschendes Unternehmen einnehmen kann, ergibt sich unmittelbar aus § 291 AktG, der lediglich verlangt, dass die andere Vertragspartei ein "Unternehmen" i.S.d. Konzernrechts ist.

Dass sich die GmbH grundsätzlich auch vertraglicher Leitungsmacht unterstellen kann, hat der Bundesgerichtshof in der sog. "Supermarkt"-Entscheidung[88] höchstrichterlich bestätigt, und steht seitdem praktisch außer Streit.

Die Bedeutung von Unternehmensverträgen ist im GmbH-Recht kaum geringer als im Aktienrecht. Zwar kann die Gesellschafterversammlung den Geschäftsführern gemäß § 37 GmbHG auch ohne einen Beherrschungsvertrag Weisungen erteilen. Nachteilige Weisungen sowie Weisungen, durch die die Gesellschaft in den Konzern des herrschenden Unternehmens eingebunden werden sollen, sind hiervon aber nicht gedeckt, so dass allein ein Beherrschungsvertrag die Erteilung derartiger Weisungen legalisieren kann.[89] Das Weisungsrecht aus dem

---

[86] BGHZ 122, 211, 233 ("SSI"). Rechtspolitische Kritik an dieser Regelung, die zur Folge hat, dass in der Praxis stets das herrschende Unternehmen die Kündigung erklärt, u.a. bei *Emmerich*/Habersack Aktien- und GmbH-Konzernrecht § 297 Rdn. 9; KölnKomm AktG/*Koppensteiner* § 297 Rdn. 4; *Hüffer* AktG § 297 Rdn. 18; *Raiser/Veil* Recht der Kapitalgesellschaften § 54 Rdn. 112.

[87] Allgemeine Meinung, vgl. nur BGH AG 1979, 289.

[88] BGHZ 105, 324 ("Supermarkt").

[89] Vgl. BGH GmbHR 1992, 253 ("Siemens/NRG"); Lutter/*Hommelhoff* GmbHG Anh. § 13 Rdn 50; *Zöllner* ZGR 1992, 175.

Beherrschungsvertrag überlagert dann die Weisungsbefugnis der Gesellschafterversammlung.[90]

Gesetzliche Regeln über Unternehmensverträge mit abhängigen Gesellschaften mbH bestehen nicht. Inzwischen hat sich aber auf der Grundlage der Rechtsprechung des Bundesgerichtshofs die Überzeugung durchgesetzt, dass das Recht des GmbH-Vertragskonzerns nicht durch eine pauschale Gesamtanalogie zu den entsprechenden aktienrechtlichen Vorschriften entwickelt werden kann, da dies den strukturellen Unterschieden der Rechtsformen nicht gerecht werden würde.[91] Wenn und soweit aber vorrangige GmbH-rechtliche Wertungen keine abweichende Entscheidung erzwingen, ist die analoge Anwendung der aktienrechtlichen Vorschriften grundsätzlich möglich und auch geboten. Dies soll im Folgenden präzisiert werden.

II. Abfindung und Ausgleich / Mehrheitserfordernisse bei Abschluss des Unternehmensvertrags

Ob man den außenstehenden Gesellschaftern einer GmbH einen (quasi-) gesetzlichen Anspruch auf Ausgleich und Abfindung analog § 304, 305 AktG zubilligen möchte, wird dadurch präjudiziert, welches Mehrheitserfordernis man für die Zustimmung der Gesellschafterversammlung der abhängigen GmbH zum Unternehmensvertrag zugrunde legt. Diese bislang nicht höchstrichterlich geklärte Problematik ist die meistumstrittene Frage des GmbH-Vertragskonzernrechts.

Die wohl noch h.M. fordert einen einstimmigen Zustimmungsbeschluss sämtlicher Gesellschafter.[92] Sie beruft sich auf § 33 Abs. 1 Satz 2 BGB und § 53

---

[90] *Emmerich* in: Scholz GmbHG Anh. KonzernR Rdn. 179; *Hoffmann-Becking* WiB 1994, 57; *Koppensteiner* in: Rowedder/Schmidt-Leithoff GmbHG Anh. nach § 52 Rdn. 78; *Kort* Beherrschungs- und Gewinnabführungsverträge im GmbH-Recht, S. 140; *Kropff* FS Semler, S. 527 ff; *Rottnauer* NZG 1999, 338; *Zöllner* in: Baumbach/Hueck GmbHG KonzernR Rdn. 47.

[91] *Casper* in: Ulmer/Habersack/Winter GmbHG Anh. § 77 Rdn. 175; *Emmerich* in: Scholz GmbHG Anh. KonzernR Rdn. 139; *Ulmer* in: Hachenburg GmbHG § 77 Rdn. 185; *Hoffmann-Becking* WiB 1994, 57, 59, *Raiser/Veil* Recht der Kapitalgesellschaften § 54 Rdn 10. Vice versa jedoch *Lutter/Hommelhoff* GmbHG Anh. § 13; Rdn. 48, die sich für eine allgemeine Analogie zur aktienrechtlichen Regelung aussprechen, und lediglich diejenigen Vorschriften ausklammern wollen, die aufgrund der Strukturunterschiede bei der GmbH nicht angewendet werden können.

[92] Roth/*Altmeppen* GmbHG § 13 Anh. Rdn. 33, 36; *Casper* in: Ulmer/Habersack/Winter GmbHG Anh. § 77 Rdn. 191; *Emmerich* in: Scholz GmbHG Anh. KonzernR Rdn. 155; *ders.* in: Emmerich/Habersack Aktien- und GmbH-Konzernrecht, § 293 Rdn. 42, 43; *Hüffer* in Ha-

Abs. 3 GmbHG, wonach eine Änderung des Gesellschaftszwecks sowie eine Vermehrung der den Gesellschaftern nach dem Gesellschaftsvertrag obliegenden Leistungen der Zustimmung sämtlicher Gesellschafter bedürfen. Eine analoge Anwendung der §§ 304, 305 AktG ist nach dieser Auffassung nicht erforderlich, weil sich die Minderheitsgesellschafter selbst schützen können, indem sie ihre Zustimmung davon abhängig machen, dass ihnen eine entsprechende Kompensation gewährt wird. Da nach dieser Auffassung Ausgleich und/oder Abfindung zwischen dem herrschendem Unternehmen und den Außenseitern frei ausgehandelt wird, ist eine gerichtliche Überprüfung entbehrlich.

Nach der Gegenauffassung genügt auch in der abhängigen GmbH entsprechend § 293 Abs. 1 AktG, § 53 Abs. 2 Satz 1 GmbHG grundsätzlich die Zustimmung der Gesellschafterversammlung mit qualifizierter Mehrheit, sofern der Vertrag analog §§ 304, 305 AktG Ausgleich und Abfindung vorsieht.[93] Die Vertreter dieser Auffassung berufen sich vor allem auf das UmwG, dem sich der verallgemeinerungsfähige Rechtsgedanke entnehmen lassen soll, dass auch in der GmbH strukturändernde Maßnamen grundsätzlich mit qualifizierter Mehrheit beschlossen werden können.[94] Die Überprüfung von Ausgleich und Abfindung müsse durch eine Anfechtung des Zustimmungsbeschlusses entsprechend § 243 AktG erfolgen. Eine Analogie zu den §§ 306 ff AktG aF (nun § 1 SpruchG), wird abgelehnt, weil die Regelung verfahrensrechtlicher Zuständigkeiten allein Sache des Gesetzgebers sei.[95]

---

chenburg GmbHG § 47 Rdn. 17; *Krieger* DStR 1992, 432, 435; *Raiser/Veil* Recht der Kapitalgesellschaften § 54 Rdn. 26; *K. Schmidt* Gesellschaftsrecht § 38 III 2a; *Ulmer* in: Hachenburg GmbHG § 53 Rdn. 145 f; *Zöllner* in: Baumbach/Hueck GmbHG KonzernR Rdn. 39; *Zeidler* NZG 1999, 692, 693.

[93] *Lutter/Hommelhoff* GmbHG Anh § 13 Rdn. 63 f; *Koppensteiner* in: Rowedder/Schmidt-Leithoff GmbHG Anh. § 52 Rdn. 43 ff; *Halm* NZG 2001, 728, 731 f; *Koerfer/Selzner* GmbHR 1997, 285, 287 ff; *Kort* Der Abschluss von Beherrschungs- und Gewinnabführungsverträgen im GmbH-Recht, S. 109 ff; *Richter/Stengel* DB 1993, 1861, 1864 ff; wohl auch *Hoffmann-Becking* WiB 1994, 57, 59f. Teilweise wird gefordert, dass zusätzlich eine materielle Beschlusskontrolle stattzufinden habe, durch die gerichtlich überprüft werden kann, ob der Vertrag aus dem Interesse der abhängigen Gesellschaft erforderlich ist, vgl. *Timm* GmbHR 1987, 8, 11; *Hirte* Vertragskonzern, S. 21; *Priester* ZIP 1992, 293, 295.

[94] *Lutter/Hommelhoff* GmbHG Anh. § 13 Rdn. 64; *Koppensteiner* in: Rowedder/Schmidt-Leithoff GmbHG Anh. § 52 Rdn. 43.

[95] MüHdbGmbH/*Decher* § 78 Rdn. 7; *Koerfer/Selzner* GmbHR 1997, 285, 291 mwN. Ob diese Auffassung nach der "Macrotron-Entscheidung", BGH ZIP 2003, 387 und der RegBegr. zum SpruchG noch haltbar ist, darf bezweifelt werden.

Die besonderen Probleme, die sich bei einer Umwandlung während eines laufenden Spruchverfahrens ergeben können, stellen sich daher bei der abhängigen GmbH nach beiden Auffassungen nicht. Indes muss die Frage nach der erforderlichen Beschlussmehrheit im Laufe der Untersuchung u.U. weiter vertieft werden, wenn infolge einer Umwandlung, die grundsätzlich bereits mit qualifizierter Mehrheit beschlossen werden kann, eine bislang unbeherrschte GmbH zu einer vertraglich beherrschten Gesellschaft wird.

III. Vertragsänderung und Vertragsbeendigung

Auch die Voraussetzungen der Änderung eines Unternehmensvertrags mit einer abhängigen GmbH sind umstritten. Die h.M. fordert konsequenterweise bei Eingriffen in Ausgleich oder Abfindung die individuelle Zustimmung aller betroffenen Gesellschafter, und hält einen Sonderbeschluss für unzureichend.[96]

Einigkeit besteht über die entsprechende Anwendung der aktienrechtlichen Regelungen über die vertraglich vereinbarte ordentliche Kündigung und die Kündigung aus wichtigem Grund. Umstritten sind hingegen die Erfordernisse für eine einvernehmliche Vertragsaufhebung. Die Rechtsprechung ordnete die Vertragsaufhebung bislang überwiegend entsprechend § 296 AktG als Maßnahme der Geschäftsführung ein.[97] Das OLG Oldenburg begreift demgegenüber die Vertragsaufhebung im Anschluss an die neuere Lehre als einen actus contrarius zum Vertragsschluss und fordert, dass die gleichen Voraussetzungen wie für den Vertragsschluss gelten sollen.[98]

Die Erfordernisse für eine Beendigung des Unternehmensvertrags mit einer abhängigen GmbH müssen im Rahmen dieser Arbeit u.U. weiter vertieft werden, wenn ein Unternehmensvertrag mit einer beherrschten GmbH infolge einer Umwandlung beendet wird.

---

[96] Vgl. *Ebenroth/Wilken* WM 1993, 1617, 1621; *Ehlke* ZIP 1995, 355, 357.; *Emmerich* in: Scholz GmbHG Anh KonzernR Rdn. 193; *Halm* NZG 2001, 728, 737, *Krieger/Jannot* DStR 1995, 1473 f., *Knepper* DStR 1994, 377, 381, 379; *Lutter/Hommelhoff* GmbHG Anh. § 13 Rdn. 80, *Priester* ZGR 1996, 189, 205; *Rix* MittRhNotK 1986, 29, 43.

[97] OLG Frankfurt ZIP 1993, 1790; OLG Karlsruhe ZIP 1994, 1022; LG Essen AG 1999, 135. Ebenso *Bungert* NJW 1995, 1118; *Kallmeyer* GmbHR 1995, 578 ff; *Koppensteiner* in: Rowedder/Schmidt-Leithoff GmbHG Anh. § 52 Rdn. 87; *Timm* GmbHR 1987, 8, 14; *Vetter* ZIP 1995, 345, 346 ff.

[98] OLG Oldenburg NZG 2000, 1138-1141.

C. Methodik zur Ermittlung des Schicksals eines Unternehmensvertrags in der Umwandlung

Die Frage, ob ein Unternehmensvertrag bei Umwandlung einer Vertragspartei fortbesteht oder endet (“**Schicksal des Unternehmensvertrags**“), wird bereits seit über 30 Jahren diskutiert. Dennoch besteht bis heute keine Einigkeit, anhand welcher Kriterien das Schicksal eines Unternehmensvertrags in der Umwandlung zu ermitteln ist. Der nachfolgende Überblick gibt den Meinungsstand wider und unterzieht die angebotenen Lösungsansätze einer kritischen Würdigung.

I. Anknüpfung an die Rechtsnatur der Unternehmensverträge

Die erste Analyse zum Schicksal von Unternehmensverträgen in der Umwandlung, namentlich in der Verschmelzung, stammt von *Würdinger*,[99] der zuvor in grundlegenden Untersuchungen aufgezeigt hatte, dass Unternehmensverträge satzungsgleiches Korporationsrecht darstellen.[100] Unter Verweis auf diese “organisationsrechtliche“ Natur der Verträge stellte er die These auf, dass ein Unternehmensvertrag zwingend enden müsse, sobald eine der beteiligten Gesellschaften – sei es die Untergesellschaft, sei es die Obergesellschaft – mit einem anderen Rechtsträger verschmolzen wird.

II. Anknüpfung an die umwandlungsrechtliche Sukzessionsdogmatik

Kritik an dieser These *Würdingers* äußerte zunächst *Hohner*.[101] Was in der Umwandlung mit einem Unternehmensvertrag geschehe, ist nach *Hohners* Auffassung nicht allein aus der organisationsrechtlichen Perspektive zu ergründen, sondern müsse anhand der umwandlungsrechtlichen Sukzessionsdogmatik ermittelt werden. Daher sei vorrangig danach zu fragen, ob die Rechtspositionen aus Unternehmensverträgen im Wege der Universalsukzession übertragbar sind.[102]

Einen ähnlichen Ansatz verfolgt *Gattineau.* Sie stellt darauf ab, dass das prägende Element jeder Verschmelzung die in § 20 Abs. 1 UmwG angeordnete Rechtsnachfolge in das Vermögen des übertragenden Rechtsträgers ist. Da Ver-

---

[99] Großkomm AktG/*Würdinger* § 291 Anm. 24.

[100] Vgl u.a. *Würdinger* DB 1958, 1447 - unter Rückgriff auf Vorarbeiten von *Flume* DB 1955, 485. 488 und DB 1956, 455 sowie *Ballerstedt* DB 1956, 813, 815.

[101] *Hohner* DB 1973, 1487.

[102] *Hohner* DB 1973, 1487.

schmelzungen nur das Vermögen, nicht aber die körperschaftliche Verfassung eines Rechtsträgers transportieren würden, sei für das Schicksal eines Unternehmensvertrags in der Verschmelzung ausschlaggebend, ob der Vertrag als Vermögen i.S.v. § 20 Abs. 1 UmwG oder als Teil der Organisationsstruktur des betroffenen Rechtsträgers qualifiziert werden müsse.[103]

III. Wertung der Interessenlagen

Nachdem sowohl *Würdingers* organisationsrechtlicher Ansatz als auch die Frage *Hohners* nach der Sukzessionsfähigkeit der vertragstypischen Rechte und Pflichten an dogmatische Konzepte anknüpften, lenkte *Harry Westermann* das Augenmerk auf die Interessenlage der Beteiligten.[104] Nach *Westermanns* Auffassung läßt sich das Schicksal eines Unternehmensvertrags in der Verschmelzung nicht unmittelbar aus dem Gesetz ableiten. Maßgeblich seien vielmehr die Interessenlage der am Unternehmensvertrag beteiligten Parteien und deren Bewertung durch das Gesetz. Erst anhand einer solchen Interessenwertung lasse sich für die einzelnen Umwandlungskonstellationen ermitteln, was mit einem Unternehmensvertrag bei Umwandlung einer der Parteien geschieht.

Einen ähnlichen Ansatz verfolgt *Gutheil.*[105] Er will die Frage nach Beendigung oder Fortbestand eines Unternehmensvertrags bei Umwandlung einer Vertragspartei mittels einer Analyse der wechselseitigen Beeinflussung verfassungsmäßig geschützter Rechte der an der Umwandlung und dem Unternehmensvertrag beteiligten Parteien beantworten. Dabei sei besondere Aufmerksamkeit den Ansprüchen der außenstehenden Aktionäre zu widmen. Das Schicksal ihrer Ansprüche müsse mit den gleichfalls geschützten Interessen der Obergesellschaft und weiterer an der Umwandlung beteiligter Parteien abgewogen werden. Hierbei seien insbesondere das Recht auf freie Vertragspartnerwahl, das Verbot des Vertrags zu Lasten Dritter und schließlich das umwandlungsrechtliche Haftungs- und Sicherungssystem zu beachten.

[103] *Gattineau* Der Beherrschungsvertrag in der Verschmelzung, S. 66 ff.
[104] *Westermann* FS Schilling, S. 271.
[105] *Gutheil* Die Auswirkungen von Umwandlungen auf Unternehmensverträge, S. 83-99.

IV. Stellungnahme

1. Einfluss der organisationsrechtlichen Vertragsnatur

Die von *Würdinger* geprägte und heute allgemein anerkannte Charakterisierung der Unternehmensverträge des § 291 AktG als "Organisationsverträge" besagt, dass die Verträge nicht lediglich als schuldrechtliche Austauschverträge begriffen werden können.[106] Da sie eine Reihe ansonsten zwingender aktienrechtlicher Prinzipien außer Kraft setzen, stellen sie vielmehr satzungsgleiches Korporationsrecht dar. Kennzeichnend ist, dass die Verpflichtung der Gesellschaft auf ihr Eigeninteresse, die Autonomie der Willensbildung und die freie Entscheidung über die Gewinnverwendung während der Geltung des Unternehmensvertrags aufgehoben sind. Daher ändert sich während der Laufzeit des Vertrags letztlich der Zweck der Gesellschaft. Die h.M. hat diese Gedanken aufgegriffen und spricht dem Unternehmensvertrag für die abhängige Gesellschaft unmittelbar satzungsändernden Charakter zu.[107] Es ist daher nicht auszuschließen, dass ein Unternehmensvertrag bei der Umwandlung einer beherrschten Gesellschaft ein anderes Schicksal nimmt als "gewöhnliche" schuldrechtliche Austauschverträge. Die nähere Analyse dieser Fragestellung bleibt der Erörterung der einzelnen Fallgruppen vorbehalten.

Da der Abschluss eines Unternehmensvertrags beim herrschenden Unternehmen aber nicht zu vergleichbaren Eingriffen in die Verbandsverfassung führt, besteht inzwischen nahezu Einigkeit, dass ein Unternehmensvertrag - entgegen der Auffassung *Würdingers* - beim herrschenden Unternehmen keine satzungsüberlagernde Wirkung entfaltet.[108] Die Erkenntnis, dass Unternehmensverträge "Organisationsverträge" sind, ist für die Ermittlung des Schicksals des Vertrags bei Umwandlungen herrschender Unternehmen daher nicht weiterführend.[109]

---

[106] Vgl. nur BGHZ 103 , 1, 4 ("Familienheim"); BGHZ 105, 324, 331 ("Supermarkt"); BGH, NJW 199, 1452, 1454 ("Siemens"); *Hüffer* AktG § 291 Rdn. 17; KölnKomm AktG/*Koppensteiner* Vorb. § 291 Rdn. 156; *Geßler*/Hefermehl AktG § 291 Rdn. 24; Großkomm AktG/*Windbichler* § 17 Rdn. 35.

[107] OLG Karlsruhe NJW 1967, 831, 832; *Bälz* AG 1992, 277, 285, 299 ff; *W. Bayer* Der grenzüberschreitende Beherrschungsvertrag, S. 13; *Emmerich/Sonnenschein/Habersack* Konzernrecht § 8 II 2 a; *Emmerichs*/Habersack Aktien- und GmbH-Konzernrecht § 291 Rdn. 26; *Exner* Beherrschungsvertrag und Vertragsfreiheit, S. 53; KölnKomm AktG/*Koppensteiner* Vorb. § 291 Rdn. 159; *Raiser/Veil* Recht der Kapitalgesellschaften § 54 Rdn. 9; *Timm* Konzernspitze, S. 35.

[108] A.A. nur Großkomm AktG/*Würdinger* § 291 Anm. 5, und *U.H. Schneider* WM 1986, 181, 187; *ders.*, ZHR 143 (1979) 485, 518.

[109] Einzig sympathisierend offenbar *Bayer* ZGR 1993, 599, 605.

2. Die umwandlungsrechtliche Sukzessionsdogmatik als taugliches Anknüpfungskriterium

Hohners These, dass das Schicksal eines Unternehmensvertrags bei Umwandlung einer Vertragspartei maßgeblich durch die umwandlungsrechtliche Sukzessionsdogmatik geprägt wird, ist unmittelbar einleuchtend.

Allerdings wandte *Harry Westermann* hiergegen ein, dass die Verschmelzung neben der Universalsukzession auch durch das liquidationslose Erlöschen des übertragenden Rechtsträgers geprägt werde. Rechtsfolgen für den Unternehmensvertrag ließen sich aus der gesetzlich angeordneten Gesamtrechtsnachfolge aber nur dann ableiten, wenn geklärt werden könne, ob bei der Verschmelzung der Erlöschens- oder der Übertragungstatbestand im Vordergrund steht. Diese konzeptionelle Frage ließ sich nach *Westermanns* Auffassung aber nicht beantworten.[110]

Dem ist zu entgegnen, dass bei wirtschaftlicher Betrachtung seit jeher die Rechtsnachfolge in Aktiva und Passiva sowie in Rechtspositionen aus gegenseitigen Verträgen prägendes Element und Ziel der Umwandlung ist. Das liquidationslose Erlöschen des übertragenden Rechtsträgers ist demgegenüber lediglich eine rechtstechnisch notwendige Begleiterscheinung. Außerdem hat der Begriff der Gesamtrechtsnachfolge durch die Einführung der Spaltung im Ganzen eine Änderung erfahren: Die Möglichkeit einer "partiellen Gesamtrechtsnachfolge" zeigt, dass das Erlöschen des übertragenden Rechtsträgers fortan nicht mehr zwingendes Merkmal einer Universalsukzession sein soll. *Westermanns* Bedenken sind dadurch hinfällig geworden. Die umwandlungsrechtliche Sukzessionsdogmatik ist daher ein uneingeschränkt tauglicher Anknüpfungspunkt für die Ermittlung des Schicksals eines Unternehmensvertrags in der Umwandlung.[111]

3. Subsidiarität abstrakter Interessenlagen

Harry Westermanns Ansatz, anhand einer Bewertung standardisierter Parteiinteressen ipso iure eine Rechtsfolge eintreten zu lassen, unterliegt durchgreifenden methodischen Bedenken. Lassen sich aus dem Gesetz - und sei es erst im Wege der Auslegung - eindeutige Ergebnisse ableiten, bleibt für die

---

[110] *Westermann* FS Schilling, S. 271, 280.

[111] Vgl. auch *Gattineau* Der Beherrschungsvertrag in der Verschmelzung, S. 66 ff.

Herleitung einer Rechtsfolge anhand einer abstrakten Interessenwertung kein Raum. Dies war *Westermann* durchaus bewusst, denn er argumentierte auf Grundlage der Prämisse, dass sich aus der Gesamtrechtsnachfolge gerade keine zwingenden Schlüsse ziehen lassen. Da diese Prämisse aber spätestens mit Einführung der Rechtsfigur der partiellen Gesamtrechtsnachfolge entfallen ist, ist *Westermanns* Ansatz abzulehnen. Das Vertragsschicksal kann daher nicht primär anhand einer standardisierten Bewertung der Parteiinteressen ermittelt werden.[112]

Wollte man die methodische Vorgehensweise *Westermanns* konsequent umsetzen, wäre außerdem für jedes einzelne Dauerschuldverhältnis, also nicht nur für Unternehmensverträge, anhand der Interessenlagen zu ermitteln, ob es im Zuge einer Verschmelzung erlischt oder fortbesteht. Die gesetzliche angeordnete Gesamtrechtsnachfolge soll aber umwandlungswilligen Unternehmen derart umständliche Prüfungen mit ungewissem Ausgang gerade ersparen.[113]

Die von *Gutheil* vorgeschlagene Ermittlung des Schicksals des Unternehmensvertrags anhand der Interdependenzen von Parteiinteressen und gesetzlichen Prinzipien unterscheidet sich nur unwesentlich von der - auch von *Gutheil* abgelehnten - Methode *Westermanns*.[114] Nach *Gutheils* Ansatz bestimmt sich das Vertragsschicksal maßgeblich danach, wie weit man den verfassungsrechtlichen Schutzbereich des Art. 14 Grundgesetz ziehen möchte, was zu einer gewissen Beliebigkeit der Ergebnisse führen kann. Dies zeigt sich besonders deutlich, wenn *Gutheil* entgegen der Aussage des sog. "Hartmann & Braun"-Beschlusses des Bundesverfassungsgerichts[115] nur die Abfindungs-, nicht aber die Ausgleichsansprüche vom Schutz des Art. 14 Grundgesetz erfasst sehen möchte.[116]

---

[112] Unzutreffend daher auch *Martens* AG 1986, 57, 61 und ihm folgend *Sagasser/ Ködderitsch* in: Sagasser/Bula/Brünger Umwandlungen J 164, die den Übergang eines Unternehmensvertrags im Wege der Gesamtrechtsnachfolge bei übertragender Verschmelzung der Untergesellschaft, mit folgender Argumentation ablehnen: "Die gesetzliche Regelung darf (...) nicht weiterreichen, als es dem typisierten Parteiwillen entspricht." Demnach dürfte es im Kaufrecht keine Gewährleistung geben, weil diese dem typisierten Willen eines Verkäufers nicht gerecht wird.

[113] Vgl. Begr. RefE UmwG, S.6; Begr. RegE UmwG. S.12; *Mertens* Umwandlung und Universalsukzession, S. 69; *Hennrichs* Formwechsel und Gesamtrechtsnachfolge, S. 97 ff.

[114] Vgl. *Gutheil* aaO, S. 93, 178.

[115] BVerfG ZIP 1999, 1804, 1807 ("Hartmann & Braun").

[116] Vgl. *Gutheil* aaO, S. 44.

4. Ergebnis

Ob bei Umwandlung einer Vertragspartei ein Unternehmensvertrag endet oder fortbesteht, entscheidet sich allein anhand der umwandlungsrechtlichen Sukzessionsdogmatik. Bei Umwandlungen beherrschter Gesellschaften ist stets ein besonderer Blick auf die organisationsrechtlichen Eigenarten des Unternehmensvertrags zu richten. In den entsprechenden Fallkonstellationen wird daher zu untersuchen sein, ob die satzungsüberlagernde Natur der Verträge einer Rechtsnachfolge Grenzen setzt. Die Interessen der beteiligten Parteien oder Dritter haben keine unmittelbare Auswirkung darauf, ob der Unternehmensvertrag endet oder fortbesteht, sondern müssen auf anderen Ebenen (Vermögensschutz, Mitspracherechte, Kündigungsrechte) berücksichtigt werden.[117]

---

[117] Ähnlich *Gattineau* Der Beherrschungsvertrag in der Verschmelzung, S. 66 ff.

§ 2: Fallgruppenanalyse

A. Formwechsel im Vertragskonzern

I. Formwechsel einer herrschenden Aktiengesellschaft in eine GmbH

1. Schicksal des Unternehmensvertrags

Nach allgemeiner Auffassung bleibt ein Unternehmensvertrag ungeachtet eines Formwechsels des herrschenden Unternehmens von der Aktiengesellschaft in die GmbH in Kraft.[118]

Dieser zutreffende Befund stützt sich auf § 202 Abs. 1 Nr. 1 UmwG, wonach ein Rechtsträger nach Eintragung des Formwechsels in der neuen Rechtsform "fortbesteht", seine Identität durch den Vorgang also nicht angetastet wird. Diese so genannten "Identitätsthese" stößt jedoch an ihre Grenzen, wenn zwingende gesetzliche Regelungen mit der Rechtsordnung der neuen Organisationsform unvereinbar sind.[119] Die Fähigkeit, herrschende Partei eines Unternehmensvertrags zu sein, ist hiervon jedoch nicht betroffen. Denn § 291 AktG setzt lediglich voraus, dass die herrschende Vertragspartei ein Unternehmen i.S.d. §§ 15 ff AktG ist. In welcher Rechtsform das Unternehmen betrieben wird, ist unerheblich.[120]

---

[118] MünchKomm AktG/*Altmeppen* § 297 Rdn. 137; *Breuninger* JbFStR 1996/97, 366; *Decher* in: Lutter UmwG § 202 Rdn. 47; *Emmerich*/Habersack Aktien- und GmbH-Konzernrecht § 297 Rdn. 45; *Gerth* BB 1978, 1499; *Gutheil* Auswirkungen von Umwandlungen auf Unternehmensverträge, S. 120 ff; GroßKomm AktG/*Hasselbach/Hirte* § 304 Rdn. 59; *Kley* Rechtsstellung außenstehender Aktionäre, S. 145; MünchHdbAG/*Krieger* § 70 Rdn. 209; *Langenbucher* in: Schmidt/Lutter AktG § 297 Rdn. 36; *Laumann* in: Goutier/Knopf/Tulloch UmwG § 202 Rdn. 12; *Meister/Klöcker* in: Kallmeyer UmwG § 202 Rdn. 18; *K. Müller* DB 2002, 157, 158, 160; *Schild* JbFSTR 1995/96, 678; *Veil* in: Spindler/Stilz AktG § 297 Rdn. 47, 55; *Veith* Der Gläubigerschutz beim Formwechsel S. 49; *Vossius* in: Widmann/Mayer UmwG § 202 Rdn. 134; Großkomm AktG/*Würdinger* § 291 Anm. 24 Zum Fortbestand eines Unternehmensvertrags bei Umwandlung des herrschenden Unternehmens von der AG in: eine GmbH & Co. KG vgl. OLG Düsseldorf NZG 2005, 280.

[119] Vgl. *Decher* in: Lutter UmwG § 202 Rdn. 8, 23; *Hennrichs* Formwechsel und Gesamtrechtsnachfolge, S. 39; *Laumann* in: Goutier/Knopf/Tulloch UmwG § 202 Rdn. 5 ff.

[120] MünchKomm AktG/*Altmeppen* § 291 Rdn. 5 ff; *Emmerich*/Habersack Aktien- und GmbH-Konzernrecht § 291; Rdn. 9; KölnKomm AktG/*Koppensteiner* § 291 Rdn. 10; *Raiser/Veil* Recht der Kapitalgesellschaften § 54 Rdn. 15.

2. Vermögensbezogener Gesellschafterschutz

Eine unabhängige Aktiengesellschaft schuldet als Abfindung eigene Aktien und kann nach freiem Ermessen entweder einen festen oder aber auch einen variablen Ausgleich anbieten. Eine unabhängige vertragsherrschende GmbH muss demgegenüber gemäß §§ 304 Abs. 2 Satz 1, 305 Abs. 2 Nr. 3 AktG eine Barabfindung und einen festen Ausgleich anbieten. Dies wirft die Frage auf, wie sich der Formwechsel einer herrschenden Aktiengesellschaft in die Rechtsform der GmbH auf eine laufende Abfindungsverpflichtung in eigenen Aktien und auf einen variablen Ausgleich auswirkt.

a. Auswirkungen auf eine laufende Abfindungsverpflichtung in eigenen Aktien

Lautet das Abfindungsangebot - wie bei einer unabhängigen Aktiengesellschaft vom Gesetz vorgeschrieben - auf eigene Aktien, kann es mit Vollzug des Formwechsels nicht mehr erfüllt werden. Denn die Aktien, die ursprünglich Gegenstand des laufenden Abfindungsangebotes waren, sind gemäß § 248 Abs. 2 UmwG, § 73 Abs. 1 und Abs. 2 AktG für kraftlos zu erklären. Allerdings wäre es nach dem Formwechsel des herrschenden Unternehmens in die Rechtsform der GmbH möglich, die außenstehenden Aktionäre in GmbH-Geschäftsanteilen abzufinden. Es ist aber fraglich, ob sich die außenstehenden Aktionäre auf eine derartige Umstellung der Abfindung einlassen müssen.

Die Mitgliedschaft in einer GmbH ist gegenüber der Mitgliedschaft in einer Aktiengesellschaft ein aliud. Außerdem sind GmbH-Geschäftsanteile, anders als Aktien, nicht frei handelbar. Gerade aus diesen Gründen muss eine vertraglich herrschende GmbH gemäß § 305 Abs. 2 AktG grundsätzlich eine Barabfindung anbieten. Aus den selben Gründen können beim Formwechsel einer Aktiengesellschaft die Aktionäre gemäß § 207 UmwG gegen angemessene Barabfindung aus der Gesellschaft ausscheiden. Wenn aber in der hier untersuchten Konstellation nicht einmal den Aktionären des herrschenden Unternehmens die Beteiligung an einer GmbH aufgezwungen werden kann, so muss dies erst recht für die abfindungsberechtigten Aktionäre der beherrschten Gesellschaft gelten. Die außenstehenden Aktionäre können daher nicht gegen ihren Willen in GmbH-Geschäftsanteilen abgefunden werden. Aus einer ergänzenden Vertragsauslegung des Unternehmensvertrags folgt vielmehr, dass die Obergesellschaft ein laufendes Abfindungsangebot in eigenen Aktien nun auf ein Barabfindungsangebot umstellen muss.

Darüber hinaus stellt sich aber noch die Frage, ob die Außenseiter nicht einen *Anspruch* auf die Gewährung von GmbH-Geschäftsanteilen geltend machen können. Das herrschende Unternehmen wäre dann verpflichtet, neben der fortan geschuldeten Barabfindung noch eine Abfindung in Geschäftsanteilen anzubieten. Dagegen spricht, dass nach dem gesetzlichen Leitbild eine herrschende GmbH grundsätzlich keine eigenen Geschäftsanteile als Abfindung anzubieten braucht.[121] Es ist nicht ersichtlich, warum gerade ein Formwechsel eine solche Pflicht - systemwidrig - begründen sollte.

Außerdem besteht auch kein Bedürfnis, das herrschende Unternehmen zur Abfindung in GmbH-Geschäftsanteilen zu verpflichten. Vielmehr ist zu fordern, dass es aufgrund einer vertraglichen Nebenpflicht die außenstehenden Aktionäre der beherrschten Gesellschaft frühzeitig, d.h. zeitgleich mit den eigenen Aktionären, über den avisierten Formwechsel informiert. Die außenstehenden Aktionäre können dann noch bis zur Eintragung der Umwandlung das ursprüngliche Abfindungsangebot annehmen und mit den erhaltenen Aktien am Formwechsel teilnehmen.

b. Auswirkungen auf einen variablen Ausgleich

Den variablen Ausgleich dürfen gemäß § 304 Abs. 2 Satz 2 AktG nur herrschende Aktiengesellschaften oder herrschende KGaAs anbieten. Grund dieser Regelung ist, dass variable Ausgleichsregelungen mit einer herrschenden GmbH die Außenseiter benachteiligen könnten, weil in der GmbH die Gewinnermittlung und die Gewinnausschüttung grundlegend anders geregelt sind als in der Aktiengesellschaft. Dies ist auch beim Formwechsel einer herrschenden Aktiengesellschaft in die GmbH zu berücksichtigen. War ursprünglich ein variabler Ausgleich vereinbart, so ist die Regelung fortan nicht mehr statthaft. Aus einer ergänzenden Vertragsauslegung folgt, dass mit Vollzug des Formwechsels des herrschenden Unternehmens in die GmbH ein fester Ausgleich geschuldet wird.[122]

---

[121] Vgl. nur *Casper* in: Ulmer/Habersack/Winter GmbHG Anh. § 77 Rdn. 217; *Emmerich* in: Scholz GmbHG Anh. KonzernR Rdn. 167; *Ulmer* in: Hachenburg GmbHG Anh. § 77 Rdn. 12; *Roth/Altmeppen* GmbHG Anh. § 13 Rdn. 72.

[122] *Gutheil* Auswirkungen von Umwandlungen auf Unternehmensverträge, S. 120 ff; Köln-Komm AktG/*Koppensteiner* § 297 Rdn. 35.

3. Gesellschafterschutz durch Zustimmungs- und Beschlusserfordernisse

a. Hauptversammlungsbeschluss gemäß § 295 Abs. 1 AktG

Der Formwechsel eines herrschenden Unternehmens könnte eine Änderung des Unternehmensvertrags sein, die einen Zustimmungsbeschluss der Hauptversammlung der beherrschten Gesellschaft nach § 295 Abs. 1 AktG voraussetzt. Bei Verschmelzungen herrschender Unternehmen wird ein solcher Zustimmungsbeschluss unter dem Schlagwort der "Parteiänderung" diskutiert.[123] Einen bloßen Formwechsel als Parteiänderung zu betrachten, wäre jedoch schwerlich mit dem Konzept der Rechtsträgeridentität zu vereinbaren, das in § 202 Abs. 1 Nr. 1 UmwG zum Ausdruck kommt. Daher stehen weder der Formwechsel als solcher noch die Fortsetzung des Unternehmensvertrags unter dem Vorbehalt eines Zustimmungsbeschlusses der Hauptversammlung der Untergesellschaft nach § 295 Abs. 1 AktG.

b. Sonderbeschluss gemäß § 295 Abs. 2 AktG

Sofern ein Formwechsel des herrschenden Unternehmens die Abwicklung einer variablen Ausgleichsregelung oder (bei laufendem Spruchverfahren) einer Abfindung in Aktien unmöglich macht, könnte die Maßnahme unter dem Vorbehalt eines Sonderbeschlusses der außenstehenden Aktionäre der beherrschten Gesellschaft gemäß § 295 Abs. 2 AktG stehen.

Dagegen könnte sprechen, dass ein Sonderbeschluss gemäß § 295 Abs. 2 AktG nach der Gesetzessystematik bei Änderungen des Unternehmensvertrags lediglich eine zusätzliche Wirksamkeitsvoraussetzung eines Hauptversammlungsbeschlusses nach § 295 Abs. 1 AktG ist. Der Formwechsel des herrschenden Unternehmens setzt jedoch, wie soeben gezeigt, gerade keinen Hauptversammlungsbeschluss nach § 295 Abs. 1 AktG voraus.

Zudem würde ein Sonderbeschlussrecht den außenstehenden Aktionären der beherrschten Gesellschaft die Macht geben, eine Strukturmaßnahme des herrschenden Unternehmens zu verhindern. Dies wäre aber ein eklatanter Widerspruch zum Regelungskonzept des Umwandlungsrechts, das Zustimmungsvorbehalte zugunsten von Gläubigern oder sonstiger gesellschaftsfremder Dritter (einschließlich der Minderheitsaktionäre abhängiger Gesellschaften) nicht vorsieht. Ausweislich der Gesetzesbegründung zum UmwG soll die Entscheidung

[123] Vgl. unten 3 Teil, § 2 B. II. 4. a.

über die Umstrukturierung eines Unternehmens nämlich allein der Organisationsfreiheit seiner Anteilseigner obliegen.[124] Weder die Entscheidung über die Umwandlung noch die Universalsukzession sind daher von der Zustimmung außenstehender Dritter abhängig. Stünde der Formwechsel des herrschenden Unternehmens unter dem Vorbehalt eines Sonderbeschlusses gemäß § 295 Abs. 2 AktG, so erhielten die außenstehenden Aktionäre der beherrschten Gesellschaft ein systemwidriges Vetorecht. Dies wäre allenfalls zu rechtfertigen, wenn andernfalls eine unzumutbare Beeinträchtigung der Ausgleichs- und Abfindungsansprüche zu befürchten stünde. Da aber die Vermögensinteressen der Außenseiter hinreichend geschützt sind, gibt es auch aus der konzernrechtlichen Perspektive kein Argument, das einen derartigen Systembruch rechtfertigen würde.

Man könnte die außenstehenden Aktionäre daher höchstens durch einen "modifizierten Sonderbeschluss" darüber entscheiden lassen, ob der - zunächst kraft Gesetzes fortgesetzte Vertrag – nicht doch beendet werden soll. Jedoch gäbe man ihnen damit Steine statt Brot, weil eine vorzeitige Vertragsbeendigung regelmäßig nicht in ihrem Interesse liegen dürfte. Denn auch nach dem Formwechsel verfügt das herrschende Unternehmen weiterhin über die erforderliche Stimmrechtsmacht, um postwendend den Abschluss eines neuen Unternehmensvertrags durchzusetzen. Hierdurch würden die außenstehenden Aktionäre erneut in ein langwieriges Spruchverfahren getrieben, was zumindest bei einer zwischenzeitlichen Entwertung der abhängigen Gesellschaft eine Reihe komplexer Folgeprobleme aufwerfen würde. Es ergäbe daher wenig Sinn, die außenstehenden Aktionäre bei einem Formwechsel des herrschenden Unternehmens über die Fortsetzung des Unternehmensvertrags entscheiden zu lassen.

II. Formwechsel der herrschenden GmbH in die Aktiengesellschaft

1. Schicksal des Unternehmensvertrags

Da die Stellung als herrschende Vertragspartei lediglich die Unternehmenseigenschaft i.S.d. §§ 15 ff AktG voraussetzt, hat ein Formwechsel des

[124] Vgl. die Begr. zum RegE UmwG, BT-Drucks. 12/6699, S. 79: "In sachlicher Hinsicht geht der Entwurf von der Eigenverantwortlichkeit der Anteilsinhaber (...) aus. Er unterwirft jeden Umwandlungsvorgang ihrer freien Entscheidung." Vgl. ferner *Hennrichs* Formwechsel und Gesamtrechtsnachfolge, S. 103; K. *Mertens* Umwandlung und Universalsukzession, S. 160; *Konzen* Unternehmensaufspaltungen und Organisationsänderungen, S. 13, 39 f.

herrschenden Unternehmens von der GmbH in die Aktiengesellschaft keine Auswirkung auf die Wirksamkeit eines Unternehmensvertrags.[125]

2. Vermögensbezogener Gesellschafterschutz

a. Auswirkungen auf eine laufende Abfindungsverpflichtung

Als GmbH musste das herrschende Unternehmen den außenstehenden Aktionären der Untergesellschaft eine Barabfindung anbieten. Mit dem Formwechsel in die Aktiengesellschaft eröffnet sich jetzt erstmals die Möglichkeit, die Außenseiter in eigenen Aktien abzufinden - wozu eine unabhängige, herrschende Aktiengesellschaft nach der gesetzlichen Konzeption grundsätzlich auch verpflichtet ist.

Können sich die außenstehenden Aktionäre (wegen eines andauernden Spruchverfahrens) noch für die Annahme der Abfindung entscheiden, stellt sich daher die Frage, ob das herrschende Unternehmen nach dem Formwechsel das laufende Barabfindungsangebot zurückziehen darf, um stattdessen eigene Aktien anzubieten.

Wäre dies statthaft, ergäbe sich ein erhebliches praktisches Problem: Im laufenden Spruchverfahren zur Ermittlung der angemessenen Barabfindung wurde bislang nur der Wert der Untergesellschaft ermittelt. Für eine Abfindung in Aktien wäre es aber nunmehr erforderlich, rückbezogen auf den Stichtag des § 305 Abs. 3 Satz 2 AktG den Wert der Obergesellschaft zu ermitteln. Dies würde die Verfahrensbeendigung massiv verzögern. Eine einseitige Umstellung des ursprünglichen Barabfindungsgebotes auf eine Anfindung in Aktien wäre daher treuwidrig; das herrschende Unternehmen muss deshalb das Barabfindungsangebot in jedem Fall aufrechterhalten.

Hiermit ist aber noch nicht geklärt, ob die Obergesellschaft nach dem Formwechsel nicht möglicherweise verpflichtet ist, zusätzlich zur Barabfindung auch

---

[125] MünchKomm AktG/*Altmeppen* § 297 Rdn. 137; *Breuninger* JbFStR 1996/97, 366; *Decher* in: Lutter UmwG § 202 Rdn. 47; *Emmerich*/Habersack Aktien- und GmbH-Konzernrecht § 297 Rdn. 45; *Gerth* BB 1978, 1499; *Gutheil* Auswirkungen von Umwandlungen auf Unternehmensverträge, S. 120 ff; *Kley* Rechtsstellung außenstehender Aktionäre, S. 145; MünchHdbAG/*Krieger* § 70 Rdn. 209; *Langenbucher* in: Schmidt/Lutter AktG § 297 Rdn 36, *Laumann* in: Goutier/Knopf/Tulloch UmwG § 202 Rdn. 12; *Meister/Klöcker* in: Kallmeyer UmwG § 202 Rdn. 18; *K. Müller* DB 2002, 157, 158, 160; *Schild* JbFSTR 1995/96, 678; *Veith* Der Gläubigerschutz beim Formwechsel S. 49; *Vossius* in: Widmann/Mayer UmwG § 202 Rdn. 133; Großkomm AktG/*Würdinger* § 291 Anm. 24.

noch ein auf Aktien lautendes Abfindungsangebot zu unterbreiten. Gegen eine solche Verpflichtung spricht zunächst die soeben dargestellte Bewertungsproblematik. Zudem sollen beim Formwechsel bestehende Verpflichtungen möglichst inhaltsgleich auf den Rechtsträger in der neuen Rechtsform transformiert werden. Schließlich erscheint eine derartige Pflicht auch aus der Perspektive der außenstehenden Aktionäre entbehrlich, denn ihnen steht es frei, die als Abfindung erhaltenen Barmittel in Aktien des herrschenden Unternehmens zu investieren.[126]

b. Auswirkungen auf den Ausgleich

Gemäß § 304 Abs. 2 AktG schuldet eine herrschende GmbH einen festen Ausgleich. Auch nach einem Formwechsel des herrschenden Unternehmens von der Aktiengesellschaft in die GmbH kann es bei dem ursprünglich vereinbarten festen Ausgleich verbleiben. Denn eine herrschende Aktiengesellschaft kann bei Abschluss eines Unternehmensvertrags frei wählen, welche Variante des Ausgleichs sie anbietet.[127] Den außenstehenden Aktionären stehen insoweit keinerlei Mitspracherechte zu. Somit löst auch ein Formwechsel des herrschenden Unternehmens in die Rechtsform der GmbH keine Verpflichtung aus, nunmehr kumulativ oder alternativ einen variablen Ausgleich zu zahlen. Im Gegenzug berechtigt der Formwechsel das herrschende Unternehmen freilich nicht, die außenstehenden Aktionäre gegen ihren Willen ausschließlich auf einen variablen Ausgleich zu verweisen.

3. Gesellschafterschutz durch Mitwirkungs- und Beschlusserfordernisse

Oben wurde aufgezeigt, dass der Formwechsel einer herrschenden Aktiengesellschaft in die GmbH weder unter dem Vorbehalt eines Zustimmungsbeschlusses der Hauptversammlung der Untergesellschaft nach § 295 Abs. 1 AktG noch eines Sonderbeschlusses nach § 295 Abs. 2 AktG steht.[128] Die dort angestellten Erwägungen lassen sich auf den hier untersuchtem Fall des Formwechsels einer vertraglich herrschenden GmbH in die Rechtsform der Aktiengesellschaft ohne weiteres übertragen. Der Formwechsel einer herrschenden GmbH in die Aktiengesellschaft setzt daher keinerlei Beschlussfassungen der Untergesellschaft voraus.

---

[126] Im Ergebnis so auch *Stephan* in: Schmidt/Lutter AktG § 305 Rdn. 150.

[127] OLG Düsseldorf AG 2000, 323, 326; *Emmerich*/Habersack Aktien- und GmbH-Konzernrecht § 304 Rdn. 28.

[128] S. oben, 3. Teil, § 2 A. I 3 a. und b.

III. Formwechsel der beherrschten Aktiengesellschaft in eine GmbH

1. Schicksal des Unternehmensvertrags

Spätestens seit der "Supermarkt"–Entscheidung des Bundesgerichtshofs[129] ist allgemein anerkannt, dass sich eine GmbH vertraglicher Leitungsmacht unterstellen kann. Rechtsformspezifische Besonderheiten der Ziel-Rechtsform GmbH stehen somit einer Fortsetzung des Vertrags nach einer Umwandlung nicht entgegen. Nach zutreffender h.A. bleibt daher ein Unternehmensvertrag auch nach dem Formwechsel einer beherrschten Aktiengesellschaft in die Rechtsform der GmbH weiter in Kraft.[130]

2. Vermögensbezogener Gesellschafterschutz

a. Auswirkungen auf eine laufende Abfindungsverpflichtung

Der Formwechsel einer beherrschten Aktiengesellschaft in die GmbH lässt eine laufende Abfindungsverpflichtung nach § 305 AktG unberührt. Wollen die Minderheitsgesellschafter der Untergesellschaft ein laufendes Abfindungsangebot nach Vollzug des Formwechsels ihrer Gesellschaft annehmen, müssen sie dem herrschenden Unternehmen als Gegenleistung nunmehr GmbH-Geschäftsanteile andienen. Diese Modifikation in der Abwicklung ist dem herrschenden Unternehmen zuzumuten, denn in der Regel hat es den Formwechselbeschluss der Untergesellschaft mit seiner Stimmrechtsmehrheit herbeigeführt und muss sich daher nun auf die veränderte Gegenleistung einlassen. Ein Schutzbedürfnis besteht selbst dann nicht, wenn es (ausnahmsweise) noch nicht einmal die erforderliche Sperrminorität zur Verhinderung des Formwechsels hatte. Denn in derartigen Fällen hat das herrschende Unternehmen den Unternehmensvertrag abgeschlossen, obwohl ihm bewusst sein musste, dass die Un-

[129] BGHZ 105, 324 ("Supermarkt").

[130] MünchKomm AktG/*Altmeppen* § 297 Rdn. 137; *Decher* in: Lutter UmwG § 202 Rdn. 47; *Emmerich*/Habersack Aktien- und GmbH-Konzernrecht § 297 Rdn. 45; *Geßler*/Hefermehl AktG § 297 Rdn. 50; *Gutheil* Auswirkungen von Umwandlungen auf Unternehmensverträge, S. 129 ff; GroßKomm AktG/*Hasselbach/Hirte* § 304 Rdn. 59; *Kley* Rechtsstellung außenstehender Aktionäre, S. 146; MünchHdbAG/*Krieger* § 70 Rdn. 209; *Langenbucher* in: Schmidt/Lutter AktG § 297 Rdn. 36; *Laumann* in: Goutier/Knopf/Tulloch UmwG § 202 Rdn. 12; KölnKomm AktG/*Koppensteiner* § 297 Rdn. 35; *Meister/Klöcker* in: Kallmeyer UmwG § 202 Rdn. 18; *Sonnenschein* Organschaft, S. 417; *Vossius* in: Widmann/Mayer UmwG § 202 Rdn. 134; *Müller* BB 2002, 157, 160; aA Großkomm AktG/*Würdinger* § 291 Anm. 25. Zum Fortbestand eines Unternehmensvertrags bei Umwandlung einer beherrschten AG in eine GmbH & Co. KG vgl. OLG Düsseldorf AG 2004, 324, 326 („EVA").

tergesellschaft auch gegen seinen Willen einen Formwechsel beschließen kann. Wenn sich dieses Risiko später realisiert, ist das herrschende Unternehmen nicht schutzbedürftig.

b. Abfindungsverpflichtung gemäß § 207 UmwG

Gesellschafter, die gegen einen Formwechselbeschluss Widerspruch zur Niederschrift erklären, können gemäß § 207 UmwG gegen angemessene Barabfindung aus der Gesellschaft ausscheiden. Da es sich um einen gesetzlichen Barabfindungsanspruch handelt, können sie die Barabfindung auch dann verlangen, wenn der Unternehmensvertrag ausschließlich eine Abfindung in Aktien vorgesehen hatte. Das gesetzliche Barabfindungsangebot nach § 207 UmwG wird also nicht etwa durch ein laufendes Angebot nach § 305 AktG überlagert.

Äußerst problematisch ist allerdings, wie die Höhe der angemessenen Barabfindung nach § 207 UmwG zu ermitteln ist, wenn die umzuwandelnde Gesellschaft vertraglich beherrscht wird. Die Frage stellt sich in verschärfter Weise bei der Ermittlung des Anteilswerts im Rahmen von Konzernverschmelzungen. Da die Literatur diese Thematik ausschließlich im Zusammenhang mit Verschmelzungen diskutiert, soll an dieser Stelle auf die Erörterungen im 3. Teil, § 2 B. I. 2. b. verwiesen werden.

c. Auswirkungen auf den Ausgleich

Der Formwechsel einer beherrschten Aktiengesellschaft in die GmbH lässt bestehende Ausgleichsregelungen unberührt. Für den festen Ausgleich liegt dieses Ergebnis ohne weiteres auf der Hand. Doch auch ein variabler Ausgleich kann nach dem Formwechsel weiterhin praktiziert werden. Sofern die Nennbeträge ehemaliger Aktien/Geschäftsanteile und neuer Geschäftsanteile/Aktien divergieren, ist eine rechnerische Anpassung vorzunehmen.[131]

3. Gesellschafterschutz durch Mitwirkungs- und Beschlusserfordernisse

Es wurde bereits dargestellt, dass sich nach h.M. eine GmbH nur mit Zustimmung sämtlicher Gesellschafter vertraglicher Leitung unterstellen kann.[132]

---

[131] Rechenbeispiele bei *Gutheil* Auswirkungen von Umwandlungen auf Unternehmensverträge, S. 136 ff.

[132] Nachweise hierzu oben unter 3. Teil, § 1 B. II. Die Gegenauffassung, wonach auch bei

Demgegenüber setzt gemäß § 240 Abs. 1 UmwG ein Umwandlungsbeschluss lediglich eine qualifizierte Mehrheit voraus. Der Formwechsel einer vertraglich beherrschten Aktiengesellschaft in eine GmbH wirft daher die Frage auf, ob der Umwandlungsbeschluss mit qualifizierter Mehrheit gefasst werden kann, oder ob hier ausnahmsweise die Zustimmung sämtlicher Aktionäre erforderlich ist.

Ließe sich vertragliche Abhängigkeit einer GmbH *ausnahmslos* nur mit Zustimmung sämtlicher Gesellschafter begründen, müssten tatsächlich alle Aktionäre der Umwandlung zustimmen. Alternativ könnte man zwar für den Umwandlungsbeschluss die qualifizierte Mehrheit ausreichen lassen, müsste dann aber - entgegen dem Regelungsanliegen des § 202 UmwG, die Rechtsbeziehungen eines Rechtsträgers trotz Formwechsels umfassend zu transformieren - von einer automatischen Beendigung des Unternehmensvertrags ausgehen.

Allerdings erkennt auch die h.M. Ausnahmen vom Einstimmigkeitsprinzip an, beispielsweise bei entsprechenden Satzungsbestimmungen oder aufgrund mitgliedschaftlicher Treuepflichten.[133] Auch für den Fall eines Formwechsels sollte eine Ausnahme zugelassen werden. Denn der Formwechsel einer bereits vertraglich beherrschten AG in die GmbH führt nicht zu einer materiellen Verschlechterung der Rechtsposition der außenstehenden Gesellschafter. Die bestehende Rechtsbeeinträchtigung der außenstehenden Aktionäre beruht auf einer wirksamen Beschlussfassung in der Aktiengesellschaft. Die Minderheitsgesellschafter der künftigen GmbH haben daher nichts zu verlieren, was ihnen (als Mitglied einer Aktiengesellschaft) nicht bereits auf rechtlich zulässige Weise genommen wurde.[134] Der Umwandlungsbeschluss kann daher mit 3/4-Mehrheit gefasst werden, der Unternehmensvertrag setzt sich dennoch fort.

IV. Formwechsel der beherrschten GmbH in eine Aktiengesellschaft

Der Formwechsel einer vertraglich beherrschten GmbH in die Rechtsform der Aktiengesellschaft wirft in der Praxis kaum Probleme auf.[135] Dies liegt hauptsächlich daran, dass es keine laufenden Spruchverfahren gibt, und nach allgemeiner Auffassung auch nicht geben kann. Individuell vereinbarte Abfindungsregelungen zwischen dem herrschenden Unternehmen und den außen-

---

der abhängigen GmbH für die Zustimmung zum Unternehmensvertrag die qualifizierte Mehrheit ausreicht, bereitet hier naturgemäß keine Probleme.

[133] Vgl. *Casper* in: Ulmer/Habersack/Winter GmbHG Anh. § 77 Rdn. 191 f.; *Emmerich* in: Scholz GmbHG Anh. KonzernR Rdn. 156; *Raiser/Veil* Recht der Kapitalgesellschaften § 54 Rdn. 26; *Ulmer* in: Hachenburg GmbHG § 53 Rdn. 146.

[134] *Gutheil* aaO, S. 131.

stehenden Gesellschaftern sind daher zum Zeitpunkt eines späteren Formwechsels in aller Regel bereits abgewickelt. Zwischen den Parteien ausgehandelte Ausgleichsregelungen werden vom Formwechsel nicht berührt.

V. Ergebnis zum Formwechsel im Vertragskonzern

Ungeachtet eines Formwechsels von der Aktiengesellschaft in die GmbH (oder umgekehrt) setzten sich bestehende Unternehmensverträge fort. Dies gilt sowohl für Formwechsel des herrschenden Unternehmens als auch für Formwechsel der beherrschten Gesellschaft.

Wird eine herrschende Aktiengesellschaft in eine GmbH umgewandelt, schuldet sie fortan zwingend den festen Ausgleich. Falls ein auf Aktien lautendes Abfindungsangebot wegen eines laufenden Spruchverfahrens noch angenommen werden kann, muss auf ein Barabfindungsangebot umgestellt werden. Im umgekehrten Fall kommt es zu einer Kumulierung der Abfindungsvarianten.

Auch beim Formwechsel einer beherrschten Aktiengesellschaft in eine GmbH setzt der Umwandlungsbeschluss gemäß § 240 UmwG lediglich eine qualifizierte Mehrheit voraus. Einstimmigkeit, wie sie bei der GmbH für den Zustimmungsbeschluss zum Unternehmensvertrag gefordert wird, ist nicht erforderlich.

Der Formwechsel einer Vertragspartei ist keine Vertragsänderung i.S.v. § 295 AktG. Es bestehen daher keine Zustimmungsvorbehalte der Gesellschafter der jeweils anderen Vertragspartei oder gar außenstehender Gesellschafter.

---

[135] So widmet auch *Gutheil* aaO dieser Fallgruppe nachvollziehbarerweise kein einziges Wort.

B. Verschmelzungen im Vertragkonzern

I. Verschmelzung von herrschendem Unternehmen und beherrschter Gesellschaft (Konzernverschmelzung)

1. Schicksal des Unternehmensvertrags

Werden das herrschende Unternehmen und die beherrschte Gesellschaft miteinander verschmolzen, endet der Unternehmensvertrag aufgrund der durch die Universalsukzession eintretenden Konfusion.[136] Ob das herrschende Unternehmen ("upstream-merger") oder die beherrschte Gesellschaft ("downstream-merger") als aufnehmender Rechtsträger auftritt oder die Verschmelzung zur Neugründung erfolgt, ist für den Eintritt der Konfusion ohne Belang.[137]

2. Vermögensbezogener Gesellschafterschutz

a. Einleitung / Problemstellung

Vermögensbezogener Gesellschafterschutz wird bei Verschmelzungen hauptsächlich durch die Festlegung des angemessenen Umtauschverhältnisses gewährleistet. Weil aber das herrschende Unternehmen zwischen dem Wirksamwerden des Unternehmensvertrags und dem für die Verschmelzung maßgeb-

---

[136] Allgemeine Ansicht: OLG Hamm WM 1988, 1164, 1169; MünchKomm AktG/*Altmeppen* § 297 Rdn. 130; *Emmerich/Sonnenschein/Habersack* Konzernrecht § 15 IV c; *Emmerich*/ Habersack Aktien- und GmbH-Konzernrecht § 297 Rdn. 39; *Exner* Beherrschungsvertrag und Vertragsfreiheit, S. 135; *Gattineau* Der Beherrschungsvertrag in der Verschmelzung, S. 98; *Geng* Ausgleich und Abfindung der Minderheitsaktionäre, S. 23; *Gerth* BB 1978, 1497, 1499; *Grunewald* in: Lutter UmwG § 20 Rdn. 40; *Gutheil* Die Auswirkung von Umwandlungen auf Unternehmensverträge, S. 266 f; GroßKomm AktG/ *Hasselbach/Hirte* § 304 Rdn. 54; *Hengeler* FS Möhring, S. 197, 198; *Hohner* DB 1973, 1487; *Kley* Rechtsstellung der außenstehenden Aktionäre, S. 135; KölnKomm AktG/*Koppensteiner* § 297 Rdn. 37; MünchHdbAG/ *Krieger* § 70 Rdn. 202; *Langenbucher* in: Schmidt/Lutter AktG § 297 Rdn 33; *Marsch-Barner* in: Kallmeyer UmwG § 20 Rdn. 18; *K.Müller* DB 2002, 157, 158, 160; *Naraschewski* DB 1997, 1653; *Schubert* DB 1998, 761; Schmitt/Hörtnagl/*Stratz* UmwG § 20 Rdn. 44; *Kübler* in: Semler/Stengel UmwG § 20 Rdn. 31; *Westermann* FS Schilling, S. 271, 279; *Veil* in: Spindler/Stilz AktG § 297 Rdn. 40; *Wilhelm* Beendigung des Beherrschungs- und Gewinnabführungsvertrages, S. 30.

[137] Sollte bei einer Mehrmütterorganschaft die Untergesellschaft auf eine der Obergesellschaften verschmelzen, tritt hinsichtlich des Unternehmensvertrags mit der aufnehmenden Obergesellschaft ebenfalls Konfusion ein. Ob sich der Unternehmensvertrag mit der anderen Mutter fortsetzt, hängt von der Art der Verschmelzung ab. Hier ist der Konfusionstatbestand mit den unten zu entwickelnden Regeln der Verschmelzung der abhängigen Gesellschaft und einer dritten Gesellschaft (vgl. 3. Teil, 2. Abschn., B. III.) zu kombinieren.

lichen Bewertungsstichtag durch die Erteilung nachteiliger Weisungen massiv auf den Unternehmenswert der beherrschten Gesellschaft einwirken kann, bereitet die Ermittlung eines *angemessenen* Umtauschverhältnisses bei der Konzernverschmelzung im Vertragskonzern erhebliche Probleme. Es ist daher zu untersuchen, ob und gegebenenfalls wie die Möglichkeit des herrschenden Unternehmens, auf der Grundlage des Unternehmensvertrags auf den Wert des späteren Verschmelzungspartners einzuwirken, bei der Ermittlung des angemessenen Umtauschverhältnisses berücksichtigt werden muss. Insbesondere wird ausführlich zu erörtern sein, ob die Ermittlung der Unternehmenswerte mit dem Schicksal des Ausgleichsanspruchs verknüpft werden kann.

b. Ermittlung der Verschmelzungswertrelation / Schicksal des Ausgleichsanspruchs

aa. Problemstellung

Anders als bei einer Verschmelzung zwischen gleichberechtigten Partnern ("merger of equals") wird die Wertrelation bei einer Konzernverschmelzung nicht interessengegensätzlich ausgehandelt, sondern im Ergebnis, wenn auch innerhalb der Bewertungsregeln (die allerdings weite Spielräume gewähren) einseitig vom Mehrheitsgesellschafter festgelegt.[138] Dies birgt bei vorangegangener vertraglicher Konzernierung besondere Gefahren für die außenstehenden Aktionäre, weil das herrschende Unternehmen – durch den Unternehmensvertrag legalisiert – die Untergesellschaft weitestgehend ihrer Werte entkleiden und so ihre Ertragskraft nachhaltig schwächen kann.[139] Es ist daher

---

[138] Vgl. *Piltz* ZGR 2001, 185, 210.

[139] Beispielhaft sei hier aus dem "Guano"-Beschluss, BGHZ 135, 374 zitiert, der eine Reihe legaler Maßnahmen aufzählt, anhand derer sich eine beherrschte Gesellschaft in kürzester Zeit ihrer Überlebensfähigkeit berauben lässt: „*Das herrschende Unternehmen kann den Jahresüberschuss und damit auch den Gewinn dadurch erhöhen, dass es in entsprechender Weise von Ansatz- und Bewertungswahlrechten Gebrauch macht und Rückstellungen oder Sonderposten mit Rücklagenanteil auflöst, §§ 249, 247 Abs. 3, 273, 281 Abs. 2 Satz 2 HGB. Ferner schließt es die Regelung des § 301 AktG nicht aus, dass das herrschende Unternehmen die Auflösung vorvertraglich gebildeter stiller Reserven bei der herrschenden Gesellschaft veranlasst und auf diese Weise den abzuführenden Gewinn erhöht und sich im Wege der verdeckten Gewinnausschüttung verschafft, so dass die abhängige Gesellschaft nur noch über Grundkapital, gesetzliche Rücklagen und die vor Inkrafttreten des Unternehmensvertrag gebildeten freiwilligen Rücklagen verfügt. Darüber hinaus ist das herrschende Unternehmen infolge seiner Weisungsbefugnis in der Lage, die abhängige Gesellschaft ihrer Vermögenswerte weitgehend zu entkleiden oder sie vollständig in den Konzern einzubinden und ihr im Rahmen der von dem Konzern verfolgten Ziele eine bestimmte Funktion zuzuweisen, so dass es ihr nicht möglich ist, bei Beendigung des Unternehmensvertrags aus eigener Kraft fortzubestehen.*"

fraglich, ob auf der Basis der aktuellen Ertragswertrelation im bestehenden Vertragskonzern ein angemessenes Umtauschverhältnis zwischen dem herrschenden Unternehmen und der abhängigen Gesellschaft ermittelt werden kann.

Bei börsennotierten Untergesellschaften wird die Problematik bei Anwendung des hier vertretenen Meistbegünstigungsprinzips u.U. dadurch entschärft, dass der Börsenwert grundsätzlich die Untergrenze ihrer Bewertung markiert.[140] Diese Auffassung hat sich in der Literatur bislang allerdings noch nicht durchsetzen können und wurde, soweit ersichtlich, auch in der Rechtsprechung noch nicht praktiziert. Überdies sind die Anteile der Minderheitsgesellschafter beherrschter, nicht börsennotierter Aktiengesellschaften und Gesellschaften mbH weiterhin nach dem Ertragswertverfahren zu bewerten. Das Thema ist also weiterhin virulent.

Rechtsprechung und Literatur haben die Problematik seit längerem erkannt, und präsentieren einen bunten Strauß verschiedener Konzepte, um eine bei Konzernverschmelzungen mögliche Übervorteilung der außenstehenden Aktionäre zu verhindern oder wenigstens abzumildern.[141] Die diskutierten Lösungsansätze werden nachfolgend näher vorgestellt und kritisch gewürdigt.

Damit die Fallgruppenuntersuchung nicht ausufert, wird exemplarisch die Problemkonstellation erörtert, in der eine beherrschte Aktiengesellschaft auf das herrschende Unternehmen verschmolzen wird („*upstream-merger*“). Sofern erforderlich, wird in diesem Kontext weiter danach differenziert, ob das herrschende Unternehmen eine Aktiengesellschaft oder eine GmbH ist. Anschließend wird diskutiert, inwieweit die gefundenen Ergebnisse auf die Konstellation übertragen werden können, in der eine beherrschte GmbH auf ihre Obergesellschaft verschmolzen wird.

„Hinabverschmelzungen“ des herrschenden Unternehmens auf die beherrschte Gesellschaft („*downstream-merger*“) werden nicht thematisiert.

---

[140] Sofern noch en Spruchverfahren läuft, ist der Börsenkurs in der Regel durch die angebotene Abfindung nach unten abgesichert. Andernfalls ist freilich davon auszugehen, dass eine straff im Konzerninteresse geführte Gesellschaft mit einem Bewertungsabschlag gehandelt wird.

[141] Das Problem stellt sich in vergleichbarer Weise, wenn die herrschende Gesellschaft während der Laufzeit eines Unternehmensvertrags bei der beherrschten Gesellschaft einen Squeeze-out gemäß §§ 327a ff. AktG durchführt. Hierzu sind in jüngerer Zeit einige Urteile und eine Reihe von Aufsätzen veröffentlicht worden, die sich auch im Kontext der Verschmelzung fruchtbar machen lassen.

bb. Fortschreibung der bei Abschluss des Unternehmensvertrags vorgefundenen Umtauschwertrelation

Die außenstehenden Aktionäre wären vor den spezifischen Gefahren einer Konzernverschmelzung effektiv geschützt, wenn die bei Zustimmung zum Unternehmensvertrag (§ 305 Abs. 3 Satz 2 AktG) vorgefundene Wertrelation der Gesellschaften auch bei einer anschließenden Verschmelzung maßgeblich wäre, also praktisch "fortgeschrieben" würde.

Eine solche Fortschreibung hielt offenbar das OLG Celle für richtig. Das Gericht hatte im Jahre 1973 über die Frage zu entscheiden, ob die außenstehenden Aktionäre ihre Antragsbefugnis in einem Spruchverfahren verlieren, wenn die vertraglich beherrschte Gesellschaft in das herrschende Unternehmen eingegliedert wird. Das OLG Celle verneinte dies und führte ergänzend aus, dass „der auf den Zeitpunkt des Beschlusses über den Beherrschungsvertrag abgestellte Wert (...) dem zum Zeitpunkt der Eingliederung festzustellenden Wert vorgegeben" sei. Der festgestellte Wert müsse unter Fortschreibung in dem dazwischen liegenden Zeitraum in den Wert eingehen, den die Hauptversammlung der Abfindung bei der Eingliederung zugrunde legen müsse.[142]

Diese schwer verständlichen Aussagen des OLG Celle wurden dahingehend interpretiert, dass die Höhe der Abfindung für die Eingliederung bereits durch den Beherrschungsvertrag determiniert sei. Man könnte u. U. sogar daraus schließen, dass die Abfindung im Eingliederungsfall der im Beherrschungsvertrag vorgesehenen Abfindung zu entsprechen habe.[143] Jedenfalls lässt sich die Entscheidung aber in der Weise verstehen, dass die im Beherrschungsvertrag vorgesehene Abfindung als Wertuntergrenze der Abfindung bei der Eingliederung (und somit auch für den vergleichbaren Fall der Verschmelzung) anzusehen ist.

---

[142] OLG Celle DB 1973, 1118.

[143] So wohl *Naraschewski* DB 1997, 1653, 1654; gegen die Interpretation der Entsprechung von Abfindung im Beherrschungsvertrag und bei Eingliederung aber: *Hengeler* FS Möhring, S. 197, 209.

cc. Fortzahlung oder Abfindung des Ausgleichs

Vereinzelt wird vertreten, das herrschende Unternehmen sei ungeachtet einer vorzeitigen Vertragsbeendigung infolge einer Konzernverschmelzung verpflichtet, den Ausgleich bis zum vertraglich festgelegten Laufzeitende des Unternehmensvertrags zu zahlen. Ist der Unternehmensvertrag auf unbefristete Zeit abgeschlossen, müsse der Ausgleich bis zum nächsten zulässigen Zeitpunkt einer ordentlichen Kündigung geleistet werden.[144]

Andere Stimmen fordern, bei einer Verschmelzung der Vertragsparteien die zukünftig entfallenden Ausgleichszahlungen in bar abzufinden.[145] Bei Verträgen mit fester Laufzeit hätten die außenstehenden Aktionäre einen Anspruch auf die abgezinste Summe der Ausgleichszahlungen für die verbleibende Laufzeit. Bei unbefristeten Verträgen müsse die Summe der Zahlungen bis zum nächsten ordentlichen Kündigungszeitpunkt abgezinst werden.

dd. Kapitalisierung des Ausgleichs

(1) Kapitalisierung des Ausgleichs als allein maßgebliche Methode

Das Kammergericht Berlin hatte 1999 in einem Spruchverfahren über einen Fall zu entscheiden, in dem eine seit 1972 durch einen Beherrschungs- und Gewinnabführungsvertrag beherrschte Aktiengesellschaft auf eine herrschende Aktiengesellschaft verschmolzen wurde.[146] Der Beherrschungs- und Gewinnabführungsvertrag sah einen variablen, an den Gewinnen des herrschenden Unternehmens orientierten Ausgleich vor.

Die Gesellschaften hatten wegen des bestehenden Unternehmensvertrags das Umtauschverhältnis für die Verschmelzung ausschließlich anhand des Barwerts der Ausgleichszahlungen ermittelt. Die aktuellen Ertragswerte der Gesellschaften wurden nicht ermittelt. Das LG Berlin und das Kammergericht billigten dieses Vorgehen, weil das Ertragswertverfahren aufgrund des Beherrschungs- und Gewinnabführungsvertrags nicht zu einem zutreffenden Ergebnis kommen könne. Wenn zwischen den an der Verschmelzung beteiligten Unternehmen ein

---

[144] *Westermann* FS Schilling, S. 271, 284 ff, hält die Fortzahlung des Ausgleichs für sachgerecht, wenn die Obergesellschaft die Verschmelzung veranlasst bzw. nicht verhindert hat, und ihr die Früchte der Verschmelzung zugute kommen.
[145] *Kley* Rechtsstellung der außenstehenden Aktionäre, S. 163, 181 f; ihm folgend *Naraschewski* DB 1997, 1653, 1656.
[146] KG NZG 2003, 644 ff („Spinne Zehlendorf“).

Beherrschungs- und Gewinnabführungsvertrag mit Ausgleichszahlungen für die außenstehenden Aktionäre besteht, sei der für die Bewertung der Anteile grundsätzlich maßgebliche Ertragswert der Beteiligung der außenstehenden Aktionäre – entgegen dem Regelfall – nicht identisch mit dem anteiligen Unternehmensertragswert.[147] Mit der Frage, ob und gegebenenfalls wann der Unternehmensvertrag in der Zukunft möglicherweise beendet worden wäre und welche Folgen dies für die Anteilsbewertung hätte, beschäftigte sich das Kammergericht nicht.

(2) Korrigierende Berücksichtigung des kapitalisierten Ausgleichs

Die wohl vorherrschende Auffassung will die Verschmelzungswertrelation auch bei einem bestehenden Unternehmensvertrag anhand der aktuellen Ertragswerte zum Zeitpunkt der Verschmelzung ermitteln. Zusätzlich sei aber zu berücksichtigen, dass die außenstehenden Aktionäre wegen der konfusionsbedingten Vertragsbeendigung um zukünftige Ausgleichszahlungen gebracht werden. Der Wert dieser verschmelzungsbedingt entfallenden Ausgleichsansprüche müsse daher in die Ermittlung der Umtauschrelation einfließen.[148] Dabei sei aber zu bedenken, dass die außenstehenden Aktionäre zukünftig in der Obergesellschaft dividendenberechtigt sind, und die Ausgleichsberechtigung ohnehin nur für die Dauer des Vertrags besteht. Daher müsse sowohl der Barwert der Dividendenerwartung als auch der Barwert der Ausgleichszahlungen für die Zeit bis zum frühestmöglichen "normalen" Ende des Unternehmensvertrags ermittelt werden. Bleibt die kapitalisierte Dividendenerwartung hinter der kapitalisierten Ausgleichszahlung zurück, müsse diese Differenz in die Ermittlung des Umtauschverhältnisses einfließen.[149]

Einen ähnlichen Ansatz verfolgt *Tebben*, der die Problematik der Bewertung einer beherrschten Gesellschaft aus dem Blickwinkel der „DAT/Altana"-Entscheidung des Bundesverfassungsgerichts erörtert. Er ist der Auffassung, dass Abfindungs- und Ausgleichsansprüche aus Unternehmensverträgen bei der

---

[147] KG NZG 2003, 644 ff („Spinne Zehlendorf"); ebenso für den Fall eines Squeeze-out bei bestehendem Unternehmensvertrag LG Frankfurt ZIP 2006, 854 („MAN Roland Druckmaschinen AG"). So auch schon *Kropff* DB 1962, 155, 157. Vgl. ferner MüHdbAG/ *Austmann* § 74 Rdn. 90 (für die Abfindung beim Squeeze-out).

[148] *Hengeler* FS Möhring, S. 197 ff; zustimmend (jeweils mit Unterschieden im Detail) *Krieger* ZGR 1990, 517, 536 und *Gutheil* Auswirkungen von Umwandlungen auf Unternehmensverträge, S. 278 f. Ähnlich: OLG München AG 2007, 334 (zum Squeeze-out); OLG Hamburg DB 1980, 77, 78 und KölnKomm AktG/*Koppensteiner*, 2. Aufl. 1987, § 305 Rdn. 12; ferner *Stephan* in: Schmidt/Lutter AktG § 305 Rdn. 18.

[149] *Hengeler* FS Möhring, S. 197, 218.

Festsetzung einer Squeeze-out Abfindung von Verfassung wegen zu berücksichtigen seien, da die außenstehenden Aktionäre für den Verlust ihrer Rechtsposition wirtschaftlich voll zu entschädigen sind. Analog der „DAT/Altana"-Rechtsprechung zum Börsenkurs, könne der Wert der Aktien der außenstehenden Aktionäre nicht unter dem Betrag liegen, den sie durch Annahme eines nicht abgelaufenen Abfindungsangebotes erzielen können.[150] Dies müsse auch für Ausgleichszahlungen gelten, da diese - nicht anders als der Börsenpreis oder eine Abfindung nach § 305 AktG – Vermögensvorteile aus den Aktien darstellten, die die außenstehenden Aktionäre ohne Durchführung einer nachfolgenden Strukturmaßnahme realisieren könnten. Ebenso wie der Börsenkurs und ein noch nicht abgelaufenes Abfindungsangebot sei der Barwert der künftigen Ausgleichszahlungen daher jedenfalls als Untergrenze für die Bewertung der Aktien anzusetzen.[151]

Für die Bemessung des Zeitpunkts, bis zu dem statt des anteiligen Unternehmensertrages die Ausgleichszahlungen angesetzt werden sollen, fordert *Tebben* eine Einzelfallprognose, wann der Unternehmensvertrag ohne den Squeeze-out voraussichtlich zu einem Ende gekommen wäre. Für die Zeit bis zum erwarteten Ende des Unternehmensvertrags, also gegebenenfalls auch bis ad infinitum, seien die Ausgleichszahlungen zu berücksichtigen, für die Zeit danach gegebenenfalls der voraussichtliche Gewinnanteil.[152]

ee. Keine Modifikation der herkömmlichen Bewertungsmethodik

In jüngerer Zeit wird vermehrt gefordert, Abfindung und Ausgleich bei der Bewertung der Anteile einer beherrschten Gesellschaft zu ignorieren.[153] Die Abfindung sei allein auf Grundlage des Unternehmenswertes zu ermitteln. Als ein der Aktie anhaftendes Recht gehöre der Abfindungsanspruch nicht zum Aktivvermögen der Gesellschaft und sei daher bei der Wertbildung nicht zu berücksichtigen.

---

[150] Dazu sogleich.

[151] *Tebben* AG 2003, 600, 605-606. Ohne nähere Begründung ebenfalls für eine Berücksichtigung von Ausgleich und Abfindung (wohl als Untergrenze) auch *Vossius* ZIP 2002, 511; KölnKomm AktG/*Koppensteiner* § 305 Rdn. 23 und KölnKomm WpÜG/*Hasselbach* § 327 b AktG, Rdn. 22.

[152] *Tebben*, AG 2003, . 600, 605 f.

[153] OLG München ZIP 2007, 375 („N-Ergie" – Squeeze-out bei bestehendem Unternehmensvertrag); *Gattineau* Der Beherrschungsvertrag in der Verschmelzung, S. 162 f; *Popp* WpG 2006, 436, 444; *Bredow/Tribulowsky* NZG 2002, 841/845; *Riegger* FS Priester, 661, 668; ähnlich *Aubel/Weber* WM 2004, 857, 864-865.

ff. Stellungnahme

(1) Extrempositionen

Extrempositionen innerhalb des Meinungsspektrums bilden einerseits die völlig unkorrigierte Ermittlung der Verschmelzungswertrelation anhand herkömmlich ermittelter Ertragswerte, auf der anderen Seite die Fortschreibungsmethode.

Eine Perpetuierung der bei Abschluss des Unternehmensvertrags vorgefundenen Wertrelation scheint zunächst einleuchtend. Die Anwendung dieser "Fortschreibungsmethode" würde verhindern, dass ein herrschendes Unternehmen die Untergesellschaft - durch den Unternehmensvertrag legalisiert - "ausplündern" kann und sodann, noch vor Ablauf der vereinbarten Laufzeit des Vertrags, die auf diese Weise selbst geschaffene Ertragswertrelation zu Lasten der außenstehenden Gesellschafter durch eine Verschmelzung endgültig zementiert. Gleichzeitig würde eine Fortschreibung den in der Praxis keineswegs seltenen Fällen Rechnung tragen, in denen das herrschende Unternehmen eine (eventuell neu erworbene) Tochter unter Aufwand erheblicher finanzieller Mittel saniert, und so überhaupt erst wieder lebensfähig macht. Wird bei einer späteren Konzernverschmelzung hingegen der aktuelle Ertragswert der Tochter angesetzt, kann dies zur Folge haben, dass die außenstehenden Aktionäre von der Sanierung der Tochter überproportional partizipieren, obwohl sie selbst hierzu u.U. keinerlei Beiträge erbracht haben.

Da bereits durch den Unternehmensvertrag ein fusionsähnlicher Zustand herbeigeführt wird,[154] erscheint es erstrebenswert, sowohl einem "Masterplan" zur Ausplünderung beherrschter Gesellschaften einen Riegel vorzuschieben als auch „windfall profits" der außenstehenden Aktionären soweit wie möglich zu begrenzen. Die Tatsache einer vorangegangenen Beherrschung kann bei der Bewertung daher nicht einfach ausgeblendet werden. Eine unkorrigierte Anwendung des herkömmlichen Ertragswertverfahrens ist somit abzulehnen.

Es ist aber auch nicht zu verkennen, dass der Gesetzgeber darauf verzichtet hat, zugunsten der außenstehenden Aktionäre einen Konzernausgangsschutz zu

---

[154] Zu dieser Charakterisierung des Vertragskonzerns vgl. MünchKomm AktG/*Altmeppen* Vor § 291 Rdn. 7; *Emmerich/Sonnenschein/Habersack* Konzernrecht § 8 I; *Lutter/Drygala* in: Lutter UmwG § 2 Rdn. 35. Vgl. auch die Begr. RegE UmwG, BT-Drucks. 12/6999, S. 178: "Verschmelzung und Unternehmensvertrag sind im wesentlichen austauschbare rechtliche Instrumente zur Erreichung desselben wirtschaftlichen Ziels."

etablieren.[155] Stattdessen gewährt das Aktienrecht ihnen ausschließlich einen vermögensbezogenen Konzerneingangsschutz. Daher müssen die außenstehenden Aktionäre auch bei "normalen" Vertragsbeendigungen infolge von Kündigung oder Zeitablauf eine etwaige Entwertung ihrer Anteile akzeptieren.[156] Es ist nicht ersichtlich, warum für verschmelzungsbedingte Vertragsbeendigungen grundsätzlich andere Maßstäbe gelten sollten.

Gegen eine Fortschreibung der Unternehmenswerte spricht ferner, dass die beherrschte Gesellschaft auch ohne Einflussnahmen des herrschenden Unternehmens zwischenzeitlich an Wert hätte verlieren können. Allgemeine konjunkturelle Entwicklungen oder branchenspezifische Probleme der beherrschten Gesellschaft können massive Werteinbußen des Unternehmens verursachen, die auch bei fortwährender Unabhängigkeit oder durch eine rücksichtsvolle Konzernleitung nicht zu verhindern gewesen wären. Das Gesetz liefert keine Anhaltspunkte dafür, dass sämtliche Geschäftsrisiken mit dem Wirksamwerden eines Unternehmensvertrags dauerhaft auf das herrschende Unternehmen übergehen sollen.[157] Dies aber wäre die Konsequenz der Fortschreibungsmethode.

Auch verfassungsrechtliche Vorgaben gebieten es nicht, die vormals ermittelten Unternehmenswerte fortzuschreiben: Eine Verfassungsbeschwerde, mit der sich außenstehende Aktionäre dagegen wandten, dass ein Oberlandesgericht entgegen ihrer Klageforderung, die sie u.a. auf die Fortschreibungsmethode stützten, ihnen bei einer Verschmelzung keine bare Zuzahlung (§ 352c Abs. 1 Satz 2 AktG a.F.) gewährt hatte, nahm das Bundesverfassungsgericht nicht zur Entscheidung an.[158] Der Nichtannahmebeschluss führt aus, dass es im Hinblick auf Art. 14 Grundgesetz nicht zu beanstanden sei, dass das Oberlandesgericht für die Bewertung der Untergesellschaft auf den Zeitpunkt der Verschmelzung abgestellt hat, und auch nicht die Auflösung stiller Reserven während der Dauer des vorhergehenden Gewinnabführungs- und Beherrschungsvertrags korrigierend berücksichtigte. Der verschmelzungsrechtliche Vermögensschutz solle die Auswirkungen gerade der Verschmelzung kompensieren. Der Ausgleich nach § 352 c Abs. 1 Satz 2 AktG aF (bare Zuzahlung nach Verschmelzung) stelle gemäß seiner verfassungsrechtlichen Zielsetzung keine nachträgliche Entschädigung für in der Vergangenheit auf Grundlage anderer

---

[155] Der Anspruch auf Sicherheitsleistung nach § 303 AktG bietet nur den Gläubigern der beherrschten Gesellschaft einen Konzernausgangschutz.

[156] *Hengeler* aaO, vgl. auch die Begr. RegE AktG bei *Kropff* S. 397; BGH AG 1974, 53; BGHZ 138, 136, 138 f.

[157] Vgl. *Hengeler* FS Möhring, S. 197, 212.

[158] BVerfG WM 2003, 1813.

Gesellschaftsverträge[159] eingetretener Nachteile dar. Derartige Beeinträchtigungen seien bereits durch die in den jeweiligen Unternehmensverträgen enthaltenen Abfindungs- und Ausgleichsregelungen zu kompensieren gewesen.[160]

Im Ergebnis ist daher festzuhalten: Eine völlig unkorrigierte Ermittlung der Verschmelzungswertrelation anhand des Ertragswertverfahrens würde zum Missbrauch einladen, und ist daher abzulehnen. Andererseits ist auch die Fortschreibung der bei Abschluss des Unternehmensvertrags vorgefundenen Unternehmenswertrelation nach geltender Rechtslage nicht geboten. Ein Interessenausgleich muss daher über die Berücksichtigung entfallender Ausgleichsansprüche stattfinden.

(2) Berücksichtigung entgehender Ausgleichszahlungen

Im Lichte des sog. „Hartmann & Braun"-Beschlusses des Bundesverfassungsgerichts kann die Summe der Ausgleichsansprüche für die vereinbarte Mindestvertragslaufzeit nicht nur als Kompensation für das suspendierte Gewinnbezugsrecht begriffen werden, sondern muss darüber hinaus auch dem Umstand Rechnung tragen, dass das herrschende Unternehmen die abhängige Gesellschaft durch Erteilung von Weisungen massiv entwerten kann. Andernfalls könne von einem echten Wahlrecht zwischen Abfindung und Ausgleich keine Rede sein.[161]

Wird der Vertrag vor der vereinbarten Mindestlaufzeit durch eine Konzernverschmelzung beendet, so bleibt aber die Summe der gewährten Ausgleichsansprüche hinter dem eigentlich Vereinbarten zurück. Hiervor sind die außenstehenden Aktionäre zu schützen. Dies geschieht zweckmäßigerweise durch die Berücksichtigung entgehender Ausgleichszahlungen im Rahmen der Verschmelzung.

Die Fortzahlung des Ausgleichs oder eine Barabfindung entfallender Ausgleichsleistungen sind allerdings keine adäquaten Lösungsvorschläge. Denn durch die Verschmelzung werden die (ehemals) außenstehenden Aktionäre zu Aktionären des herrschenden Unternehmens. Die Fortzahlung des Ausgleichs oder eine Barabfindung entfallender Ausgleichsleistungen wäre daher eine Aus-

---

[159] Gemeint sind Unternehmensverträge.
[160] BVerfG WM 2003, 1813, 1814; s. auch OLG Düsseldorf AG 2007, 325, 328.
[161] Ein echtes Wahlrecht ist jedoch verfassungsrechtlich geboten, vgl. BVerfG ZIP 1999, 1804, 1807 ("Hartmann & Braun").

schüttung von Gesellschaftsvermögen an eigene Aktionäre außerhalb des Bilanzgewinns, und verstieße gegen das Verbot der Einlagenrückgewähr nach § 57 AktG.[162]

Vorzugswürdig ist deshalb eine Berücksichtigung entfallender Ausgleichszahlungen bei der Ermittlung der Umtauschrelation. Diese Methode verstößt nicht gegen Kapitalerhaltungsvorschriften und fügt sich stringent in das umwandlungsrechtliche Vermögensschutzkonzept ein.

Da, wie oben aufgezeigt, bei der Anteilsbewertung der Grundsatz der Meistbegünstigung angewandt werden sollte, ist gegebenenfalls in einem ersten Schritt der relevante Drei-Monats-Börsenkurs festzustellen. Dieser markiert, sofern nicht besondere Umstände das Bild verzerren, die Untergrenze der Bewertung.

Anschließend ist zunächst der Barwert der künftig zu erwartenden Ausgleichszahlungen zu errechnen. Hierzu ist bei befristeten Unternehmensverträgen auf das Ende der vereinbarten Laufzeit, bei unbefristeten Verträgen auf den Zeitpunkt der nächsten ordentlichen Kündigung abzustellen.[163] Schließlich muss der Ertragswert der Gesellschaft auf den Stichtag der Beschlussfassung über die Verschmelzung ermittelt werden. Bei der Anteilsbewertung sind dann für die Zeit bis zur erwarteten Beendigung des Unternehmensvertrags die Ausgleichszahlungen und für die Zeit danach der anteilige Ertragswert zu Grunde zu legen.

Die Diskussion im Schrifttum berücksichtigt allerdings bislang noch nicht, dass zur Erzielung eines angemessenen Umtauschverhältnisses neben den zukünftig entfallenden Ausgleichszahlungen noch zwei weitere Umstände zu beachten sind:

---

[162] *Hengeler* FS Möhring, S. 197, 205; *Kley* Rechtsstellung der außenstehenden Aktionäre, S.179; *Krieger* ZGR 1990, 517, 536. Gegen eine Fortzahlung des Ausgleichs spricht ferner, dass der Unternehmensvertrag infolge der Verschmelzung endet, die Grundlage des Anspruchs mithin erlischt, vgl. *Naraschewski* DB 1997, 1653, 1656. Auch eine diesbezügliche Vereinbarung im Verschmelzungsvertrag ändert nichts an dieser Beurteilung: Eine rechtswidrige Vermögensrückgewähr kann nicht durch vertragliche Vereinbarung legitimiert werden. A.A. *Naraschewski* DB 1997, 1653, 1656.

[163] Die von *Tebben*, AG 2003, 600, 605-606 vorgeschlagene Einzelfallprognose zum Auslaufen des Vertrags mündet demgegenüber in erhebliche Rechtsunsicherheit. Käme man außerdem im Einzelfall zu dem Ergebnis, dass die Laufzeit „ad infinitum“ anzusetzen ist, landet man letztlich wieder bei der Fortschreibungsmethode. Denn setzt man bei der Kapitalisierung den Ausgleich als nachhaltig erzielbaren Wert an, dürfte dies im Ergebnis fast immer der ursprünglich angebotenen Abfindung entsprechen; vgl. hierzu nur KölnKomm AktG/*Koppensteiner* § 304 Rdn. 52 mwN.

Erfolgt die vertragsbeendende Verschmelzung innerhalb eines laufenden Geschäftsjahres, muss auf den Zeitpunkt des Wirksamwerdens der Verschmelzung eine Stichtagsbilanz aufgestellt werden. Anhand dieser Stichtagsbilanz ist zu ermitteln, ob ein (letzter) nach § 302 AktG auszugleichender Fehlbetrag entstanden ist.[164] Ein etwaiger letzter Verlustausgleichsanspruch ist bei der Ermittlung der nicht betriebsnotwendigen Vermögen beider Gesellschaften zu berücksichtigen.

Die Höhe des letzten Verlustausgleichsanspruchs hängt gemäß § 252 Abs. 1 Ziff. 2 HGB davon ab, ob mit der Fortführung der Unternehmenstätigkeit hätte gerechnet werden können. Wurde das Unternehmen derart geschädigt, dass eine eigenständig werbende Tätigkeit am Markt nicht mehr möglich wäre, sind statt going-concern-Werten Liquidationswerte anzusetzen.[165] In Extremfällen sind bei der Aufstellung der Stichtagsbilanz auch Abwicklungsverluste zu berücksichtigen, die dann vom herrschenden Unternehmen zu übernehmen sind.

Außerdem muss überprüft werden, ob die beherrschte Gesellschaft Schadensersatzansprüche nach §§ 309, 310 AktG und / oder wegen der Erteilung existenzgefährdender Weisungen[166] hat. Derartige Ansprüche sind gleichfalls

---

[164] Vgl. zur unterjährigen Vertragsbeendigung BGHZ 103, 1, 9 ("Familienheim"); BGHZ 105, 168, 182 ("HSW"); MünchKomm AktG/*Altmeppen* § 303 Rdn. 24; *Emmerich*/Habersack Aktien- und GmbH-Konzernrecht § 303 Rdn. 38; MünchHdbAG/*Krieger* § 70 Rdn. 66; *Raiser/Veil* Recht der Kapitalgesellschaften § 54 Rdn. 56. KölnKomm AktG/*Koppensteiner* § 303 Rdn. 31 hält bei der vertragsbeendigenden Verschmelzung eine Stichtagsbilanz für entbehrlich, da der andere Vertragsteil wegen der Gesamtrechtsnachfolge fortan ohnehin für die Verbindlichkeiten der abhängigen Gesellschaften haftet. Dies verkennt jedoch die Bewertungsrelevanz eines noch nicht erbrachten Verlustausgleichs.

[165] Vgl. MünchKomm AktG/*Altmeppen* § 302 Rdn. 39; *Emmerich*/Habersack Aktien- und GmbH-Konzernrecht § 308 Rdn. 65; KölnKomm AktG/*Koppensteiner* § 302 Rdn. 37; *H.P. Müller* FS Goerdeler, S. 375, 391; *W. Müller* FS Kropff, S. 518, 524 ff; *Raiser/Veil* Recht der Kapitalgesellschaften § 54 Rdn. 55; *K .Schmidt* ZGR 1983, 513, 532 ff.

[166] Die Grundsätze "ordnungsgemäßer Konzerngeschäftsführung" gebieten es, bei der Erteilung nachteiliger Weisungen den Verhältnismäßigkeitsgrundsatz zu beachten. Die zu erwartenden Nachteile dürften demnach nicht außer Verhältnis zu den Vorteilen des Konzerns stehen. Weisungen, die während der Vertragslaufzeit oder nach Vertragsbeendigung die Existenz der Untergesellschaft gefährden, sollen demnach unzulässig sein, vgl. OLG Düsseldorf AG 1990, 490, 492; *Clemm* ZHR 141 (1977), 197, 204; *Geßler*/Hefermehl AktG § 308 Rdn. 55; *Glaser* Grenzen des Weisungsrechts, 77 ff, 117 ff; *Hommelhoff* Konzernleitungspflicht, S. 148 f; *Hüffer* AktG § 308 Rdn. 19; *Immenga* ZHR 140 (1976), 301, 304 ff; *Kleindiek* ZGR 2001, 475, 490; *Köhler* ZGR 1985, 307, 318; MünchHdbAG/*Krieger* § 70 Rdn. 148; *Raiser/Veil* Recht der Kapitalgesellschaften § 54 Rdn. 36; *K. Schmidt* GesR § 31 III, 2 c; *Schulze-Osterloh* ZHR 142 (1978), 519, 521; *Sina* AG 1991, 1,7; *Ulmer* ZHR 148 (1984) 391, 408; aA KölnKomm AktG/*Koppensteiner* § 308 Rdn. 50 ff; *ders.* FS Ostheim, S. 403, 432; *ders.*, AG 1995, 96. Als unzulässige Maßnahmen werden z.B. ein übermäßiger

als offene Forderungen bzw. Verbindlichkeiten, die den Wert der nicht betriebsnotwendigen Vermögen beeinflussen, in die Unternehmensbewertungen einzubeziehen.

Wenn bei der Ermittlung der Umtauschrelation (i) entfallende Ausgleichszahlungen, (ii) ein letzter Verlustausgleichsanspruch und (iii) etwaige Schadensersatzansprüche berücksichtigt werden, sind die außenstehenden Aktionäre vermögensrechtlich so gestellt, wie sie bei einer "normalen" Vertragsbeendigung infolge von Kündigung oder Ablauf der Vertragszeit stehen würden. Da das Vertragskonzernrecht keinen Konzernausgangsschutz zugunsten der außenstehenden Aktionäre etabliert, ist dies alles, was sie nach geltender Rechtslage verlangen können.

In den spiegelbildlich gelagerten Fällen, in denen das herrschende Unternehmen die beherrschte Gesellschaft während der Vertragslaufzeit saniert hat, kann es zu kaum zu rechtfertigenden „windfall profits" für die außenstehenden Aktionäre kommen. Da ihnen der entsprechende Profit allerdings auch bei „normaler" Beendigung des Unternehmensvertrags zugefallen wäre, scheint es nicht gerechtfertigt, die Umtauschwertrelation in diesen Konstellationen zugunsten des herrschenden Unternehmens anzupassen.

Dass die außenstehenden Aktionäre einerseits konzernierungsbedingte Werteinbußen hinnehmen müssen, andererseits aber auch an konzernierungsbedingten Wertsteigerungen des vertraglich beherrschten Unternehmens überproportional partizipieren, zeigt, dass nach der gegenwärtigen Konzeption des Vertragkonzernrechts die Entscheidung für den Verbleib in der Gesellschaft als eine Spekulationsentscheidung begriffen werden muss.

(3) Einwände gegen die Berücksichtigung des Ausgleichs

Ein oft gegen die Berücksichtigung entgehender Ausgleichzahlungen vorgebrachter Einwand lautet, dass die Ausgleichszahlungen nicht den Wert der Untergesellschaft beeinflussen würden, und daher nicht in die Ermittlung der Verschmelzungswertrelation einfließen könnten.[167] Dies verkennt aber, dass die

---

Liquiditätsentzug (vgl. *Hommelhoff* WM 1984, 1105, 1112; *Schneider* ZGR 1984, 497, 535; *K.Schmidt* ZGR 1983, 513, 514; *Geßler* ZHR 140 (1976), 433, 439) - der insbesondere bei zentralen Cash-Management-Systemen droht -, die Einstellung lebenswichtiger Produktionslinien oder erfolgversprechender Entwicklungen (vgl. OLG Düsseldorf AG 1990, 490, 492) sowie die Übertragung ertragreicher Betriebszweige auf andere Konzernunternehmen genannt.

[167] *Kley* Rechtsstellung der außenstehenden Aktionäre, S. 160; *Popp* WpG 2006, 436, 444.

in der Verschmelzung gewährten Aktien den angedienten Aktien wertmäßig entsprechen müssen.[168] Da die Ausgleichszahlungen durchaus den Wert der Aktien der außenstehenden Aktionäre beeinflussen, was sich u.U. auch im Börsenkurs niederschlägt, geht es nicht an, sie schlechterdings unberücksichtigt zu lassen.

Darüber hinaus hat *Gattineau* unlängst eine Reihe weiterer Einwände gegen die Berücksichtigung entfallender Ausgleichszahlungen geltend gemacht.

Der erste Einwand *Gatineaus* knüpft an das konstruktive Fundament der Lösung an. Sie meint, die Berücksichtigung von Ausgleichansprüchen bedeute, dass die außenstehenden Aktionäre nicht nur ihre Anteile am Unternehmen, sondern darüber hinaus auch noch ihre Ausgleichsansprüche als eine zusätzliche „Sacheinlage" in die aufnehmende Gesellschaft einbringen. Die Einbringung setzte jedoch voraus, dass die Forderung im Zeitpunkt der Einbringung noch bestehe und erst nach Einbringung durch Konfusion oder Erlassvertrag erlösche. Andernfalls fließe der Gesellschaft kein Vermögenswert zu, der zur Ausgabe neuer Aktien berechtige. Hier aber beruhe das Erlöschen der Ausgleichspflicht auf der konfusionsbedingten Beendigung des Vertrags, so dass überhaupt keine künftigen Ausgleichsansprüche mehr bestünden, die eingebracht werden könnten.[169]

Gattineaus Auffassung, eine einzubringende Forderung dürfe immer erst *nach* ihrer Einbringung durch Konfusion oder Erlassvertrag erlöschen, trifft nicht zu. Es spricht grundsätzlich nichts dagegen, bereits mit dem Einbringungsvertrag auch die Erfüllung der Einlageschuld, beispielsweise die Abtretung einer Forderung, zu regeln. Es kommt allein darauf an, dass die eingebrachte Forderung werthaltig ist. Auch in der hier erörterten Konstellation fallen das Erlöschen der Forderung und der dingliche Übertragungsakt zusammen: Mit Wirksamwerden der Verschmelzung wird der Unternehmensvertrag beendet und das herrschende Unternehmen von seinen zukünftigen Zahlungsverpflichtungen befreit. Ein Verstoß gegen den Grundsatz der effektiven Kapitalaufbringung liegt daher nicht vor.

Der zweite Einwand *Gattineaus* lautet, dass eine Berücksichtigung entfallender Ausgleichzahlungen bei der Ermittlung des Umtauschverhältnisses die Aktionäre der herrschenden Gesellschaft benachteiligen würde. Wenn statt der ge-

---

[168] *Hengeler* FS Möhring, S. 197, 215; *Krieger* ZGR 1990, 517, 536.
[169] *Gattineau* Der Beherrschungsvertrag in der Verschmelzung, S. 162 f.

schuldeten Ausgleichszahlung zusätzliche Aktien an die außenstehenden Aktionäre ausgegeben würden, führe dies zu einer Verwässerung ihres Aktieneigentums.

Auch dieser Einwand dringt nicht durch. Die Aktionäre des herrschenden Unternehmens haben in der Vergangenheit an der Durchführung des Unternehmensvertrags partizipiert. Für die Zukunft haben sie einen Vorteil davon, dass ihr Unternehmen nicht mehr zur Leistung des Ausgleichs verpflichtet ist.[170] Diese Umstände würden bei einer ausschließlichen Ausrichtung des Umtauschverhältnisses an den Ertragswerten der Unternehmen nicht berücksichtigt. Wenn die aufnehmende Gesellschaft aufgrund der Berücksichtigung entfallender Ausgleichsansprüche „zusätzliche" Aktien an die Außenseiter ausgibt, geschieht dies allein zur Herstellung eines angemessenen Umtauschverhältnisses. Wenn aber das Umtauschverhältnis angemessen ist, so kann von einer Verwässerung des Anteilseigentums der Aktionäre der Obergesellschaft nicht die Rede sein.

c. Auswirkungen auf eine laufende Abfindungsverpflichtung

aa. Problemstellung

Besondere Fragen stellen sich, wenn die Konzernverschmelzung während eines laufenden konzernrechtlichen Spruchverfahrens beschlossen wird. Hintergrund der Problematik ist § 304 Abs. 4 Satz 3 AktG, wonach die Annahmefrist für das Abfindungsangebot frühestens zwei Monate nach dem Tage endet, an dem das Ergebnis des Spruchverfahrens im Bundesanzeiger bekannt gemacht worden ist.

Die Auswirkung einer Verschmelzung der Parteien eines Unternehmensvertrags auf ein laufendes Spruchverfahren war lange Zeit umstritten. Bis zum sog. "Guano"-Beschluss des Bundesgerichtshofs[171] wurde überwiegend vertreten, dass mit der Beendigung eines Unternehmensvertrags Abfindungsansprüche nach § 305 AktG nicht mehr geltend gemacht werden könnten, weil der Abfindungsanspruch auf dem Unternehmensvertrag als Vertrag zu Gunsten Dritter beruhe. Mit der verschmelzungsbedingten Konfusion der Vertragsparteien sei daher auch ein anhängiges Spruchverfahren zu beenden[172].

[170] *Krieger* ZGR 1990, 517, 536.

[171] BGHZ 135, 374 ("Guano"), bestätigt in BGHZ 147, 108 ("DAT/Altana").

[172] OLG Karlsruhe AG 1995, 139 und OLG Zweibrücken AG 1994, 563; LG Mannheim ZIP 1994, 1024, 1025; *Hengeler* FS Möhring, S. 199 f; KölnKomm AktG/*Koppensteiner* 2. Aufl. 1987; § 305 Rdn. 52 und § 306 Rdn. 19; *Krieger* ZGR 1990, 534.

Der Bundesgerichtshof[173] und später auch das Bundesverfassungsgericht[174] stellten sich gegen diese Argumentation. Der Bundesgerichtshof wies anhand des Wortlauts und der Systematik der §§ 304, 305 AktG überzeugend nach, dass der Abfindungsanspruch auf einem gesetzlichen Schuldverhältnis beruht. Dies zeigt sich daran, dass ein Unternehmensvertrag auch ohne Abfindungsangebot wirksam ist, wohingegen § 304 Abs. 3 Satz 1 AktG bei fehlendem Ausgleich die Nichtigkeit des Vertrags anordnet. Außerdem wäre es mit dem verfassungsrechtlichen Gebot der Vollentschädigung nicht vereinbar, wenn die Obergesellschaft durch einen einseitigen Gestaltungsakt den Abfindungsanspruch gegen den Willen der außenstehenden Aktionäre kompensationslos zu Fall bringen könnte, obwohl sie u.U. bereits längere Zeit durch Weisungserteilung auf die Untergesellschaft eingewirkt, und hierdurch die Anteile der außenstehenden Aktionäre entwertet hat. Eine noch laufende Abfindungsverpflichtung darf daher trotz der Beendigung des Unternehmensvertrags nicht ersatzlos entfallen.

Nachfolgend wird untersucht, wie die gefestigte Rechtsposition der außenstehenden Aktionäre aus dem gesetzlichen Abfindungsschuldverhältnis bei einer Verschmelzung der Vertragsparteien berücksichtigt werden kann. Hierbei ist zwischen der Abfindung in eigenen Aktien, der Abfindung in Aktien der Konzernspitze und der Barabfindung zu differenzieren. Zunächst soll jedoch der Frage nachgegangen werden, welche prozessualen Auswirkungen die Verschmelzung auf das anhängige Spruchverfahren hat.

bb. Auswirkungen auf ein anhängiges konzernrechtliches Spruchverfahren

In der Literatur wird bisweilen vertreten, dass mit der konfusionsbedingten Beendigung des Unternehmensvertrags die Antragsberechtigung der außenstehenden Aktionäre im laufenden Spruchverfahren entfalle. Das anhängige Spruchverfahren erledige sich daher. Einwände wegen eines zu niedrig bemessenen Umtauschverhältnisses in der Verschmelzung könnten in einem (neuen) umwandlungsrechtlichen Spruchverfahren gemäß § 1 Nr. 2 SpruchG geltend gemacht werden.[175]

---

[173] BGHZ 135, 374 ("Guano") - auf Vorlage des mit OLG Karlsruhe AG 1995, 139 und OLG Zweibrücken AG 1994, 563 dissentierenden OLG Düsseldorf AG 1996, 1610. Bestätigt in BGHZ 138, 136 ("Asea/BBC II") und BGHZ 147, 108 („DAT/Altana“). Diese Rechtsprechung ist in der Literatur ausschließlich auf Zustimmung gestoßen, vgl. nur MünchKomm AktG/*Bilda* § 305 Rdn, 5 ff, 28 ff; *Hüffer* AktG § 305 Rdn. 4a, 4b; *Emmerich*/Habersack Aktien- und GmbH-Konzernrecht § 305 Rdn. 7; *Kort* ZGR 1999, 402, 408; *Röhricht* ZHR 162 (1998), 249, 256 f.

[174] BVerfG DB 1999, 575 ("SEN/KHS").

[175] *Naraschewski* DB 1997, 1653, 1657, *Gutheil* aaO, S. 276.

Hieran ist allein richtig, dass die außenstehenden Aktionäre auf jeden Fall fristgerecht ein umwandlungsrechtliches Spruchverfahren anhängig machen müssen, wenn sie das im Verschmelzungsvertrag vereinbarte Umtauschverhältnis überprüfen lassen wollen. Gleichwohl ist das anhängige konzernrechtliche Verfahren fortzusetzen. Denn ungeachtet der Verschmelzung muss überprüft werden, ob diejenigen Aktionäre, die bereits gegen Erhalt der Barabfindung ausgeschieden sind, möglicherweise noch Abfindungsergänzungsansprüche haben.[176] Das Spruchgericht muss außerdem entscheiden, ob der bislang gewährte Ausgleich angemessen war oder ob für die Vergangenheit Nachzahlungen zu leisten sind. Ein anhängiges konzernrechtliches Spruchverfahren ist daher trotz der vertragsbeendenden Verschmelzung der Parteien fortzusetzen.

cc. Auswirkungen auf eine laufende Abfindungsverpflichtung in eigenen Aktien

Will der außenstehende Aktionär die Abfindung erhalten, muss er dem herrschenden Unternehmen im Gegenzug seine Aktien der abhängigen Gesellschaft anbieten. Dies ist ihm aber mit dem Wirksamwerden der Konzernverschmelzung nicht mehr möglich, weil seine Gesellschaft aufgrund der Verschmelzung liquidationslos erlischt und er gemäß § 20 Abs. 1 Nr. 3 UmwG kraft Gesetzes Gesellschafter des vormaligen Abfindungsschuldners wird.

Die Abfindungsverpflichtung lässt sich daher nach der Verschmelzung nicht mehr in ihrer ursprünglichen Form, also einem Tausch von Aktien der Untergesellschaft gegen Aktien der Obergesellschaft, abwickeln. Denn der Aktientausch hat nun bereits im Rahmen der Verschmelzung stattgefunden. Das Petitum des "Guano"-Beschlusses, wonach die Abfindungsverpflichtung trotz Beendigung des Unternehmensvertrags fortbestehen muss, läßt sich daher nicht mehr *unmittelbar* umsetzen.

Gleichwohl ist sicherzustellen, dass die Verschmelzung den Abfindungsanspruch der außenstehenden Aktionäre zumindest *der Höhe nach* nicht beeinträchtigt. Dass hierfür ein Bedürfnis besteht, wurde bereits eingehend aufgezeigt: Ermittelte man die Umtauschrelation für die Verschmelzung ungeachtet einer laufenden Abfindungsverpflichtung (§ 305 AktG) anhand aktueller Ertragswerte, würde dies in vielen Fällen den Abfindungsanspruch beein-

---

[176] Vgl. OLG Karlsruhe ZIP 2004, 2330, 2331, ferner OLG Düsseldorf AG 2007, 325, 327 (zur Vertragsbeendigung infolge eines Squeeze-out).

trächtigen. Das aber wäre mit den durch die "Guano"-Rechtsprechung gesetzten Maßstäben nicht vereinbar.

Um den bereits begründeten Abfindungsanspruch nicht zu entwerten, könnte während eines laufenden Spruchverfahrens bei der Ermittlung der Verschmelzungswertrelation die Fortschreibungsmethode[177] angewandt werden. Die am Stichtag des Zustimmungsbeschlusses zum Unternehmensvertrag (§ 305 Abs. 2 Satz 3 AktG) vorgefundene Unternehmenswertrelation würde dann die untere Grenze für das Umtauschverhältnis in der Verschmelzung markieren.

Gegen eine solche Perpetuierung der Unternehmenswertrelation hat *Schubert* eingewendet, dass die Unternehmenswertrelation sich während der Durchführung des Unternehmensvertrags in den meisten Fällen verändert haben wird. *Schubert* möchte daher den außenstehenden Aktionären ein Wahlrecht zwischen dem Umtauschangebot aus dem Unternehmensvertrag und dem im Verschmelzungsvertrag festgesetzten Umtauschverhältnis gewähren.[178]

Ein solches Wahlrecht lässt sich praktisch aber schon nicht umsetzen, weil es fast immer mit der gesetzlichen Frist des § 305 Abs. 4 Satz 3 AktG zur Annahme des Abfindungsangebots kollidieren wird. Denn in aller Regel wird das "endgültige" Umtauschverhältnis für die Verschmelzung erst in einem langwierigen umwandlungsrechtlichen Spruchverfahren ermittelt. Die Annahmefrist für das Angebot aus dem Unternehmensvertrag läuft aber bereits zwei Monte ab Bekanntgabe des Ergebnisses des konzernrechtlichen Spruchverfahrens im Bundesanzeiger ab.[179] Es ist äußerst unwahrscheinlich, dass innerhalb dieses Fristlaufs auch ein später eingeleitetes umwandlungsrechtliches Spruchverfahren beendet wird. *Schuberts* Forderung ließe sich also nur umsetzen, wenn sich aufgrund der Verschmelzung die Annahmefrist für das Abfindungsangebot aus dem Unternehmensvertrag verlängern würde. Für eine derartige Verlängerung der Annahmefrist liefert das Gesetz jedoch keine Anhaltspunkte.[180]

---

[177] Zur Fortschreibungsmethode vgl. oben, 3. Teil, § 2 B. I 2 b. bb.

[178] *Schubert* DB 1998, 761, 762; GroßKomm AktG/*Hasselbach/Hirte* § 305 Rdn. 37; gegen ein Wahlrecht OLG Hamm NZG 2003, 632, 633 ("DAB/Hansa").

[179] Siehe § 305 Abs. 4 Satz 3 AktG. In der Praxis wird fast immer die Mindestfrist gewählt, so dass das Angebot meist exakt zwei Monate nach dem Tag ausläuft, an dem die Entscheidung über den zuletzt beschiedenen Antrag im Spruchverfahren im Bundesanzeiger bekannt gemacht wurde, vgl. auch *Naraschewski* DB 1998, 762 f.

[180] So auch OLG Hamm NZG 2003, 632, 633 ("DAB/Hansa"). Auch eine nachfolgende Verschmelzung der Vertragsparteien führt nicht zur Verlängerung der Annahmefrist, vgl. *Stephan* in: Schmidt/Lutter AktG § 305 Rdn. 136.

Wird die Verschmelzung der beiden Vertragsparteien während eines laufenden konzernrechtlichen Spruchverfahrens vollzogen, ist daher das am Stichtag des Zustimmungsbeschlusses zum Unternehmensvertrag (§ 305 Abs. 3 Satz 2 AktG) vorgefundene Wertverhältnis der Unternehmen auch für die Verschmelzung maßgeblich. Das anhängige konzernrechtliche Spruchverfahren ist fortzusetzen (s.o.). Zeigt sich dort, dass das Abfindungsangebot aus dem Unternehmensvertrag unangemessen niedrig war, steht den Außenseitern ein Abfindungsergänzungsanspruch in Aktien zu.[181]

Darüber hinaus können die außenstehenden Aktionäre ein umwandlungsrechtliches Spruchverfahren einleiten und weitere Ergänzungsansprüche nach § 15 Abs. 1 UmwG geltend machen, wenn sich die Wertrelation der Unternehmen während der Laufzeit des Unternehmensvertrags zu ihren Gunsten verbessert hat.

dd. Auswirkungen auf eine laufende Barabfindungsverpflichtung in bar oder in Aktien der Konzernspitze

Als Gegenleistung für die Gewährung der Barabfindung nach § 305 AktG müssen die außenstehenden Aktionäre dem herrschenden Unternehmen ihre Aktien der Untergesellschaft andienen. Nach dem Vollzug der Konzernverschmelzung können sie diese Gegenleistung aber nicht mehr erbringen, da ihre Aktien bereits im Rahmen der Verschmelzung kraft Gesetzes gegen Anteile des herrschenden Unternehmens eingetauscht wurden. Die außenstehenden Aktionäre könnten dem vormals herrschenden Unternehmen nun aber die ihnen im Zuge der Verschmelzung gewährten Aktien anbieten. Das herrschende Unternehmen müsste dann also eigene Aktien erwerben. Ob ein solcher Erwerb eigener Aktien nach § 71 AktG gestattet wäre, ist allerdings fraglich.[182]

Zumindest die erste Variante des § 71 Abs. 1 Nr. 3 AktG, die den Erwerb eigener Aktien zur Erfüllung des konzernrechtlichen Abfindungsanspruchs erlaubt, kann hier nicht unmittelbar angewandt werden.[183] Diese Variante gestattet der herrschenden Gesellschaft den Aktienrückkauf nur unter der Prämisse, dass

---

[181] Hier ist § 71 I Nr. 3 AktG einschlägig. Es geht um die Abfindungsergänzung, nicht um eine Verbesserung des Umtauschverhältnisses in der Verschmelzung. AA wohl *Geng* Ausgleich und Abfindung S. 52, der nur eine bare Zuzahlung gemäß § 15 I UmwG für möglich hält.

[182] *Hohner* DB 1973, 1492 ff.

[183] A.A. offenbar *Grunewald* in: Lutter UmwG, 2. Aufl. 2000, § 20 Fn. 95 (ohne Begründung).

die Aktien an die außenstehenden Aktionäre der abhängigen Gesellschaft weitergereicht werden, was hier gerade nicht geschehen würde.

Allerdings erlaubt § 71 Abs. 1 Nr. 3 AktG einen Erwerb eigener Aktien, um Abfindungsverpflichtungen nach § 29 UmwG durchführen zu können. Auch in diesem Fall erwirbt die Gesellschaft eigene Aktien von ihren eigenen, abfindungsberechtigten Aktionären. In der Literatur wird daher vereinzelt ein Analogieschluss erwogen.[184]

Gegen diesen Analogieschluss spricht jedoch, dass die Interessenlage der außenstehenden Aktionäre in der hier untersuchten Konstellation nicht mit der Interessenlage der durch § 29 UmwG geschützten Gesellschafter vergleichbar ist. § 29 UmwG stellt sicher, dass ein Gesellschafter nicht gegen seinen Willen Mitglied eines Rechtsträgers anderer Rechtsform wird oder kaum veräußerliche Anteile erhält. Ein vergleichbares Schutzbedürfnis der außenstehenden Aktionäre ist bei der Konzernverschmelzung nicht zu erkennen. Denn bei Anwendung der Fortschreibungsmethode erhalten die außenstehenden Aktionäre in einem angemessenen Umtauschverhältnis Aktien der vormals herrschenden Gesellschaft, die sie am Markt veräußern können. Effektiver Vermögensschutz wird hier also bereits durch die Ermittlung des angemessenen Umtauschverhältnisses gewährleistet. Zudem können die außenstehenden Aktionäre das Barabfindungsangebot noch vor Wirksamwerden der Verschmelzung annehmen und nach Beendigung des Spruchverfahrens gegebenenfalls Ergänzungsansprüche gegen das verschmolzene Unternehmen geltend machen.

d. Vermögensschutz bei der Konzernverschmelzung einer beherrschten GmbH

Auch die Vermögensinteressen von Minderheitsgesellschaftern einer vertraglich beherrschten GmbH, die mit dem herrschenden Unternehmen Ausgleichsansprüche ausgehandelt und vertraglich fixiert haben, können durch eine Konzernverschmelzung gefährdet werden. Die Ausgangslage ist insofern identisch mit der Ausgangslange bei der Verschmelzung im Aktienvertragskonzern. Identisch ist daher auch das Arsenal der möglichen Lösungsansätze:

Auch in dieser Konstellation käme zunächst die Anwendung der Fortschreibungsmethode in Frage. Da diese Methode jedoch gegen den Grundsatz der stichtagsgleichen Bewertung verstößt, sollte sie auch bei der Konzern-

---

[184] Vgl. *Schwab* BB 2000, 527, 530; GroßKomm AktG/*Hasselbach/Hirte* § 304 Rdn. 56.

verschmelzung einer vertraglich beherrschten GmbH nicht angewandt werden. Es steht den Parteien allerdings frei, bereits im Unternehmensvertrag zu vereinbaren, dass bei einer späteren Konzernverschmelzung die ursprünglich ausgehandelte Abfindung die Untergrenze für die dann fällige Kompensation bildet. Zumindest nach der h.M., die die Zustimmung sämtlicher Gesellschafter zum Unternehmensvertrag fordert, haben es die Minderheitsgesellschafter in der Hand, eine entsprechende Regelung in den Vertrag aufnehmen zu lassen.

Enthält der Vertrag keine derartige Klausel, bleibt es bei den Regeln, die für die Konzernverschmelzung vertraglich beherrschter Aktiengesellschaften entwickelt wurden. Demnach sind bei der Ermittlung der Umtauschrelation (i) entfallende Ausgleichszahlungen, (ii) ein letzter Verlustausgleichsanspruch und (iii) etwaige Schadensersatzansprüche zu berücksichtigen.

Die Komplikationen, die sich bei der Konzernverschmelzung einer beherrschten Aktiengesellschaft aufgrund eines laufenden Spruchverfahrens ergeben können, treten in der hier untersuchten Konstellation nicht auf. Denn bei einem Unternehmensvertrag mit einer abhängigen GmbH ist nach h.M. die Einleitung eines Spruchverfahrens entbehrlich bzw. nicht möglich, vgl. oben 3. Teil, § 1 B. II. Sollte sich zukünftig eine andere Auffassung durchsetzen, ließen sich die Ergebnisse der Untersuchung zur beherrschten Aktiengesellschaft aber ohne weiteres übertragen.

3. Gesellschafterschutz durch Beschluss- und Zustimmungserfordernisse

a. Sonderbeschluss über die Beendigung des Unternehmensvertrags gemäß § 296 Abs. 2 AktG

Sowohl die ordentliche Kündigung durch die beherrschte Gesellschaft als auch die rechtsgeschäftlich vereinbarte Aufhebung eines Unternehmensvertrags sind gemäß §§ 296 Abs. 2, 297 Abs. 2 AktG nur mit einem zustimmenden Sonderbeschluss der außenstehenden Aktionäre möglich.[185] Dies wirft die Frage auf, ob auch eine vertragsbeendende Verschmelzung einen Sonderbeschluss voraussetzt.

---

[185] Hierdurch wird sichergestellt, dass die Verwaltung den Ansprüchen der außenstehenden Aktionäre nicht ohne eine Zustimmung einer Mehrheit dieser Aktionäre den Boden entziehen kann, vgl. BegrRegE AktG, abgedruckt bei *Kropff* AktG 1965, S. 385 f. Die Vorschriften sind spezialgesetzliche Ausprägungen des allgemeinen gesellschaftsrechtlichen Grundsatzes aus § 35 BGB, wonach Sonderrechte nicht durch Beschluss der Mitgliederversammlung beeinträchtigt werden können, ohne dass das betroffene Mitglied dem zustimmt.

Gegen ein solches Sonderbeschlusserfordernis wird vorgebracht, § 296 Abs. 2 AktG regele ausschließlich die rechtsgeschäftliche Vertragsaufhebung. Auf Gesamtrechtnachfolge beruhende Vertragsbeendigungen würden vom Anwendungsbereich der Norm hingegen nicht erfasst.[186] Die direkte Subsumtion einer auf Gesamtrechtsnachfolge beruhenden Vertragsbeendigung unter § 296 Abs. 2 AktG scheitert in der Tat daran, dass der Wortlaut der Norm nur vertragliche Vereinbarungen über die vorzeitige Beendigung des Vertrags erfasst. Bei einer Konzernverschmelzung endet der Vertrag aber gerade nicht aufgrund einer zielgerichteten vertraglichen Vereinbarung der Parteien, sondern infolge Konfusion. Da aber die vertragsbeendende Konfusion aufgrund einer Gesamtrechtsnachfolge eintritt, die ihrerseits auf einem *Rechtsgeschäft* beruht,[187] wäre eine analoge Anwendung des § 296 Abs. 2 AktG nicht von vorneherein ausgeschlossen.
Es ist aber bereits fraglich, ob überhaupt eine planwidrige Regelungslücke vorliegt. Denn das Gesetz verlangt gerade nicht ausnahmslos für jede vorzeitige Beendigung eines Unternehmensvertrags einen zustimmenden Sonderbeschluss. Dies zeigt sich sowohl an der Kündigung aus wichtigem Grund nach § 297 AktG als auch an der ordentlichen Kündigung durch das herrschende Unternehmen, die beide ohne einen Sonderbeschluss erklärt werden können.[188]

Ferner ist zu bedenken, dass die außenstehenden Aktionäre durch ein Sonderbeschlussrecht ein enormes Obstruktionspotential erhielten, obwohl es hier letztlich um eine vermögensbezogene Streitigkeit im Zusammenhang mit einer Umwandlungsmaßnahme geht. Wenn eine Umwandlung die Vermögensinteressen der Minderheitsgesellschafter beeinträchtigt, so mündet dies aber nach der gesetzlichen Konzeption grundsätzlich nicht in ein Vetorecht der Minderheit. Vielmehr räumt das UmwG in diesen Fällen dem Vollzugsinteresse der Mehrheit Vorrang ein, und verweist vermögensbezogene Streitigkeiten gemäß

---

[186] Grundlegend BGH AG 1974, 320, 324; zuvor bereits OLG Celle AG 1972, 283; *Emmerich*/Habersack Aktien- und GmbH-Konzernrecht § 296 Rdn. 3, 5; *Hüffer* AktG § 296 Rdn. 7; KölnKomm AktG/*Koppensteiner* § 296 Rdn. 20; MünchHdbAG/*Krieger* § 70 Rdn. 203; *Langenbucher* in: Schmidt/Lutter AktG § 295 Rdn. 20; *Veil* in: Spindler/Stilz AktG § 295 Rdn. 14.

[187] *K. Schmidt* AcP 191 (1991) 495; *Hennrichs* ZIP 1995, 94; *Raiser/Veil* Recht der Kapitalgesellschaften § 46 Rdn. 25. Auch der gutgläubige Erwerb einer Vormerkung setzt gemäß § 892 BGB einen rechtsgeschäftlichen Erwerb voraus. Der Erwerb der Vormerkung vollzieht sich aber gemäß § 401 BGB kraft Gesetzes. Nach h.A. ist der redliche Erwerb aber dennoch möglich, weil die durch die Vormerkung gesicherte Forderung rechtsgeschäftlich erworben wurde - vgl. BGHZ 25, 16, 23.

[188] Vgl. BGH AG 1974, 320, 324; OLG Celle AG 1972, 283; *Emmerich*/Habersack Aktien- und GmbH-Konzernrecht § 296 Rdn. 3, 5.

§§ 14 Abs. 2, 15 UmwG in das Spruchverfahren.[189] Im Hinblick auf diese eindeutige Wertung des Gesetzgebers müsste für ein Sonderbeschlussrecht schon ein herausragendes Schutzbedürfnis der außenstehenden Aktionäre angeführt werden können. Ein solches ist aber nicht ersichtlich. Der Beschluss in der Untergesellschaft zur Konzernverschmelzung setzt daher keinen Sonderbeschluss analog § 296 Abs. 2 AktG voraus.[190]

b. Individualzustimmungsvorbehalte bei beherrschter GmbH

Mehrere Instanzgerichte und beachtliche Stimmen in der Literatur begreifen die rechtsgeschäftlich vereinbarte Beendigung eines Unternehmensvertrags mit einer beherrschten GmbH als ein Grundlagengeschäft, das als actus contrarius zum Vertragsschluss nach §§ 53, 54 GmbHG einen einstimmigen Gesellschafterbeschluss voraussetzt.[191] Nach anderer Auffassung soll zumindest ein Zustimmungsvorbehalt derjenigen Gesellschafter bestehen, deren Ansprüche auf Ausgleich und Abfindung infolge der Vertragsbeendigung entfallen.[192]

Die Frage, ob diese Anforderungen auch auf verschmelzungsbedingte Vertragsbeendigungen übertragen werden müssen, wird im Schrifttum bislang kaum diskutiert.[193] Da das Schutzbedürfnis der Minderheitsgesellschafter bei einer auf Konzernverschmelzung beruhenden Vertragsbeendigung keineswegs geringer ist als bei einer rechtsgeschäftlichen Vertragsaufhebung, spricht auf den ersten Blick einiges dafür, hier ein derartiges Sonderzustimmungsrecht der Minderheitsgesellschafter zu bejahen.[194] Es ist aber fraglich, ob sich ein solcher Zu-

---

[189] Zwar gilt der Anfechtungsausschluss nur für die Mitglieder der übertragenden Gesellschaft. Es gibt aber keinen Grund, diese rechtspolitisch zu Recht häufig kritisierte Differenzierung bei der Frage nach einem Sonderbeschlussrecht nachzuvollziehen,

[190] Im Ergebnis so auch OLG Celle AG 1972, 283; BGH AG 1974, 320, 323 (zur Eingliederung); KölnKomm AktG/*Koppensteiner* § 296 Rdn. 20; *Hengeler* FS Möhring, S. 197, 206; *Kley* Rechtsstellung der außenstehenden Aktionäre, S. 130; *Krieger* ZGR 1990, 517, 535.

[191] OLG Oldenburg NZG 2000, 1138, 1139; *Ebenroth/Wilken* WM 1993, 1617; *Ehlke* ZIP 1995, 335, 357; *Emmerich* in: Scholz GmbHG Anh. KonzernR, Rdn. 320; *Hoffmann-Becking* WiB 1994, 57, 62 f; *Krieger/Jannot* DStR 1995, 1473, 1477; *Lutter/Hommelhoff* GmbHG Anh § 13 Rdn. 83; *Priester* ZGR 1996, 205; *Ulmer* in: Hachenburg GmbHG § 53 Rdn. 153.

[192] *Bungert* NJW 1995, 1118, 1121; *Ulmer* in: Hachenburg GmbHG § 53 Rdn. 154; *Halm* NZG 2001, 728, 737; *Hoffmann-Becking* WiB 1994, 57, 63; *Krieger/Jannot* DStR 1995, 1473, 1477; *Lutter/Hommelhoff* GmbHG Anh. § 13 Rdn. 83; *Priester* ZGR 1996, 189, 206; *Koppensteiner* in: Rowedder/Schmidt-Leithoff GmbHG Anh. § 52 Rdn. 87; *Schlögell* GmbHR 1995, 401, 406.

[193] Denkbar ist, dass pauschal (aber wenig überzeugend) argumentiert würde, dass bei auf Gesamtrechtsnachfolge beruhender Vertragsbeendigung andere Regeln gelten müssten.

[194] So *Hagemann* Die Beendigung kombinierter Gewinnabführungs- und Beherrschungsverträge mit abhängiger GmbH, S. 141, mit der Begründung, dass auch alle sonstigen Be-

stimmungsvorbehalt in das umwandlungsrechtliche Regelungskonzept einfügen würde.

Das GmbH-Verschmelzungsrecht regelt Individualzustimmungsrechte in § 50 Abs. 2 UmwG. Hiernach bestehen Zustimmungsvorbehalte, wenn auf dem Gesellschaftsvertrag beruhende Minderheitenrechte eines einzelnen Gesellschafters oder einer Gesellschaftergruppe der übertragenden Gesellschaft durch die Verschmelzung beeinträchtigt werden. Da dem Unternehmensvertrag satzungsgleiche Qualität zukommt, ist zumindest das Tatbestandsmerkmal "auf dem Gesellschaftsvertrag beruhend" erfüllt.

Die eine Vetoposition gewährenden Individualrechte sind jedoch nach der Regierungsbegründung von vermögensrechtlichen Beteiligungselementen abzugrenzen. Letztere sind nach dem Willen des Gesetzgebers bei der Bemessung des Umtauschverhältnisses zu berücksichtigen. Die Gesetzesbegründung nennt Gewinnvorzüge als Beispiel für ein nicht unter § 50 Abs. 2 UmwG zu subsumierendes "Beteiligungselement". Die weitere Abgrenzung hat der Gesetzgeber ausdrücklich der Rechtsprechung und der Wissenschaft überlassen.[195]
Die Literatur versteht unter Individualrechten i.S.v. § 50 Abs. 2 UmwG namentlich Mehrstimmrechte, Zustimmungsrechte bzw. Vetorechte gegenüber Gesellschafterbeschlüssen, Weisungsrechte gegenüber der Geschäftsführung, Bestellungs- oder Benennungsrechte für den Aufsichtsrat oder ähnliche Gremien sowie statuarische Vorkaufs- oder Vorerwerbsrechte.[196] Maßgebliches Abgrenzungskriterium soll sein, ob der Verlust eines Individualrechtes durch eine Bemessung der Beteiligungsquote am übernehmenden Rechtsträger kompensiert werden kann.[197] Für die vermögensrechtlichen Ansprüche auf Ausgleich und Abfindung ist dies, im Gegensatz zu den vorstehend aufgeführten Individualrechten, grundsätzlich zu bejahen. Nach der vorrangigen Wertung des UmwG bestehen daher auch bei der Konzernverschmelzung einer beherrschten GmbH keine Individualzustimmungsrechte außenstehender Gesellschafter.

---

endigungstatbestände, auf die die GmbH Einfluss hat, der Zustimmung sämtlicher Gesellschafter bedürfe.

[195] *Ganske* UmwR, S. 100.

[196] *Raiser* in: Hachenburg GmbHG § 14 Rdn. 19; *H. Winter* in: Scholz GmbHG § 14, Rdn. 21 f; *M. Winter* in: Lutter UmwG § 50 Rdn. 19; *Reichert* in: Semler/Stengel UmwG § 50 Rdn. 32.

[197] Vgl. *M. Winter* in: Lutter UmwG § 50 Rdn. 18; *Bermel* in: Goutier/Knopf/Tulloch UmwG § 50 Rdn. 21, *Priester* ZGR 1990, 441 f; *Reichert* in: Semler/Stengel UmwG § 50 Rdn. 31.

c. Anfechtbarkeit des Verschmelzungsbeschlusses wegen Treuepflichtverletzung

Obwohl auch *Gattineau* die Gefahr sieht, dass „*die Obergesellschaft ihre beherrschungsvertragliche Weisungsmacht und ihren Einfluss als Aktionär zum Nachteil der abhängigen Gesellschaft nutzt, ihr die wirtschaftliche Substanz raubt und durch eine anschließende Konzernverschmelzung den außenstehenden Aktionären sowohl ihre Ausgleichsrechte entzieht, als auch die Entwertung ihrer Anteile realisiert*“,[198] lehnt sie die hier geforderte Berücksichtigung entfallender Ausgleichsansprüche bei Ermittlung der Verschmelzungswertrelation[199] ab.

Stattdessen möchte *Gattineau* eine denkbare Übervorteilung der außenstehenden Aktionäre unter Rückgriff auf die verbandsrechtlichen Treuepflichten abwenden.[200] Sie meint, in den skizzierten Fällen könne die Stimmrechtsausübung des herrschenden Unternehmens bei der Verschmelzungsentscheidung rechtsmissbräuchlich sein, und gegebenenfalls eine Anfechtbarkeit des Verschmelzungsbeschlusses begründen.
Diese Argumentation reizt zum Widerspruch. Denn es werden sich kaum brauchbare Kriterien entwickeln lassen, die in den umrissenen Problemfällen zu einer trennscharfen Grenzziehung zwischen rechtsmissbräuchlicher und erlaubter Stimmrechtsausübung herangezogen werden könnten. So bleiben auch *Gattineaus* Ausführungen zwangsläufig unscharf: Ihrer Auffassung nach „*liege Missbrauch nahe*“, wenn eine Gesellschaft „*alsbald*“ nach einer raschen Entwertung verschmolzen wird und der Verschmelzung „*keine unternehmerischen Motive zugrunde liegen*“.[201]

Die Bezugnahme *Gattineaus* auf fehlende „unternehmerische Motive“ der Verschmelzung läuft im Ergebnis auf eine materielle Inhaltskontrolle des Verschmelzungsbeschlusses hinaus.[202] Eine materielle Beschlusskontrolle von Verschmelzungsbeschlüssen anhand der Kriterien der „Erforderlichkeit“ und der „Verhältnismäßigkeit“ wird von der h.M. aber zu Recht abgelehnt, weil hierfür neben dem ausdifferenzierten umwandlungsrechtlichen Minderheiten-

198 *Gattineau* Der Beherrschungsvertrag in der Verschmelzung von Aktiengesellschaften S. 166 f.
199 Siehe oben 3. Teil, § 2 B. I. 2. b. ff.
200 *Gattineau*, aaO.
201 *Gattineau* aaO.
202 Vgl. zur materiellen Beschlusskontrolle BGHZ 71, 40 („Kali+Salz“); BGHZ 83, 319 („Holzmann“) und BGHZ 80, 69 („Suessen“).

schutzsystem kein Raum und auch kein Bedürfnis besteht.[203] Dies gilt auch für die Konzernverschmelzung. Auch in dieser Konstellation findet allenfalls eine allgemeine Missbrauchskontrolle statt, an der sich ohnehin jeder Verschmelzungsbeschluss messen lassen muss.[204] Weil der Gesetzgeber den umwandlungsrechtlichen Minderheitenschutz aber primär auf der Vermögensebene angesiedelt hat (vgl. § 16 Abs. 3 UmwG) und sich die hier diskutierte Problematik durch eine sachgerechte Auslegung des Vermögensschutzes angemessen auflösen läßt, liegt selbst in den von *Gattineau* skizzierten grenzwertigen Sachverhalten in der Regel kein Rechtsmissbrauch vor, der eine Anfechtung des Verschmelzungsbeschlusses rechtfertigen würde.

4. Ergebnis zur Konzernverschmelzung

Bei einer Verschmelzung des vertraglich herrschenden Unternehmens mit der beherrschten Gesellschaft endet der Unternehmensvertrag infolge der Konfusion der Vertragsparteien.

Der Anspruch der außenstehenden Aktionäre auf Ausgleichszahlungen entfällt mit der Verschmelzung ersatzlos.

Bei der Ermittlung des angemessenen Umtauschverhältnisses sind die entfallenden Ausgleichsansprüche zu berücksichtigen. Außerdem müssen ein letzter Verlustausgleichsanspruch nach § 302 AktG und gegebenenfalls auch Schadensersatzansprüche gegen das herrschende Unternehmen in die Unternehmensbewertungen einfließen.

Ist ein Spruchverfahren anhängig, orientiert sich das angemessene Umtauschverhältnis für die Verschmelzung am Wert der Unternehmen zum Stichtag des § 305 Abs. 3 Satz 2 AktG. In diesem Fall findet also ausnahmsweise eine „Fortschreibung" der bei Abschluss des Unternehmensvertrags vorgefundenen Unternehmenswerte statt.

Der Verschmelzungsbeschluss steht nicht unter dem Vorbehalt eines zustimmenden Sonderbeschlusses der außenstehenden Aktionäre. Da die spezifischen Probleme der Konzernverschmelzung durch einen richtig verstandenen Ver-

---

[203] *Bermel* in: Goutier/Knopf/Tulloch UmwG § 13 Rdn 24; *Gehling* in: Semler/Stengel UmwG § 13 Rdn 36; *Heckschen* in: Widmann/Mayer UmwG § 13 Rdn 219 f; *Lutter/Drygala* in: Lutter UmwG § 13 Rdn. 31 ff.; *Zimmermann* in: Kallmeyer UmwG § 13 Rdn. 12.

[204] Vgl. *Gehling* in: Semler/Stengel UmwG § 13 Rdn 36; *Lutter/Drygala* in: Lutter UmwG § 13 Rdn. 39; *Zimmermann* in: Kallmeyer UmwG § 13 Rdn. 12

mögensschutz in den Griff zu bekommen sind, unterliegt der Verschmelzungsbeschluss keiner richterlichen Inhaltskontrolle.

II. Verschmelzung des herrschenden Unternehmens mit einer dritten Gesellschaft

1. Schicksal des Unternehmensvertrags

Bei einer Verschmelzung des herrschenden Unternehmens mit einem dritten Rechtsträger setzt sich nach nahezu einhelliger Auffassung der Unternehmensvertrag fort. Ob das herrschende Unternehmen in der Verschmelzung als übertragender oder als übernehmender Rechtsträger auftritt, soll für die Fortgeltung des Vertrags keinen Unterschied machen.[205] Dieser Befund wird nachstehend überprüft.

a. Herrschendes Unternehmen als aufnehmender Rechtsträger

Ist eine vertraglich herrschende Aktiengesellschaft oder GmbH bei einer Verschmelzung aufnehmender Rechtsträger, besteht die ursprüngliche Vertragspartei als juristische Person fort. Es ändern sich lediglich der Kreis ihrer Anteilseigner und die Zusammensetzung ihres Vermögens. Die Identität des aufnehmenden Rechtsträgers als Zuordnungsobjekt der unternehmensvertraglichen Rechte und Pflichten wird durch eine aufnehmende Verschmelzung nicht angetastet. Die Verschmelzung wirkt sich daher auch nicht auf die Existenz des Unternehmensvertrags aus.

b. Herrschendes Unternehmen als übertragender Rechtsträger

Schwieriger ist es, das Schicksal des Unternehmensvertrags bei übertragender Verschmelzung des herrschenden Unternehmens zu beurteilen. Grundsätzlich

---

[205] Vgl. OLG Karlsruhe ZIP 1991, 101, 104; LG Mannheim DB 1990, 379, 380; LG Bonn GmbHR 1996, 774; MünchKomm AktG/*Altmeppen* § 297 Rdn. 124 f; *Emmerich*/Habersack Aktien- und GmbH-Konzernrecht § 297 Rdn. 43; *Gattineau* Der Beherrschungsvertrag in der Verschmelzung, S. 92 ff.; *Geßler*/Hefermehl AktG § 297 Rdn. 48; *Grunewald* in: Lutter UmwG § 20 Rdn. 35, 37; *Gutheil* Auswirkungen von Umwandlungen auf Unternehmensverträge, S. 155 ff; GroßKomm AktG/*Hasselbach/Hirte* § 304 Rdn. 57 f.; *Hohner* DB 1973, 1487; KölnKomm AktG/*Koppensteiner* § 297 Rdn 36; *Kley* Rechtsstellung, S. 141; KölnKomm AktG/*Kraft* § 346 Rdn. 35; MünchHdbAG/*Krieger* § 70 Rdn. 203 f; *Langenbucher* in: Schmidt/Lutter AktG § 297 Rdn 32; *Marsch-Barner* in: Kallmeyer UmwG § 20 Rdn. 20; *Martens* AG 1986, 62; *Raiser/Veil* Recht der Kapitalgesellschaften § 54 Rdn. 118; *Vossius* in: Widmann/Mayer UmwG § 20 Rdn. 293 f; *Priester* ZIP 1992, 293, 301; *Sonnenschein* Organschaft, S 41 ff; Schmitt/Hörtnagl/*Stratz* UmwG § 20 Rdn. 45; *Kübler* in: Semler/Stengel UmwG § 20 Rdn. 29 f; *Veil* in: Spindler/Stilz AktG § 297 Rdn. 41; *Westermann* FS Schilling, S 271 ff; Heckschen/*Simon* Umwandlungsrecht § 12 Rdn. 7 22. Anders nur GroßKomm AktG/*Würdinger* § 291 Anm. 11, 22, 24 und 47.

tritt ein aufnehmender Rechtsträger gemäß § 20 Abs. 1 Nr. 1 UmwG in vollem Umfang in den gesamten Rechte- und Pflichtenkreis der übertragenden Gesellschaft ein. Ausnahmen von diesem Grundsatz gibt es nur, sofern einzelne Rechte und Pflichten nicht sukzessionfähig sind. Das Schicksal eines Unternehmensvertrags bei übertragender Verschmelzung des herrschenden Unternehmens hängt somit von der Sukzessionsfähigkeit der Rechte und Pflichten des herrschenden Unternehmens aus dem Vertrag ab.[206]

Die vertragstypischen Pflichten des herrschenden Unternehmens sind die Verlustausgleichspflicht gemäß § 302 AktG, die Pflicht zur Zahlung eines angemessenen Ausgleichs gemäß § 304 AktG und die Pflicht zur Gewährung einer angemessenen Abfindung gemäß § 305 AktG. Die Pflichten zur Leistung von Verlustausgleich und Ausgleich gemäß § 304 AktG lauten auf Zahlung von Geld. Eine Überleitung dieser Pflichten auf einen anderen Rechtsträger ist daher unproblematisch. Gleiches gilt für die Barabfindungsverpflichtung.

Problematisch ist jedoch eine laufende Abfindungsverpflichtung in Aktien der herrschenden Gesellschaft. Da die übertragende Gesellschaft mit Eintragung der Verschmelzung liquidationslos erlischt, sind ihre Aktien gemäß § 72 UmwG i.V.m. § 73 AktG für kraftlos zu erklären. Hier ist deutlich, dass die *Pflicht* - ihrem ursprünglichen Inhalt nach - nicht bestehen bleiben kann. Dies bedeutet aber nicht, dass die *Verpflichtung* zur Gewährung einer angemessenen Abfindung nicht sukzessionfähig wäre. Es ist vielmehr denkbar, dass sich der Anspruch der Außenseiter auf Gewährung einer Abfindung künftig gegen den übernehmenden Rechtsträger richtet, und durch die Verschmelzung lediglich inhaltlich modifiziert wird. Dies wird noch eingehend zu erörtern sein.

Vertragstypisches Recht des herrschenden Unternehmens ist beim Beherrschungsvertrag das Weisungsrecht gemäß § 308 AktG und beim Gewinnabführungsvertrag das Recht auf Gewinnvereinnahmung. Hierbei handelt es sich jeweils um körperschaftliche Befugnisse. Das Gesetz bietet jedoch keine Anhaltspunkte dafür, dass diese Rechte untrennbar mit der Identität des Rechtsträgers verknüpft sein sollen.[207] Daher ist eine Übertragung auf einen anderen Rechtsträger möglich.

---

[206] Dies gilt sowohl bei übertragender Verschmelzung zur Aufnahme als auch bei übertragender Verschmelzung zur Neugründung.

[207] Nach h.A. ist die Stellung als herrschende Vertragspartei auf einen Dritten auch im Wege der Vertragsübernahme übertragbar, vgl. MünchKomm AktG/*Altmeppen* § 295 Rdn. 4 f; *Emmerich*/Habersack Aktien- und GmbH-Konzernrecht § 295 Rdn. 13; *Exner* Beherrschungsvertrag und Vertragsfreiheit, S. 164; *Hüffer* AktG § 295 Rdn. 5; KölnKomm AktG/*Koppen*-

Da somit die wesentlichen Rechte und Verpflichtungen eines herrschenden Unternehmens aus einem Unternehmensvertrag grundsätzlich sukzessionsfähig sind, geht ein solcher Vertrag, ebenso wie jedes andere Dauerschuldverhältnis,[208] auf den übernehmenden Rechtsträger über.

c. Fortgang der Untersuchung

Nachdem geklärt ist, dass Unternehmensverträge trotz einer Verschmelzung des herrschenden Unternehmens fortbestehen, soll nun zunächst erörtert werden, ob die Parteien den Vertrag aufgrund der Verschmelzung aus wichtigem Grund außerordentlich kündigen können.

Sodann wird der vermögensbezogene Schutz der außenstehenden Aktionäre thematisiert. Hier ist zu fragen, welche Rechtsfolgen sich ergeben, wenn zum Zeitpunkt der Verschmelzung des herrschenden Unternehmens noch ein Spruchverfahren anhängig ist und daher das Abfindungsangebot aus dem Unternehmensvertrag weiterhin angenommen werden kann. Bei der Erörterung dieser Fragestellung wird zwischen den verschiedenen Varianten der Abfindung (eigene Aktien / Aktien der Konzernspitze / Barabfindung) differenziert. Schließlich gilt es, die Auswirkungen der Verschmelzung auf einen festen und variablen Ausgleich zu untersuchen.

Sollte die Annahmefrist für das Abfindungsangebot aus dem Unternehmensvertrag bereits abgelaufen sein, stellt sich außerdem die Frage, ob das herrschende Unternehmen aufgrund der Verschmelzung den außenstehenden Aktionären erneut eine Abfindung anbieten muss.

Unter der Überschrift "Gesellschafterschutz durch Zustimmungs- und Mitwirkungsrechte" wird erörtert, ob die Verschmelzung des herrschenden Unternehmens eine Vertragsänderung i.S.d § 295 AktG ist, die unter dem Vorbehalt einer Beschlussfassung der Hauptversammlung der beherrschten Gesellschaft und/oder eines Sonderbeschlusses ihrer außenstehenden Aktionäre steht.

Weil sich der Vertrag sowohl bei aufnehmender als auch bei übertragender Verschmelzung des herrschenden Unternehmens fortsetzt, werden die soeben um-

---

steiner § 295 Rdn. 11; MünchHdbAG/*Krieger* § 70 Rdn. 187; *Pentz* FS Kropff, S. 225 ff; *Priester* ZIP 1992, 293, 301; *Röhricht* ZHR 162 (1998) 249; aA nur Großkomm AktG/ *Würdinger* § 291 Anm. 22.

[208] Zur Charakterisierung des Unternehmensvertrags als Dauerschuldverhältnis grundlegend *K. Schmidt* ZGR 1983, 513.

rissenen Fragenkomplexe für beide Varianten grundsätzlich einheitlich erörtert. Nur wenn es der Übersichtlichkeit der Darstellung dient, werden einzelne Probleme ausnahmsweise differenziert nach den Verschmelzungsvarianten erörtert.

2. Recht zur außerordentlichen Kündigung

In der Literatur wird häufig vertreten, dass die aus dem Gesetz folgende Fortgeltung des Unternehmensvertrags bei einer Verschmelzung des herrschenden Unternehmens nicht immer den Interessen der Beteiligten entspreche. Daraus wird dann abgeleitet, dass die beherrschte Gesellschaft den Vertrag unter gewissen Voraussetzungen unter Verweis auf die Verschmelzung des herrschenden Unternehmens aus wichtigem Grund kündigen kann.[209] Vereinzelt wird ein solches Kündigungsrecht sogar der herrschenden Gesellschaft selbst zugestanden. Diese These wird nachstehend auf den Prüfstand gestellt.

a. Tatbestandsvoraussetzungen der außerordentlichen Kündigung

Gemäß § 297 Abs. 1 Satz 2 AktG liegt ein wichtiger Grund für die Kündigung eines Unternehmensvertrags „namentlich vor, wenn der andere Vertragsteil voraussichtlich nicht in der Lage sein wird, seine aufgrund des Vertrags bestehenden Verpflichtungen zu erfüllen."

Diese gesetzliche Formulierung umschreibt die Gründe für eine außerordentliche Kündigung nicht abschließend, sondern liefert lediglich ein Beispiel.[210] Rechtsprechung und Literatur gehen daher einvernehmlich davon aus, dass die außerordentliche Kündigung eines Unternehmensvertrags immer dann möglich sein soll, "*wenn unter Abwägung aller Umstände dem kündigungswilligen Vertragsteil eine Fortsetzung des Vertragsverhältnisses nicht mehr zugemutet werden kann, namentlich, wenn infolge einer unvorhersehbaren*

---

[209] Vgl. LG Bonn GmbHR 1996, 774; *Grunewald* in: Lutter UmwG § 20 Rdn. 37; Köln Komm AktG/*Koppensteiner* § 297 Rdn. 36; MünchHdbAG/*Krieger* § 70 Rdn. 204; *Langenbucher* in: Schmidt/Lutter AktG § 297 Rdn. 9, *Marsch-Barner* in: Kallmeyer UmwG § 20 Rdn. 20; *Dötsch* FS Widmann, S. 265, 267; Schmitt/Hörtnagl/*Stratz* UmwG § 20 Rdn. 45; *Hohner* DB 1973, 1487, 1490; *Martens* AG 1986, 57, 62; *Müller* BB 2002, 157, 158; *Phillipi/Neveling* BB 2003, 1685; *Westermann* FS Schilling, S. 271, 284. *Geßler*/Hefermehl AktG § 298 Rdn. 48 scheint der Auffassung zu sein, dass die Verschmelzung eines Vertragsteils stets ein Recht zur außerordentlichen Kündigung begründe.

[210] Vgl. Begr RegE § 297 AktG bei *Kropff* S. 386. Das Fehlen deutlich konturierter Maßstäbe hat dazu geführt, dass die wissenschaftliche Erörterung zu einer kasuistischen Einzelfallbeurteilung übergegangen ist - zu Recht kritisch: *Laule* AG 1990, 145, 147.

nachteiligen Veränderung der wirtschaftlichen Verhältnisse seine wirtschaftliche Existenz bei Fortbestand des Vertrages bedroht wäre".[211]

Überträgt man dies auf die Verschmelzung des herrschenden Unternehmens, muss also prognostiziert werden, ob das herrschende Unternehmen auch nach der Verschmelzung seine Pflichten aus dem Unternehmensvertrag wird erfüllen können. Ferner ist zu fragen, ob durch die Verschmelzung für die Beteiligten eine Zumutbarkeitsschwelle überschritten wird. Fällt eine dieser Prognosen positiv aus, könnte der Vertrag aus wichtigem Grund gekündigt werden.

Im Zusammenhang mit einer Verschmelzung der Obergesellschaft sind denkbare Kündigungsgründe sowohl eine drohende Verschlechterung der finanziellen Lage der Obergesellschaft, als auch eine mögliche Änderung des Konzerninteresses, die zukünftig zu einer veränderten Ausübung der Art und Weise der Konzernleitung führen kann. Nachfolgend wird diskutiert, ob diese Umstände tatsächlich eine außerordentliche Kündigung rechtfertigen können.

b. Verschlechterung der Finanzlage des herrschenden Unternehmens

Die Regierungsbegründung zum AktG nennt als kündigungsrelevante Pflichten des herrschenden Unternehmens die Verlustausgleichspflicht gemäß § 302 AktG und die Pflicht zur Zahlung von Ausgleich und Abfindung.[212] Diese Pflichten kann das herrschende Unternehmen typischerweise dann nicht mehr erfüllen, wenn es von der Insolvenz bedroht ist. Wird das herrschende Unternehmen also mit einer hoch defizitären Gesellschaft verschmolzen, kann im Einzelfall die Gefahr drohen, dass es in absehbarerer Zukunft die finanziellen Pflichten aus dem Unternehmensvertrag nicht mehr erfüllen kann.[213] In derart

[211] BGHZ 122, 211 ("SSI"); *Ebenroth/Parche* BB 1989, 637, 641; *Emmerich/ Sonnenschein/ Habersack* Konzernrecht § 15 III 3c; *Geßler*/Hefermehl AktG § 297 Rdn. 30; KölnKomm AktG/*Koppensteiner* § 297 Rdn. 17; MünchHdbAG/*Krieger* § 70 Rdn. 196; *Laule* AG 1990, 145, 150ff; *Timm* GmbHR 1987, 8, 13.

[212] Vgl. Begr RegE § 297 AktG bei *Kropff* S. 386. Zu weiteren kündigungsrelevanten Pflichten vgl. MünchKomm AktG/*Altmeppen* § 297 Rdn. 22 ff; *Emmerich*/Habersack Aktien- und GmbH-Konzernrecht § 297 Rdn. 21 ff.

[213] Solche Konstellationen sind insbesondere beim sog. leveraged buy-out denkbar, wenn die Obergesellschaft mit einer hochgradig verschuldeten Akquisitionsgesellschaft („NewCo") verschmolzen wird, damit sich das Akquisitionsdarlehen und die haftenden Vermögenswerte einer Gesellschaft vereinen. Der eigentliche Primärschutz der außenstehenden Aktionäre einer börsennotierten Untergesellschaft erfolgt in diesen Fällen allerdings durch das Pflichtangebot nach § 35 Abs. 1 WpÜG, das die NewCo abgegeben muss, wenn sie durch den Erwerb des herrschenden Unternehmens mittelbar Kontrolle i.S.v. § 29 Abs. 1 WpÜG über die beherrschte Gesellschaft erwirbt und/oder durch ein erneutes Austrittsrecht analog § 305 AktG

gelagerten Fällen ist eine Kündigung aus wichtigem Grund das adäquate Mittel, um die Interessen der Beteiligten zu einem sachgerechten Ausgleich zu bringen. In einer solchen Konstellation darf die beherrschte Gesellschaft den Unternehmensvertrag auch präventiv, d.h. bereits vor Wirksamwerden der Verschmelzung, außerordentlich kündigen.[214]

c. Änderung des Konzerninteresses

Die Verschmelzung des herrschenden Unternehmens kann eine signifikante Änderung des Konzerninteresses und der Weisungspolitik mit sich bringen.[215] Eine solche Entwicklung ist insbesondere dann wahrscheinlich, wenn der Verschmelzungspartner des herrschenden Unternehmens gleichfalls in eine Unternehmensgruppe eingebunden ist. Bringt er z.B. eine Tochtergesellschaft in die neue Unternehmensgruppe ein, die mit der beherrschten Gesellschaft in direktem Wettbewerb steht, kann dies die künftige Entwicklung der beherrschten Gesellschaft u.U. massiv beeinträchtigen.

Laule ist daher der Auffassung, dass die Verschmelzung des herrschenden Unternehmens stets ein Kündigungsrecht der beherrschten Gesellschaft begründet.[216] Das Eindringen des Konzerns in den Tätigkeitsbereich der Untergesellschaft belaste ihre wirtschaftlichen und rechtlichen Interessen in einem solchen Ausmaß, dass ihr der Fortbestand des Vertrags nicht mehr zugemutet werden könne. *Laule* meint deshalb, für die Frage nach einem Kündigungsrecht sei entscheidend, „*was die abhängige Gesellschaft bei Abschluss des Beherrschungsvertrages vorgefunden hat, und welchen Nutzen die beherrschte Gesellschaft bei unvorhersehbaren Verschiebungen innerhalb der wirtschaftlichen Eingliederung einbüßt.*“[217] Diese Auffassung fußt offenkundig auf der Prämisse, dass die Anteilseigner und die Geschäftsleitung der Untergesellschaft beim Ab-

---

(dazu siehe unten, 3. Teil, § 2 B II. 3f)

[214] Außerdem können die außenstehenden Aktionäre in einem solchen Fall Sicherheitsleistung nach § 22 UmwG für ihre Ansprüche auf Abfindung und Ausgleich verlangen. Sollte sich in einem laufenden Spruchverfahren bereits abzeichnen, dass die angebotene Abfindung und der angebotene Ausgleich unangemessen niedrig sind, muss dies bei der Höhe der Sicherheitsleistung berücksichtigt werden.

[215] Diese Problematik stellt sich nur in Zusammenhang mit einem Beherrschungsvertrag. Bei einem isolierten Gewinnabführungsvertrag ist eine nachteilige Änderung der Rechtsposition der Untergesellschaft und ihrer außenstehenden Aktionäre durch einen Identitätswechsel des berechtigten Unternehmens nicht zu befürchten. Vgl. auch *Pentz* FS Kropff, S. 227, 235.

[216] *Laule* AG 1990, 145, 152.

[217] *Laule* AG 1990, 145, 153. Vgl. auch *Martens* AG 1986, 57, 62; *Westermann* FS Schilling, S. 271, 284.

schluss des Unternehmensvertrags darauf vertrauen dürfen, dass das herrschende Unternehmen während der gesamten Vertragslaufzeit sein Weisungsrecht lediglich in einer absehbaren, bestimmten Art und Weise ausüben wird.

Dagegen ist jedoch einzuwenden, dass die abhängige Gesellschaft grundsätzlich nicht davor geschützt ist, dass das herrschende Unternehmen seine Konzernpolitik ändert. Dies zeigt sich insbesondere an § 308 Abs. 2 Satz 2 AktG, wonach sich der Vorstand der beherrschten Gesellschaft einer Weisung nicht mit dem Argument widersetzen darf, dass die Weisung nach seiner Ansicht nicht den Belangen des herrschenden Unternehmens oder der mit ihm und der Gesellschaft konzernverbundenen Unternehmen dient. Die Definition des Konzerninteresses ist also allein dem herrschenden Unternehmen zugewiesen. Eine bestimmte Art und Weise der Ausübung der Leitungsmacht in der Vergangenheit begründet daher keinen "Vertrauensschutz" für die Zukunft. Eine Änderung der Konzernpolitik berechtigt die beherrschte Gesellschaft also nicht, den Unternehmensvertrag außerordentlichen zu kündigen.[218]

Auch das herrschende Unternehmen darf eine außerordentliche Kündigung nicht unter Verweis auf eine verschmelzungsbedingte Änderung seines Konzerninteresses erklären. Dies folgt bereits aus dem Grundsatz, dass eine Kündigung nicht auf vom Kündigenden selbst herbeigeführte oder zu vertretende Umstände gestützt werden kann.[219]

d. Zwischenergebnis zur außerordentlichen Kündigung

Eine Verschmelzung des herrschenden Unternehmens begründet für die beherrschte Gesellschaft nur dann ein Sonderkündigungsrecht, wenn zu befürchten ist, dass das herrschende Unternehmen aufgrund der Verschmelzung seine Pflichten zur Zahlung von Verlustausgleich, Abfindung und Ausgleich nicht mehr wird erfüllen können. In derartigen Fällen entsteht das Kündigungsrecht bereits vor Wirksamwerden der Verschmelzung.

---

[218] I.E. so auch *Gattineau* Der Beherrschungsvertrag in der Verschmelzung, S. 189; *Gutheil* Auswirkungen von Umwandlungen auf Unternehmensverträge, S 160 f. Eine Ausnahme von diesem Grundsatz kann allenfalls angenommen werden, wenn der Beherrschungsvertrag eine Beschränkung des Weisungsrechts festlegt. Zur Zulässigkeit derartiger Beschränkungen vgl. *Geßler*/Hefermehl AktG § 308 Rdn. 35; KölnKomm AktG/*Koppensteiner* § 308 Rdn. 58; MünchHdbAG/*Krieger* § 70 Rdn. 150.

[219] Das OLG Düsseldorf AG 1995, 137, 138 erklärte mit dieser Argumentation zu Recht die außerordentliche Kündigung eines Unternehmensvertrags durch die Obergesellschaft, die diese auf eine Veräußerung aller Anteile der Untergesellschaft stützen wollte, für unzulässig. Allgemein zu diesem Grundsatz bereits BGH NJW 1951, 836.

Weder die beherrschte Gesellschaft noch das herrschende Unternehmen können den Vertrag unter Berufung auf ein geändertes Konzerninteresse und eine hierdurch bedingte veränderte Ausübung der Konzernleitungsmacht kündigen.

3. Vermögensbezogener Gesellschafterschutz

a. Auswirkungen auf eine laufende Abfindungsverpflichtung in eigenen Aktien

Kann wegen eines laufenden Spruchverfahrens ein auf Aktien des herrschenden Unternehmens lautendes Abfindungsangebot zum Zeitpunkt des Wirksamwerdens der Verschmelzung noch angenommen werden, stellen sich eine Reihe komplexer Rechtsfragen. Bei der Erörterung dieser Thematik muss nun ausnahmsweise doch danach unterschieden werden, ob das herrschende Unternehmen aufnehmender oder übertragender Rechtsträger ist.

aa. Herrschendes Unternehmen als übernehmender Rechtsträger

Theoretisch kann die Verschmelzung des herrschenden Unternehmens mit einem Dritten die Abfindungsansprüche der außenstehenden Aktionäre mediatisieren. Denn die Anzahl der als Abfindung zu gewährenden Aktien bemisst sich an der Wertrelation der Gesellschaften zum Stichtag des § 305 Abs. 3 Satz 2 AktG. Wird das herrschende Unternehmen bei der Verschmelzung unterbewertet bzw. spiegelbildlich der Verschmelzungspartner überbewertet, so verwässert dies auch den Abfindungsanspruch aus § 305 AktG. Diese Verwässerungsgefahr ist aber eher theoretischer Natur. Denn die Aktionäre des herrschenden Unternehmens würden der Verschmelzung bei einer fehlerhaften Bewertung ihrer Gesellschaft in aller Regel erst gar nicht zustimmen, zumindest aber den Verschmelzungsbeschluss anfechten. Die Problematik soll daher hier nicht vertieft erörtert werden.[220]

---

[220] Würde versucht, die abfindungsberechtigten Außenseiter vorsätzlich zu schädigen, z. B. durch eine Verschmelzung mit einer 100%ige Schwestergesellschaft auf der Grundlage einer bewusst fehlerhaften Bewertung, so wäre ein solcher Rechtsmissbrauch im anhängigen aktienrechtlichen Spruchstellenverfahren zu berücksichtigen und zu korrigieren.

bb. Übertragende Verschmelzung des herrschenden Unternehmens auf eine andere Aktiengesellschaft[221]

Die herrschende Gesellschaft erlischt mit Wirksamwerden der übertragenden Verschmelzung liquidationslos. Da ihre Aktien gemäß § 72 Abs. 1 UmwG i.V.m. § 73 Abs. 1 und 2 AktG für kraftlos zu erklären sind, kann fortan ein auf Aktien des herrschenden Unternehmens lautendes Abfindungsangebot nicht mehr in seiner ursprünglichen Form erfüllt werden. Dies ist ein Fall objektiver (nachträglicher) Unmöglichkeit. Weil das herrschende Unternehmen die Verschmelzung und somit die Unmöglichkeit zu vertreten hat, könnte es zum Schadensersatz verpflichtet sein. Eine solche Schadensersatzpflicht würde gemäß § 20 Abs. 1 Nr. 1 UmwG auf die aufnehmende Gesellschaft übergehen. Weil Naturalrestitution nicht möglich ist, müsste die verschmolzene Gesellschaft dann die Anteile der außenstehenden Aktionäre gegen Barzahlung erwerben.

Eine derartige Schadensersatzpflicht widerspräche aber dem Regelungsanliegen des Umwandlungsrechts, bestehende Verpflichtungen möglichst inhaltsgleich auf den übertragenden Rechtsträger zu transformieren. Auch wäre sie kaum mit dem Leitbild des Vertragskonzernrechts vereinbar, dass die außenstehenden Aktionäre primär durch die Gewährung von Aktien des herrschenden Unternehmens zumindest mittelbar am Vermögen und den Geschäftschancen ihrer Gesellschaft beteiligen bleiben sollen. Überdies ordnet § 72 Abs. 2 UmwG für den Aktienumtausch bei der Verschmelzung von Aktiengesellschaft die entsprechende Anwendung von § 73 Abs. 3 AktG an. Hiernach sind anstelle von für kraftlos erklärten Aktien der übertragenden Aktiengesellschaft neue Aktien der übernehmenden Aktiengesellschaft auszugeben und dem Berechtigten auszuhändigen. Auch dies spricht dagegen, dass der ursprüngliche, auf Abfindung in Aktien gerichtete Anspruch infolge der Umwandlung nun in Gestalt einer in bar zu leistenden Schadensersatzpflicht weiter besteht. Vielmehr ist davon auszugehen, dass nunmehr die aufnehmende AG die außenstehenden Aktionäre in eigenen Aktien abfinden muss.[222]

Hieran scheint allerdings zunächst problematisch, dass die Wertrelation zwischen der Untergesellschaft und dem Verschmelzungspartner des herrschenden Unternehmens bislang unbekannt ist. Das Problem entschärft sich jedoch,

---

[221] Verschmilzt die Obergesellschaft nicht auf eine AG oder KGaA, so wandelt sich ein auf Aktien lautendes Abfindungsangebot in ein Barabfindungsangebot, vgl. oben, 3. Teil, § 2 A. 2. a.

[222] So auch *Gutheil* Auswirkungen von Umwandlungen auf Unternehmensverträge, S 161. Kritisch KölnKomm AktG/*Koppensteiner* § 305 Rdn. 131.

wenn man die bekannten (bzw. die in dem anhängigen Spruchverfahren zu ermittelnden) Unternehmenswerte betrachtet: Im laufenden konzernrechtlichen Spruchverfahren werden die Werte der beherrschten Gesellschaft und der übertragenden Obergesellschaft auf den Stichtag des § 305 Abs. 3 Satz 2 AktG ermittelt. Zudem wurde im Rahmen der Verschmelzung die Wertrelation zwischen den beiden verschmelzenden Gesellschaften ermittelt. Es existieren somit alle nötigen Variablen, um durch einen Dreisatz die Anzahl der als Abfindung (§ 305 AktG) geschuldeten Aktien der aufnehmenden Gesellschaft zu ermitteln:

Beispiel: 1) Der Unternehmensvertrag legt fest, dass drei Aktien der Untergesellschaft gegen eine Aktie der Obergesellschaft umgetauscht werden können. 2) In der Verschmelzung erhalten die Aktionäre des herrschenden Unternehmens für jeweils eine ihrer Aktien zwei Aktien der aufnehmenden Gesellschaft. Hieraus folgt 3), dass die aufnehmende Gesellschaft nunmehr den außenstehenden Aktionären für drei Aktien der Untergesellschaft zwei ihrer eigenen Aktien als Abfindung schuldet.

Doch auch bei korrekter Ermittlung der Verschmelzungswertrelation und richtiger rechnerischer Übertragung des Abfindungsanspruchs stellt sich die Frage, ob Änderungen des Unternehmenswerts des herrschenden Unternehmens zu berücksichtigen sind, die zwischen dem Stichtag des § 305 Abs. 3 Satz 2 AktG und dem Bewertungsstichtag für die Verschmelzung eintreten. Naturgemäß schlägt jede zwischenzeitlich eingetretene Wertänderung des herrschenden Unternehmens auf die Abfindung in Aktien der aufnehmenden Drittgesellschaft durch. Bei zwischenzeitlicher Wertminderung des herrschenden Unternehmens wirkt sich dies zu Lasten der außenstehenden Aktionäre aus.

Dies ist aber letztlich eine zwingende Konsequenz des Stichtagsprinzips. Anders als diejenigen außenstehenden Aktionäre, die das ursprüngliche Abfindungsangebot umgehend annehmen - ohne hierdurch etwaige Ergänzungsansprüche zu verlieren - verzichten die abwartenden Aktionäre darauf, auf zwischenzeitliche Wertverluste oder Einbrüche des Börsenkurses der Obergesellschaft durch Verkauf der erhaltenen Aktien unmittelbar reagieren zu können. Die abwartenden Außenseiter, die sich die Abfindungsoption offen gehalten haben, hätten daher auch ohne Durchführung der Verschmelzung nur Anteile der Obergesellschaft zum jeweils aktuellen Wert, also gegebenenfalls zum Wert am Ende des Spruchverfahrens, erhalten. Spiegelbildlich kommen ihnen aber auch zwischenzeitliche Wert- bzw. Kurssteigerungen der Obergesellschaft zu Gute.[223] Demnach folgt unmittelbar aus dem Stichtagsprinzip, dass die abwartenden außenstehenden Aktionäre während der Dauer eines Spruchverfahrens das Wert- bzw. Kursrisiko für die Aktien der Obergesellschaft tragen. Dies gilt auch dann, wenn das herrschende Unternehmen während des Spruchverfahrens mit einer anderen Gesellschaft verschmolzen wird. Der in der Verschmelzung angesetzte Wert des herrschenden Unternehmens braucht daher im Hinblick auf die laufende Abfindungsverpflichtung nicht korrigiert zu werden.

b. Auswirkungen auf einen festen Ausgleich

Der feste Ausgleich (§ 304 Abs. 2 Satz 1 AktG) spiegelt den Betrag wider, den der Aktionär als Dividende von seiner Gesellschaft hätte erwarten können, wenn der Unternehmensvertrag nicht abgeschlossen worden wäre. Maßgeblich für die Berechnung sind allein die zukünftigen Ertragsaussichten der Untergesellschaft; Stichtag für die Beurteilung der künftigen Ertragsaussichten ist entsprechend § 305 Abs. 3 Satz 2 AktG der Zeitpunkt des Zustimmungsbeschlusses der Hauptversammlung zum Unternehmensvertrag.[224] Weil allein auf diesen Stichtag abzustellen ist, besteht nach h.M. *grundsätzlich* kein Anspruch auf Anpassung eines festen Ausgleichs.[225] Es gibt keinen Grund, dieses Prinzip bei einer Verschmelzung der Obergesellschaft zu durchbrechen.

c. Auswirkungen auf einen variablen Ausgleich

aa. Problemstellung

Verhältnismäßig kompliziert sind die Auswirkungen einer Verschmelzung des herrschenden Unternehmens auf einen variablen Ausgleich.

---

[223] Widersprüchlich *Geng* Ausgleich und Abfindung, S. 147 f und S. 168, der bei Verschmelzungen herrschender Unternehmen eine Anpassung fordert, jedoch bei Spaltung eines herrschenden Unternehmens dem hier vertretenen Argumentationsansatz folgt.

[224] BGHZ 138, 136, ("Asea/BBC II"); OLG Frankfurt AG 2002 404: BayObLG AG 2002, 390, 391; OLG Düsseldorf AG 2000, 323; OLG Hamburg AG 2001, 479, 480; OLG Stuttgart AG 1994, 564; MünchKomm AktG/Bilda § 304 Rdn. 69, 88; KölnKomm AktG/*Koppensteiner* § 304 Rdn. 46 *Hüffer* AktG § 304 Rdn. 10; *Emmerich*/Habersack Aktien- und GmbH-Konzernrecht § 304 Rdn. 31; MünchHdbAG/*Krieger* § 70 Rdn. 91.

[225] OLG Frankfurt AG 1989, 442, 443; KölnKomm AktG/*Koppensteiner* § 304 Rdn. 46; *Geßler*/Hefermehl AktG § 304 Rdn. 75; MünchHdbAG/*Krieger* § 70 Rdn. 106. Ausnahmen von diesem Grundsatz ergeben sich nur bei Kapitalmaßnahmen der abhängigen Gesellschaft.

Ist das herrschende Unternehmen aufnehmender Rechtsträger, wird der variable Ausgleich verwässert, wenn zur Durchführung der Verschmelzung sein Grundkapital erhöht und der Wert der übertragenden Gesellschaft zu hoch bzw. spiegelbildlich der Wert des herrschenden Unternehmens zu niedrig angesetzt wird.[226] Setzt man den Wert des übertragenden Rechtsträgers z. B. 10% zu hoch an, werden 10% junge Aktien zuviel ausgegeben. Dies verwässert die Dividende in der Obergesellschaft und somit zwangsläufig auch den variablen Ausgleich.[227] Hier stellt sich im Wesentlichen nur die Frage, ob und auf welche Weise derartige Mediatisierungseffekte zu kompensieren sind.[228]

Die gerade skizzierte Verwässerungsgefahr besteht in gleicher Weise, wenn das herrschende Unternehmen übertragender Rechtsträger ist.[229] Darüber hinaus stellt sich bei übertragender Verschmelzung des herrschenden Unternehmens aber noch ein weiteres Problem. Hier ist nämlich außerdem fraglich, ob und gegebenenfalls wie die Verschmelzungswertrelation auf den variablen Ausgleich übertragen werden muss. Grundsätzlich ließe sich eine "Anpassung" rein rechnerisch bewerkstelligen.

Beispiele: Die Aktionäre des herrschenden Unternehmens erhalten in der Verschmelzung für eine ihrer alten Aktien zwei Aktien des aufnehmenden Rechtsträgers im gleichen Nennwert. Die außenstehenden Aktionäre erhielten bislang auf jede ihrer Aktien 40 % der Dividende, die auf eine Aktie (gleichen Nennwertes) des herrschenden Unternehmens entfiel. Die außenstehenden Aktionäre erhalten nach der Verschmelzung auf jede ihre Aktien 80% der Dividende, die in der verschmolzenen Gesellschaft auf jede Aktie (ebenfalls gleichen Nennwertes) entfällt. Müssen die Aktionäre des herrschenden Unternehmens im obigen Beispiel für eine Aktie der aufnehmenden Gesellschaft zwei Aktien ihrer Gesellschaft eintauschen, so

---

[226] Unzutreffend Heckschen/*Simon* Umwandlungsrecht § 12 Rdn. 12, wonach auch bei aufnehmender Verschmelzung durch das herrschende Unternehmen stets eine "Anpassung" des variablen Ausgleichs vorzunehmen sei: Der Ausgleich solle nur an den Teil der Dividende der verschmolzenen Gesellschaft anknüpfen, der auf das Vermögen des vormals herrschenden Unternehmens entfällt. Hierbei sei die Umtauschrelation der Verschmelzung zugrunde zu legen. Diese Auffassung verkennt, dass sich die Wertrelation der verschmelzenden Gesellschaften bereits in der erforderlichen Kapitalmaßnahme widerspiegelt, und ein (evtl.) größerer Jahresüberschuss nach der Verschmelzung schließlich auf eine größere Zahl von Aktien zu verteilen ist. Es geht daher es nicht an, die Ausgleichsansprüche nach der Verschmelzung quotal zu kürzen.

[227] Wird der Wert der übertragenen Gesellschaft zu niedrig angesetzt, hat dies indes keine nachteiligen Effekt auf den variablen Ausgleich.

[228] Dazu sogleich.

[229] Wird der Wert der Obergesellschaft zu niedrig angesetzt, entwertet dies den variablen Ausgleich. Anders verhält es sich hingegen, wenn der Wert der Obergesellschaft zu hoch angesetzt wird. Zwar gibt es dann zu viele junge Aktien, dies verwässert aber nicht den variablen Ausgleich, weil die außenstehenden Aktionäre hier mittelbar an der unzutreffenden Feststellung der Verschmelzungswertrelation partizipieren.

bekommen die außenstehenden Aktionäre nunmehr auf jede ihrer Aktien 20% der Dividende, die auf eine Aktie der verschmolzenen Gesellschaft entfällt.

Teilweise wird angenommen, dass ein variabler Ausgleich anhand der oben dargestellten Methode stets (analog § 216 Abs. 3 AktG) anzupassen sei.[230] Andere Stimmen verneinen eine Anpassungspflicht und verweisen auf die Vertragskündigung aus wichtigem Grund.[231] Eine dritte Auffassung will die aufnehmende Gesellschaft verpflichten, nun den festen Ausgleich anzubieten; eine Anpassung mittels der Kombination der Umtauschverhältnisse sei nicht möglich. Die soeben umrissene Problematik wird nachstehend näher analysiert.

bb. Erforderlichkeit einer Anpassung

Es wurde bereits dargelegt, dass eine Verschmelzung des herrschenden Unternehmens kein Grund für eine außerordentliche Kündigung des Unternehmensvertrags ist.[232] Schon deshalb ist die Auffassung, die eine Anpassungspflicht mit dem Hinweis auf die Möglichkeit der Kündigung aus wichtigem Grund verneint, abzulehnen.[233] Zu Recht wird ferner darauf aufmerksam gemacht, dass nicht einzusehen sei, warum bestimmte Änderungen ausgleichsrelevanter Umstände, wie z.B. Kapitalmaßnahmen, nach allgemeiner Auffassung stets zur Anpassung führen sollen, andere Änderungen aber nur zur Kündigung aus wichtigen Grund.[234]

Zugunsten der außenstehenden Aktionäre ist also davon auszugehen, dass die Angemessenheit des geschuldeten Ausgleichs für die gesamte Dauer des Vertrags gesichert sein muss. Es ist aber fraglich, ob dieses Ziel durch eine Anpassung des variablen Ausgleichs erreicht werden kann, oder ob, wie *Gutheil* fordert, zwingend ein Wechsel in den festen Ausgleich erfolgen muss.

---

[230] MünchKomm AktG/*Bilda* § 304 Rdn 148; *Gattineau* Der Beherrschungsvertrag in der Verschmelzung, S. 195; Emmerich/*Habersack* Aktien- und GmbH-Konzernrecht § 297 Rdn. 43; *Stephan* in: Schmidt/Lutter AktG § 304 Rdn 134.

[231] *Exner* Beherrschungsvertrag und Vertragsfreiheit, S. 203 f; *Marsch-Barner* in: Kallmeyer UmwG § 20 Rdn. 20; Großkomm AktG/*Würdinger* § 305 Anm. 24; differenzierend zwischen übertragender Verschmelzung (Anpassung) und aufnehmender Verschmelzung („eher" keine Anpassung aber Kündigung) MünchHdbAG/*Krieger* § 76 Rdn. 203 f.

[232] S. oben, 3. Teil, § 2 B II. 2.

[233] Da eine Anpassung grundsätzlich möglich ist, kann umgekehrt auch eine außerordentliche Kündigung gerade nicht unter Verweis auf Komplikationen hinsichtlich des variablen Ausgleichs begründet werden.

[234] MünchKomm AktG/*Bilda* § 304 Rdn 148. Die Anpassungspflicht bei Kapitalerhöhungen in der Obergesellschaft steht praktisch außer Streit.

cc. Wechsel in den festen Ausgleich?

Gutheil meint, die Anpassung eines variablen Ausgleichs würde eine "temporäre" Beeinflussung der Dividendenzahlung durch die Ertragsentwicklung der Obergesellschaft dauerhaft zementieren, da das für die Verschmelzung zugrunde gelegte Umtauschverhältnis langfristig die Höhe des geschuldeten Ausgleichs beeinflusse.[235]

Diese Argumentation verkennt, dass die Ertragsentwicklung der Obergesellschaft nicht nur die Dividendenerwartung betrifft, sondern auch die Verschmelzungswertrelation prägt. Bei zutreffender Bewertung der verschmelzenden Gesellschaften – und hier liegt der Kern des Problems – werden die außenstehenden Aktionäre durch eine rechnerische Anpassung des variablen Ausgleichs weder benachteiligt noch besser gestellt. Andernfalls müsste nämlich auch bei einer aufnehmenden Verschmelzung durch die Obergesellschaft in den festen Ausgleich gewechselt werden. In dieser Konstellation ergibt sich eine gleichgelagerte Problematik, weil zwischenzeitliche Wertänderungen der Obergesellschaft naturgemäß auch Einfluss auf die Höhe der erforderlichen Kapitalerhöhung haben, die sich ebenfalls auf die Entwicklung des variablen Ausgleichs niederschlägt. Gleichwohl erhebt *Gutheil* den Einwand der "Zementierung" für diese Fallgruppe nicht, sondern spricht sich bei aufnehmender Verschmelzung durch das herrschende Unternehmen für eine Fortgeltung der variablen Ausgleichsregelung aus.[236]

Ein Wechsel in den festen Ausgleich ist daher auch bei übertragender Verschmelzung der Obergesellschaft nicht zwingend erforderlich. Gleichwohl dürfte in beiden Verschmelzungskonstellationen ein Wechsel in den festen Ausgleich zumindest zulässig sein. Denn die für eine zutreffende Anpassung des variablen Ausgleichs maßgebliche Verschmelzungswertrelation zwischen der vormals herrschenden Gesellschaft und der dritten Gesellschaft wird in der Regel erst in einem langwierigen Spruchverfahren ermittelt. Dies bedeutet, dass die außenstehenden Aktionäre u.U. über mehrere Jahre zu niedrige Ausgleichszahlungen empfangen und erst nach dem umwandlungsrechtlichen Spruchverfahren Ergänzungsleistungen beanspruchen können. Will das herrschende Unternehmen sich selbst und den außenstehenden Aktionären diese Situation nicht zumuten, darf es nunmehr in den festen Ausgleich wechseln.

---

235 *Gutheil* aaO, S. 169.
236 Vgl. Gutheil aaO, S. 264 f.

d. Prozessuale Geltendmachung der Anpassungen

Werden die Abfindungsverpflichtung oder der Ausgleich nicht oder nur unzutreffend angepasst, müssen die außenstehenden Aktionäre die Anpassung klageweise geltend machen können. Nachfolgend wird erörtert, wie dies zu geschehen hat. Es wird dabei danach unterschieden, ob noch ein konzernrechtliches Spruchverfahren zur Überprüfung von Ausgleich und Abfindung anhängig oder bereits beendet ist.

aa. Konzernrechtliches Spruchverfahren anhängig

Ist zur Ermittlung des angemessenen Ausgleichs und der angemessenen Abfindung noch ein Spruchverfahren nach § 306 AktG aF / § 1 Nr. 1 SpruchG anhängig, könnten die durch die Verschmelzung veränderten Umstände in diesem Verfahren berücksichtigt werden. Alternativ ist denkbar, die außenstehenden Aktionäre für die Anpassung auf zivilprozessuale Leistungs- oder Feststellungsklagen zu verweisen.

Für eine Berücksichtigung der Verschmelzung im laufenden Spruchverfahren spricht, dass das Spruchverfahren aufgrund der besonderen Kostenregelung des § 15 SpruchG für die außenstehenden Aktionäre im Vergleich zu einer "normalen" zivilprozessualen Leistungs- oder Feststellungsklage die vorteilhaftere Variante ist.[237] Zudem entfaltet das Spruchverfahren gemäß § 13 SpruchG Rechtskraft für und gegen jedermann.[238]

Gegen eine Berücksichtigung der Verschmelzung der Obergesellschaft im laufenden aktienrechtlichen Spruchverfahren wird aber eingewendet, dass das Spruchverfahren nur die der Unternehmensbewertung zugrunde liegenden Annahmen überprüfen solle, um so die Angemessenheit der Entschädigung zu klären. Maßgeblich hierfür sei gemäß § 305 Abs. 3 Satz 2 AktG ausschließlich der Zeitpunkt der Hauptversammlung der beherrschten Gesellschaft, später eintretende Ereignisse und Entwicklungen, beispielsweise die Verschmelzung einer Partei, dürften daher im Spruchverfahren nicht berücksichtigt werden. Bei einer Beeinträchtigung der Entschädigungsansprüche durch ein später ein-

[237] Zur Kostenregelung vor Inkrafttreten des SpruchG vgl. § 306 Abs. 7 AktG aF.
[238] Die inter-omnes-Wirkung ergab sich früher aus § 306 Abs. 2 aF i.V.m. § 99 Abs. 5 Satz 2 AktG.

tretendes Ereignis sei deshalb die Leistungs- oder die Feststellungsklage der einzig statthafte Rechtsbehelf.[239]

Diese Auffassung überzeichnet jedoch das Stichtagsprinzip[240] und verkennt den Verfahrensgrundsatz der Prozessökonomie sowie den im Spruchverfahren (wenn auch mittlerweile nur noch eingeschränkt) geltenden Amtsermittlungsgrundsatz nach § 12 FGG. Es ist nicht Zweck des Stichtagsprinzips, nachträglich zu Lasten der außenstehenden Aktionäre eintretende Veränderungen des Umtauschverhältnisses zu legitimieren.[241] Die Gewährung effektiven Rechtsschutzes würde unnötig verzögert, wenn im anhängigen Spruchverfahren die Verschmelzung ausgeblendet, dort also nur die Wertrelation zwischen beherrschter Gesellschaft und unverschmolzenen herrschenden Unternehmen ermittelt würde, und die Aktionäre anschließend eine Leistungs- oder Feststellungsklage zur Anpassung der Abfindung erheben müssten.

Zweckmäßigerweise ist daher im anhängigen konzernrechtlichen Spruchverfahren zunächst weiterhin die Wertrelation zwischen Ober- und Untergesellschaft zu überprüfen. Hierzu kann gegebenenfalls ein Teilurteil ergehen. In einem zweiten Schritt muss das Gericht dann die Verschmelzung der Obergesellschaft würdigen, und gegebenenfalls Ausgleich und Abfindung den veränderten Umständen anpassen. Im Einzelfall mag es sogar sinnvoll sein, das Verfahren so lange auszusetzen, bis in einem umwandlungsrechtlichen Spruchverfahren über die Angemessenheit des Umtauschverhältnisses bei der Verschmelzung des herrschenden Unternehmens entschieden ist.

Auch das vom Gesetzgeber mit dem SpruchG verfolgte Regelungsziel der Verfahrensbeschleunigung spricht für die Berücksichtigung einer nach-

---

[239] So für die Anpassung bei einer Kapitalerhöhung OLG Frankfurt ZIP 1990, 588; dies billigend BVerfG ZIP 1999, 1804, 1807 ("Hartmann & Braun") zustimmend *Vetter* ZIP 2000, 561, 567; vgl. auch KölnKomm AktG/*Koppensteiner* § 304 Rdn. 93; *ders.* ZHR 139 (1975) 191, 207; *Schwenn* Ausgleich- und Abfindung bei Eintritt neuer Umstände, S. 123; *Beckmann/Simon* ZIP 2001, 1906, 1909 f; aA, d.h. für die Berücksichtigung veränderter Umstände in einem anhängigen Spruchverfahren BGHZ 119, 1, 11 ("Asea/BBC I"); OLG Karlsruhe ZIP 1991, 101, 104 ("Asea/BBC I"); OLG Zweibrücken WM 1995, 980, 982; LG Nürnberg-Fürth AG 2000, 89; MünchKomm AktG/*Bilda* § 304 Rdn. 158; *Exner* Beherrschungsvertrag und Vertragsfreiheit, S. 229; *Gattineau* Der Beherrschungsvertrag in der Verschmelzung, S. 195; *Hüchting* Abfindung und Ausgleich, S. 139.

[240] Gegen ein sklavisches Festhalten am Stichtagsprinzip auch *Emmerich*/Habersack Aktien- und GmbH-Konzernrecht § 305 Rdn. 59.

[241] KölnKomm AktG/*Koppensteiner* § 304 Rdn. 90.

folgenden Verschmelzung in einem anhängigen konzernrechtlichen Spruchverfahren. Berücksichtigt man die Verschmelzung, verzögert dies zwar das Spruchverfahren, gleichwohl kommen die außenstehenden Aktionäre im Ergebnis so schneller zu ihrem Recht, als wenn sie nach Abschluss des Spruchverfahrens noch eine weitere Leistungs- oder Feststellungsklage erheben müssen.

bb. Konzernrechtliches Spruchverfahren beendet

Ist das konzernrechtliche Spruchverfahren bereits rechtskräftig abgeschlossen, so ist fraglich, ob auch für eine erforderliche Anpassung wiederum das Spruchverfahren eröffnet ist. Das Bundesverfassungsgericht verneint diese Frage, und vertrat in der sog. "Hartmann & Braun"-Entscheidung die Auffassung, dass für auf Anpassung eines variablen Ausgleichs gerichtete Klagen kein grundgesetzlich geschützter Anspruch auf die erneute Eröffnung des aktionärsfreundlichen Spruchverfahrens bestehe. Den Außenseitern sei die Durchsetzung ihrer Rechtsansprüche durch allgemeine Leistungsklage oder Feststellungsklage möglich und zumutbar.[242]

Auch wenn das Bundesverfassungsgericht es in einem Einzelfall gebilligt hat, die außenstehenden Aktionäre auf den ordentlichen Zivilprozess zu verweisen, so sprechen dennoch gute Gründe dafür, den grundgesetzlich gewährleisteten Eigentumsschutz auch prozessual möglichst effektiv auszugestalten. Denn da die Anpassung darauf gerichtet ist, die fortdauernde Angemessenheit der Entschädigung für die anhaltenden Folgen des Eingriffs der herrschenden Gesellschaft in die verfassungsrechtlich geschützten Eigentumsrechte zu schützen, scheint es bei wertender Betrachtung nicht gerechtfertigt, den außenstehenden Aktionären den Zugang zum Spruchverfahren zu verwehren.[243]

---

[242] BVerfG ZIP 1999, 1804, 1807 ("Hartmann & Braun"). Zustimmend *Vetter* ZIP 2000, 561, 568. Vgl. auch OLG Düsseldorf ZIP 1990, 1333, 1334 und KölnKomm AktG/*Koppensteiner* § 304 Rdn. 93.

[243] MünchKomm AktG/*Bilda* § 304 Rdn. 158; *Emmerich*/Habersack Aktien- und GmbH-Konzernrecht § 304 Rdn. 69; *Stephan* in: Schmidt/Lutter AktG § 304 Rdn 142; vgl. auch BayOblG DB 2002, 2525 ("PKV/Philips AG" – neues Spruchverfahren zumindest in Fällen, in denen die außenstehenden Aktionäre einen Sonderbeschluss nach § 295 Abs. 2 AktG fassen müssen); BayOblG NZG 1998, 1001 ("Magna Media"); OLG Frankfurt a.M. DB 2004, 2463 2464; *Exner* Beherrschungsvertrag und Vertragfreiheit, S. 149; *Kort* NZG 2004, 313, 315; *Lutter/Leinekugel* ZIP 1999, 261, 264, 265 f; *J.Schmidt* Recht der außenstehenden Aktionäre, S. 120; *Schwenn* Ausgleich und Abfindung bei Eintritt neuer Umstände, S. 211 f; KölnKomm SpruchG/*Wasmann* § 1 Rdn. 3.

Eine neuerliche Eröffnung des Spruchverfahrens ist auch mit § 1 SpruchG vereinbar. Danach ist das SpruchG u.a. anzuwenden auf das gerichtliche Verfahren für die "Bestimmung" des Ausgleichs. Um die "Bestimmung" des Ausgleichs geht es aber auch bei einem auf Anpassung gerichteten Verfahren; die Beschränkung auf eine erstmalige Bestimmung ist dem Wortlaut nicht zu entnehmen.

Auch § 16 SpruchG, der eine eigenständige Zuständigkeitsregelung für Leistungsklagen auf Zahlung von Ausgleich und Abfindung trifft, spricht nicht gegen eine erneute Eröffnung des aktionärsfreundlichen Spruchverfahrens. Denn ausweislich der Begründung des RegE soll die Vorschrift lediglich eine einheitliche Zuständigkeit für die Fälle festlegen, in denen das herrschende Unternehmen die festgestellten Beträge nicht freiwillig leistet. Aus § 16 SpruchG lässt sich daher nicht ableiten, dass während der Laufzeit eines Unternehmensvertrags erforderlich werdende Anpassungen ausschließlich durch die Leistungsklage geltend gemacht werden können.

e. Informationspflichten im Zusammenhang mit der Anpassung des Ausgleichs

Gemäß § 293a AktG müssen die Vorstände der an einem Unternehmensvertrag beteiligten Gesellschaften, soweit die Zustimmung der Hauptversammlung nach § 293 AktG erforderlich ist, einen ausführlichen schriftlichen Bericht erstatten, in dem der Abschluss des Unternehmensvertrags, der Vertrag im einzelnen und insbesondere Art und Höhe des Ausgleichs nach § 304 AktG und der Abfindung nach § 305 AktG rechtlich und wirtschaftlich erläutert und begründet werden. Dem Bericht folgt das zweite wesentliche Schutzinstrument, nämlich die Prüfung des Unternehmensvertrags durch unabhängige Vertragsprüfer (§§ 293 b bis e AktG).

Es stellt sich daher die Frage, ob die Anpassung des Ausgleichs im Zusammenhang mit einer Verschmelzung der Obergesellschaft eine neue Berichtspflicht und eventuell sogar eine neue Prüfpflicht auslöst. Vor dem Hintergrund des Normzwecks ist diese Frage zu verneinen. Die Berichtspflicht entsteht nämlich nur, wenn und soweit die Hauptversammlung einem Unternehmensvertrag iSd § 291 AktG oder der Änderung eines solchen Unternehmensvertrags nach § 295 Abs. 2 AktG zustimmen muss. Der Bericht soll die Aktionäre in die Lage versetzten, eine Plausibilitätskontrolle vorzunehmen, um eine geeignete Entscheidungsgrundlage für ihr Abstimmungsverhalten in die Hand zu bekommen.[244] In der hier untersuchten Variante ist die Hauptversammlung der abhängigen Gesellschaft jedoch nicht zustimmungspflichtig. Dementsprechend erübrigt sich auch eine Berichterstattung nach § 293a AktG. Ausreichend - aber auch erforderlich - dürfte es vielmehr sein, die außenstehenden Aktionäre über die Anpassung zu unterrichten. Um ihnen in einem etwaigen Spruchverfahren einen substantiierten Sachvortrag zu ermöglichen, wird man ihnen außerdem einen Anspruch auf Erteilung einer Abschrift des von der Obergesellschaft zu erstellenden Verschmelzungsberichts (§ 8 UmwG) gewähren müssen.

e. Pflicht zur Abgabe eines neuen Abfindungsangebotes

aa. Problemstellung

Ob eine Verschmelzung des herrschenden Unternehmens eine neuerliche Pflicht zur Abgabe eines Abfindungsangebots an die außenstehenden Aktionäre auslöst, wird äußerst kontrovers diskutiert.[245] Die Frage ist auch für den Fall des rechtsgeschäftlichen Vertragsbeitritts eines weiteren herrschenden Unternehmens umstritten. Hierzu hat der Bundesgerichtshof bereits entschieden, dass die Abgabe eines erneuten Angebots zumindest dann entbehrlich ist, wenn es sich um ein Barabfindungsangebot handelt, dessen Annahmefrist noch läuft. In diesem Fall bestehe kein Schutzbedürfnis für die außenstehenden Aktionäre, da sie lediglich einen weiteren Schuldner an die Hand bekämen.[246] Diese überzeugende Rechtsprechung kann im Ergebnis auch auf die Verschmelzung übertragen werden, denn ein offener Abfindungsanspruch lässt sich, wie aufgezeigt, trotz der Verschmelzung weiterhin (wenn auch u.U. modifiziert) in voller Höhe realisieren. Dies gilt sowohl für ein laufendes Angebot auf eine Barabfindung

---

[244] Vgl. RegBegr BT Drucks. 12/6699 S. 178: Der Bericht soll als Grundlage für die Unterrichtung der Aktionäre dienen und „(...) insbesondere die außenstehenden Aktionäre über ihre Rechte informieren.“; s. ferner MünchKomm AktG/*Altmeppen* § 293a Rdnr. 37 mwN auch zur Parallelvorschrift des § 8 UmwG.

[245] Für ein erneutes Abfindungsangebot Bayer ZGR 1993, 599, 607; MünchKomm AktG/Bilda § 305 Rdn. 22; *Emmerich*/Habersack Aktien- und GmbH-Konzernrecht § 297 Rdn. 43 und § 305 Rdn. 35; GroßKomm AktG/*Hasselbach/Hirte* § 305 Rdn. 10; *Kort* ZGR 1999, 402, 424; MünchHdbAG/*Krieger* § 70 Rdn 203; *Priester* ZIP 1992, 293, 298; *Raiser/Veil* Recht der Kapitalgesellschaften § 54 Rdn. 104; *Röhricht* ZHR 162 (1998), 249; 254. Dagegen: *Gutheil* Auswirkungen von Umwandlungen auf Unternehmensverträge, S. 170 ff; *Krieger* ZGR 1990, 517, 542; *Marsch-Barner* in: Kallmeyer UmwG § 20 Rdn. 20; *Martens* AG 1986, 57, 62; *Westermann* FS Schilling, S. 271, 283. Differenzierend *Geng* Ausgleich und Abfindung, S. 135 ff, 148: Erneute Abfindung nur, wenn das herrschende Unternehmen mit einer ihrerseits beherrschten Gesellschaft verschmolzen wird.

[246] Ganz h.M. BGHZ 138, 136 (“Asea/BBC II“); *Röhricht* aaO; aA OLG Karlsruhe AG 1997, 270, 271 f; *Hommelhoff* FS Claussen, S. 129.

als auch bei einem laufenden Angebot auf Aktien. Sofern die außenstehenden Aktionäre wegen eines anhängigen Spruchverfahrens das ursprüngliche Angebot noch annehmen können, besteht also kein Bedürfnis für eine neue Abfindungsverpflichtung.

Die Frage, ob die Verschmelzung des herrschenden Unternehmens eine erneute Abfindungsverpflichtung auslöst, stellt sich somit nur, wenn das ursprüngliche Abfindungsangebot aus dem Unternehmensvertrag zum Zeitpunkt der Verschmelzung nicht mehr angenommen werden kann. Ob die Verschmelzung des herrschenden Unternehmens in derartigen Fällen eine erneute Abfindungsverpflichtung begründet, lässt sich nicht unmittelbar dem Gesetz entnehmen. Der Sachverhalt kann nicht direkt unter § 305 AktG subsumiert werden. Die Vorschrift bestimmt nämlich lediglich, dass ein Abfindungsangebot Bestandteil des Unternehmensvertrags sein muss. Sie bezieht sich also nur auf den ursprünglichen, rechtsgeschäftlichen Vertragsschluss. Diskussionswürdig ist aber eine analoge Anwendung des § 305 AktG.

bb. § 305 AktG als analogiefähige Norm

Vereinzelt wird vertreten, § 305 AktG sei nicht analogiefähig. Die Vorschrift stelle lediglich Anforderungen an den Inhalt eines Beherrschungsvertrags, begründe aber keinen Anspruch. Der Abfindungsanspruch sei vielmehr vertraglicher Natur und entspringe dem Vertrag selbst. Da § 305 AktG keine selbständige Anspruchsgrundlage bilde, sei es methodisch ausgeschlossen, die Norm in analoger Anwendung zu einer gesetzlichen Anspruchsgrundlage umzugestalten. Eine Verpflichtung zur Abgabe eines neuerlichen Abfindungsangebots könne daher allenfalls aus einer ergänzenden Auslegung des ursprünglichen Unternehmensvertrags folgen.[247]

Dem ist entgegenzuhalten, dass der Bundesgerichtshof im "Guano"-Beschluss überzeugend ausgeführt hat, dass der Abfindungsanspruch gesetzlicher Natur ist. Dies ergibt sich daraus, dass im Spruchverfahren selbst dann eine Abfindung zu bestimmen ist, wenn der Unternehmensvertrag keinen ent-

[247] *Mülbert* Aktiengesellschaft, Unternehmensgruppe und Kapitalmarkt, S. 495, 510. Hinsichtlich der Rechtsnatur des Anspruchs unklar MünchKomm AktG/*Bilda* § 305 Rdn. 5, der aber gleichfalls einen erneuten Abfindungsanspruch aus einer ergänzenden Vertragsauslegung herleiten will - aaO, Rdn. 22. Wieder anders *Kort* ZGR 1999, 402, 424, der für den hier diskutierten Fall ein allgemeines Austrittsrecht aus wichtigem Grund annimmt.

sprechenden Anspruch gewährt.[248] Da § 305 AktG eine gesetzliche Anspruchsgrundlage ist, ist er auch eine analogiefähige Vorschrift.

cc. Planwidrige Regelungslücke

Ein Analogieschluss würde scheitern, wenn keine planwidrige Unvollständigkeit des Gesetzes vorliegt, weil bereits allgemeine Normen bzw. dem Gesetz zugrunde liegende Wertungen und Prinzipien die mit einer Verschmelzung der Obergesellschaft verbundenen Probleme des Minderheitenschutzes im Vertragskonzern abschließend regeln. Teilweise wird hier eine Regelungslücke mit der Behauptung verneint, dass die Vermögensinteressen der außenstehenden Aktionäre seien hinreichend gesichert sind, weil die beherrschte Gesellschaft aufgrund der Verschmelzung den Unternehmensvertrag außerordentlich kündigen könne.[249]

Diese Argumentation kann nicht überzeugen. Denn die Verschmelzung des herrschenden Unternehmens begründet - wie oben gezeigt[250] - in aller Regel gerade kein Recht zur außerordentlichen Kündigung eines Unternehmensvertrags. Mit dem Hinweis auf die Möglichkeit einer außerordentlichen Kündigung lässt sich eine Regelungslücke demnach nicht verneinen.

Eine Regelungslücke könnte aber verneint werden, da eine Verschmelzung des herrschenden Unternehmens die Ausgleichsansprüche der außenstehenden Aktionäre materiell nicht beeinträchtigt, weil fortan die verschmolzene Obergesellschaft die Leistung eines angemessenen Ausgleichs schuldet. Eine solche Argumentation würde aber übersehen, dass der Ausgleich in erster Linie für den Verlust und die Gefährdung von Gewinnbezugsrechten entschädigt. Der hier zu untersuchende Analogieschluss bezieht sich aber auf die Art der Konzernleitung und auf eine evtl. drohende Entwertung der Anteile nach Vertragsbeendigung. Daher besteht trotz fortdauernder Pflicht zur Leistung eines angemessenen Ausgleichs eine planwidrige Regelungslücke im Gesetz.

---

[248] BGHZ 135, 374, 380 ("Guanao").
[249] Vgl. MünchHdbAG/*Krieger* § 70 Rdn. 203 f., der differenzieren möchte, ob das herrschende Unternehmen übertragender oder aufnehmender Rechtsträger ist. Im ersten Fall soll eine erneute Abfindungsverpflichtung geboten sein, im zweiten "eher" nicht.
[250] Vgl. oben, 3. Teil, § 2 B. II. 2.

dd. Vergleichbare Interessenlage

Ein Analogieschluss setzt voraus, dass der in § 305 AktG geregelte Tatbestand des erstmaligen Abschlusses eines Unternehmensvertrags und der gesetzlich nicht geregelte Tatbestand der Verschmelzung des vertraglich herrschenden Unternehmens vergleichbar sind.

Anknüpfungspunkt für den Analogieschluss ist das Weisungsrecht des herrschenden Unternehmens und die korrespondierende Verpflichtung der abhängigen Gesellschaft auf das Konzerninteresse. Die Abfindung entschädigt dafür, dass der Unternehmensvertrag es dem herrschenden Unternehmen gestattet, die beherrschte Gesellschaft im Konzerninteresse zu führen und dadurch u.U. die Anteile der außenstehenden Aktionäre weitgehend zu entwerten. Da mit einer Verschmelzung des herrschenden Unternehmens eine einschneidende Änderung des Konzerninteresses einhergehen kann und das Weisungsrecht zukünftig möglicherweise grundlegend anders als bislang ausgeübt werden wird, ist für die außenstehenden Aktionäre eine Verschmelzung des herrschenden Unternehmens in ihren Auswirkungen mit dem erstmaligen Vertragsschluss vergleichbar.[251]

Dass eine Änderung der Konzernpolitik die *Untergesellschaft* nicht zur außerordentlichen Vertragskündigung berechtigt,[252] präjudiziert noch nicht, dass eine Änderung der Konzernpolitik auch für die *außenstehenden Aktionäre* ohne Auswirkungen bleiben muss. Denn die Untergesellschaft als juristische Person und die außenstehende Aktionäre sind verschiedene Vertragsparteien des Unternehmensvertrags, der hinsichtlich der Entschädigungsregelungen zutreffend als Vertrag zugunsten Dritter eingeordnet wird.[253] Dass die Verschmelzung der abhängigen Gesellschaft keine Ausstiegsmöglichkeit eröffnet, heißt also nicht, dass dies zwangsläufig auch für die außenstehenden Aktionäre gelten muss. Zutreffend scheint vielmehr das Gegenteil: Gerade weil sich die neue Konzernspitze die beherrschte Gesellschaft in ihrem Sinne dienstbar machen darf, ist den außenstehenden Aktionären erneut die Möglichkeit zu eröffnen, gegen angemessene Abfindung aus der Untergesellschaft auszuscheiden. Denn mit der Verschmelzung können sich

[251] Anders verhält es sich freilich bei einem isolierten Gewinnabführungsvertrag. Hier ist kein Grund ersichtlich, den außenstehenden Aktionären erneut die Möglichkeit des Ausscheidens zu eröffnen.

[252] S. oben, 3. Teil, § 2 B. II 2 c.

[253] BGHZ 135, 374, 380 ("Guano"); OLG Düsseldorf AG 1990, 490; OLG Düsseldorf AG 1992, 200, 201; OLG Düsseldorf AG 1998, 39; *Geßler*/Hefermehl AktG § 304 Rdn. 39ff.

grundlegende Faktoren, aufgrund derer sich ein Aktionär für den Verbleib in der Gesellschaft entschieden hat, maßgeblich verändern. Die Entscheidung eines außenstehenden Aktionärs zum Verbleib in einer beherrschten Gesellschaft beruhte wesentlich – das darf unterstellt werden – auf einer Einschätzung der Dauerhaftigkeit sowie der Art und Weise der hingenommenen Konzernherrschaft. Die mit der Verschmelzung des herrschenden Unternehmens verbundenen zusätzlichen, jedenfalls aber anders gearteten Risiken hätten, wären sie dem Aktionär schon bei Abschluss des Unternehmensvertrags bekannt gewesen, möglicherweise dazu geführt, dass er die ihm vom Gesetzgeber eingeräumte Exit-Option wahrgenommen hätte.[254]

Gegen diese Argumentation wird vorgebracht, dass auch aus der Perspektive der Minderheitsaktionäre das Vertrauen in einen bestimmten Verlauf der Konzernherrschaft nicht geschützt sei. So müsse der Aktionär beispielsweise stets mit einem Wechsel in der personellen Besetzung der Organe der Obergesellschaft oder einer Änderung ihrer Geschäftspolitik rechnen. Ein neuerliches Abfindungsangebot könne daher nichts kompensieren, worauf der Aktionär nicht bereits endgültig verzichtet habe.[255]

Dies verkennt aber, dass derartige Änderungen qualitativ nicht mit dem Zwang zu vergleichen sind, trotz des durch die Verschmelzung bewirkten Umbruchs der Herrschaftsverhältnisse Aktionär der Gesellschaft zu bleiben. Die dem außenstehenden Aktionär eingeräumte Option für Verbleib oder Ausscheiden aus der Gesellschaft knüpft an den Abschluss eines *konkreten* Unternehmensvertrags mit einem bestimmten, in dem Vertrag *konkret* bezeichneten Unternehmen an, dessen Interessen künftig Vorrang vor den Eigeninteressen der Gesellschaft haben sollen. Die Entscheidung für den Verbleib in der Gesellschaft beruht auf einer Einschätzung der Gefahr, ob die Unterordnung unter die Interessen des herrschenden Unternehmens zu einer massiven Entwertung der beherrschten Gesellschaft, und damit auch einer aufrechterhaltenen Kapitalanlage in Aktien dieser Gesellschaft, führen wird.[256] Durch eine Verschmelzung

[254] So zum vergleichbaren Konflikt beim Vertragsbeitritt zutreffend *Röhricht* ZHR 162 (1998), 249, 253.

[255] *Gattineau* Der Beherrschungsvertrag in der Verschmelzung, S. 198 ff; *Gutheil* Auswirkungen von Umwandlungen auf Unternehmensverträge, S. 173 f; KölnKomm AktG/*Koppensteiner* § 305 Rdn. 138. Für den Fall des Vertragsbeitritts mit dieser Argumentation gegen ein erneutes Abfindungsangebot LG Mannheim ZIP 1990, 378, 382 ("Asea/BBC"); *Pentz* FS Kropff, S. 226, 236.

[256] So *Röhricht* ZHR 162 (1998) 249, 253 f (zum Vertragsbeitritt). Konkret (auch) zur Verschmelzung der Obergesellschaft vgl. OLG Karlsruhe AG 1997, 270; MünchKomm AktG/*Bilda* § 305 Rdn. 22; *Emmerich*/Habersack Aktien- und GmbH-Konzernrecht § 305

des herrschenden Unternehmens wird diese Einschätzung auf eine völlig neue Entscheidungsgrundlage gestellt. Den außenstehenden Aktionären sollte deshalb ermöglicht werden, auf die durch die Verschmelzung geänderte Situation zu reagieren, und ihre vormals getroffene Entscheidung für den Verbleib in der Gesellschaft zu revidieren.

Allerdings kann man, im Hinblick auf die soeben gegebene Begründung einer erneuten Abfindungspflicht, nicht davon ausgehen, dass schlichtweg jede Verschmelzung des herrschenden Unternehmens eine neue Abfindungspflicht auslöst.[257] Wird beispielsweise eine dritte Gesellschaft, die zu 100 % dem herrschenden Unternehmen gehört, auf das herrschende Unternehmen verschmolzen, besteht auch aus der Perspektive der außenstehenden Aktionäre kein Anlass, die Angebotspflicht wieder aufleben zu lassen. Eine solche Maßnahme beeinflusst nicht das Gepräge des Konzerns. Es besteht somit kein Schutzbedürfnis der außenstehenden Aktionäre.

Ein neues Angebot ist daher nur erforderlich, wenn die Verschmelzung dazu führt, dass das herrschende Unternehmen in konzernrechtliche Abhängigkeit zu einem bislang konzernfremden Unternehmen gerät, die beherrschte Gesellschaft also durch die Verschmelzung der Obergesellschaft in eine neue Unternehmensgruppe integriert wird. Rein konzerninterne Umstrukturierungen lösen hingegen keine neue Abfindungsverpflichtung aus. Hierdurch wird dann auch ein Gleichlauf mit den Angebotspflichten des WpÜG gewährleistet. Denn nach § 36 Nr. 3 WpÜG kann die BaFin bei Umstrukturierungen innerhalb eines Konzerns zulassen, dass eine Stimmrechtszurechnung nicht erfolgt, so dass eine (eigentlich bestehende) Angebotspflicht suspendiert wird. Nach zutreffender Auffassung ist dieser Ausnahmetatbestand immer dann anwendbar, wenn es auf der Ebene des an der Konzernspitze[258] stehenden Unternehmens nicht zu einer Änderung des kontrollierenden Gesellschafters kommt. Es wäre aber wenig plausibel, wenn eine nach dem WpÜG befreiungsfähige konzerninterne Umstrukturierung eine erneute Angebotspflicht analog § 305 AktG auslösen würde.

Rdn. 35; *Hommelhoff* FS Claussen, S. 129, 138; *Priester* ZIP 1992, 293ff, 298; *Raiser/Veil* Recht der Kapitalgesellschaften § 54 Rdn. 102.

[257] Vgl. auch *Stephan* in: Schmidt/Lutter AktG § 305 Rdn. 159: „Wiedereröffnung" des Abfindungsangebots nur in Fällen, in denen eine maßgebliche Änderung als Neuabschluss des Vertrags zu werten ist.

[258] Geibel/Süßmann WpÜG/*Meyer* § 36 Rdn 13; MünchKomm AktG/*Schlitt* § 36 WpÜG Rdn. 36; *Holzborn/Blank* NZG 2002, 948, 950; *Liebscher* ZIP 2002, 1005; *von Bülow/Bücker* Der Konzern 2003, 185, 191 ff., 196 („Gedanke der überlagernden Kontrollposition der Konzernspitze").

ee. Höhe des erneuten Abfindungsangebots

Es stellt sich nun die Frage, wie sich die Höhe des neuerlichen Abfindungsangebots bemisst. Die Antwort lässt sich nicht unmittelbar aus § 305 AktG ableiten, sondern muss durch eine wertende Betrachtung gewonnen werden. Möglich erscheint einerseits, dass der ursprüngliche Anspruch aus dem Unternehmensvertrag unverändert auflebt. Denkbar wäre andererseits aber auch, auf den Wert der Untergesellschaft zum Verschmelzungsstichtag abzustellen.

Wäre der Verschmelzungsstichtag maßgeblich, würden die außenstehenden Aktionäre an einer zwischen den Stichtagen eingetreten Wertsteigerung ihrer Gesellschaft partizipieren, müssten sich aber spiegelbildlich bei einer Wertminderung mit einer niedrigeren Abfindung zufrieden geben.

Bei Abwägung der beiden Alternativen ist ferner im Blick zu behalten, dass der außenstehende Aktionär, der sich nach Durchführung eines Spruchverfahrens gegen die Abfindung und für den Ausgleich entscheidet, in gewissem Sinne eine Spekulationsentscheidung getroffen hat: Er spekuliert darauf, dass das herrschende Unternehmen die beherrschte Gesellschaft rücksichtsvoll leiten wird, so dass er die Vorzüge einer Dividendengarantie genießen kann, ohne einen Wertverlust seiner Aktien hinnehmen zu müssen. Mit dieser Spekulation ist aber untrennbar das Risiko verbunden, dass das herrschende Unternehmen, entgegen den Erwartungen des Aktionärs, von seinen vertraglichen Befugnissen intensiv Gebrauch macht, und die beherrschte Gesellschaft möglicherweise (beispielsweise durch Auflösung stiller Reserven) massiv entwertet. Verwirklicht sich dieses Risiko, hat sich der außenstehende Aktionär verspekuliert und muss die entsprechenden Folgen tragen.

Das der Entscheidung für den Ausgleich immanente Risiko entfällt nicht dadurch, dass die Obergesellschaft – u.U. erst geraume Zeit nach Beendigung eines Spruchverfahrens – mit einer dritten Gesellschaft verschmilzt. Die Verschmelzung des herrschenden Unternehmens vermittelt den außenstehenden Aktionären also keinen Anspruch, ihre vormals (bewusst) getroffene Risikoentscheidung unverhofft revidieren zu können. Bezieht man auf der Grundlage des oben vorgestellten Modells[259] einen etwaigen Börsenkurs, ausstehende Ausgleichszahlungen, einen stichtagsbezogenen Verlustausgleichsanspruch und etwaige Schadensersatzansprüche wegen existenzgefährdender Weisungen in die Unternehmensbewertung ein, so kann

---

[259] Vgl. oben, 3. Teil § 2 B. I. 2. b. ff.

der Abfindungsanspruch bedenkenlos nach dem Wert der Untergesellschaft zum Zeitpunkt der Verschmelzung des herrschenden Unternehmens bemessen werden.

ff. Prozessuale Geltendmachung des Anspruchs

Die außenstehenden Aktionäre können den neuen Abfindungsanspruch im Spruchverfahren geltend machen. Hierfür spricht hauptsächlich die inter-omnes Wirkung der Entscheidung im Spruchverfahren. Da die Notwendigkeit eines neuen Verfahrens durch die Entscheidung der Anteilseigner des herrschenden Unternehmens zur Verschmelzung ausgelöst wird, ist es auch aus dem Kostenaspekt gerechtfertigt, den außenstehenden Aktionären das für sie vorteilhafte Spruchverfahren zu eröffnen.

4. Gesellschafterschutz durch Beschluss- und Zustimmungserfordernisse

a. Hauptversammlungsbeschluss der Untergesellschaft gemäß § 295 Abs. 1 AktG

aa. Problemstellung

Die Verschmelzung des herrschenden Unternehmens ändert die „Identität" eines Vertragspartners. Der Vorgang ließe sich daher als eine Vertragsänderung begreifen, die einen Hauptversammlungsbeschluss der Untergesellschaft nach § 295 Abs. 1 AktG voraussetzt. Dass die Identität der Vertragsparteien zum Inhalt des Vertrags gehört und daher Parteiwechsel durch Vertragsübernahme oder Vertragsbeitritt nach § 295 Abs. 1 AktG beschlusspflichtige Vertragsänderungen sind, steht außer Streit.[260] Für diese Fälle einer "Herrschaftsänderung" kann das Ergebnis bereits durch einfache Subsumtion unter den Wortlaut von § 295 Abs. 1 AktG nachvollzogen werden. Schwieriger gestaltet sich die Subsumtion bei der Verschmelzung des herrschenden Unternehmens.

---

[260] BGHZ 119, 1 ("Asea/BBC I"); MünchKomm AktG/*Altmeppen* § 295 Rdn. 4; *Emmerich*/Habersack Aktien- und GmbH-Konzernrecht § 295 Rdn. 13; *Hüffer* AktG § 295 Rdn. 5; KölnKomm AktG/*Koppensteiner* § 295 Rdn. 11; *Krieger/Jannot* DStR 1995, 1473, 1478; *Raiser/Veil* Recht der Kapitalgesellschaften § 54 Rdn. 101.

bb. H.M.: Unanwendbarkeit des § 295 AktG bei Herrschaftsänderungen wegen Gesamtrechtsnachfolge

Die h.M. in Rechtsprechung und Schrifttum wendet § 295 AktG ausschließlich auf Herrschaftsänderungen an, die auf einem Rechtsgeschäft (Vertragsübernahme oder Vertragsbeitritt) beruhen. Tritt hingegen die Identitätsänderung des herrschenden Unternehmens aufgrund einer Gesamtrechtsnachfolge ein, soll ein Hauptversammlungsbeschluss der abhängigen Gesellschaft entbehrlich sein.[261] Denn es sei weder sachgerecht noch mit dem UmwG vereinbar, Strukturmaßnahmen des herrschenden Unternehmens von einem zustimmenden Votum der Hauptversammlung der Untergesellschaft abhängig zu machen.[262]

cc. Die Auffassung *Bayers*

Bayer vertritt die Auffassung, die Verschmelzung des herrschenden Unternehmens mache einen Hauptversammlungsbeschluss der Untergesellschaft nach § 295 Abs. 1 AktG erforderlich. Denn aus der Perspektive der Aktionäre der beherrschten Gesellschaft mache es keinen Unterschied, ob eine Herrschaftsänderung auf Vertrag oder auf Gesamtrechtsnachfolge beruhe. Es lasse sich nicht begründen, warum materiell gleichwertige Eingriffe in dem einen Fall der Zustimmung der Hauptversammlung bedürften, im anderen Fall jedoch davon ausgenommen sein sollen.[263] Bei der Beschlussfassung über den Unternehmensvertrag habe sich die Hauptversammlung nur dem seinerzeit erkennbaren Konzerninteresse des herrschenden Unternehmens unterstellen

---

[261] OLG Karlsruhe AG 1995, 139; LG Mannheim AG 1995, 89 ("KHD/SEN"); LG Bonn GmbHR 1996, 774; MünchKomm AktG/*Altmeppen* § 295 Rdn. 16; *Emmerich*/Habersack Aktien- und GmbH-Konzernrecht § 295 Rdn 16; *Exner* Beherrschungsvertrag und Vertragsfreiheit, S. 170; *Geng* Ausgleich und Abfindung der Minderheitsaktionäre, S. 146 f; *Geßler*/Hefermehl AktG § 297 Rdn. 48; *Grunewald* in: Lutter UmwG § 20 Rdn. 37; *Gattineau* Der Beherrschungsvertrag in der Verschmelzung, S. 177 f; *Gutheil* Auswirkungen von Umwandlungen auf Unternehmensverträge S. 176; *Hüffer* AktG § 295 Rdn. 6; KölnKomm AktG/*Koppensteiner* § 295 Rdn. 10; *Mülbert* Aktiengesellschaft, Unternehmensgruppe und Kapitalmarkt, S. 505 ff; *Priester* ZIP 1992, 293, 301; *H. Westermann* FS Schilling, S. 281ff.

[262] Das Argument, ein Hauptversammlungsbeschluss sei auch deswegen entbehrlich, weil die abhängige Gesellschaft den Vertrag in Folge der Verschmelzung gegebenenfalls aus wichtigem Grund kündigen könne, soll nicht weiter erörtert werden. Denn bereits oben wurde nachgewiesen, dass ein solches Kündigungsrecht nicht besteht, vgl. oben, 3. Teil, § 2 B. II. 2. Ohnehin wäre in der Praxis ein Kündigungsrecht angesichts der faktischen Abhängigkeit des Vorstandes der Untergesellschaft vom Mehrheitsaktionär weitgehend wertlos, jedenfalls insoweit zutreffend *W. Bayer* ZGR 1993, 599, 606, vgl. ferner auch *Priester* ZIP 1992, 297 f.

[263] *W. Bayer* ZGR 1993, 599, 604 f.

wollen.[264] Durch die Verschmelzung des herrschenden Unternehmens werde die abhängige Gesellschaft u.U. einem völlig andersartigen Konzerninteresse unterworfen. Daher sei eine erneute Beschlussfassung bei der abhängigen Gesellschaft erforderlich. Dies sei dem herrschenden Unternehmen auch zumutbar, da es in der Untergesellschaft regelmäßig die für einen Zustimmungsbeschluss erforderliche Mehrheit der Stimmen halte.[265]

Bei fehlender oder verweigerter Zustimmung der Hauptversammlung der abhängigen Gesellschaft möchte *Bayer* das Weisungsrecht des (verschmolzenen) herrschenden Unternehmens suspendieren. Erteile das herrschende Unternehmen dennoch Weisungen, so seien zum Schutz der beherrschten Gesellschaft und ihrer außenstehenden Aktionäre, ähnlich wie im „qualifiziert faktischen" Aktienkonzern, die §§ 302 ff AktG analog anzuwenden.[266]

dd. Stellungnahme

Der Blick auf die von *Bayer* vertretene Rechtsfolge bei unterbliebenem Zustimmungsbeschluss zeigt, dass er sich mit den Vertretern der h.M zumindest darüber einig ist, dass die Wirksamkeit der Verschmelzung des herrschenden Unternehmens nicht unter dem Vorbehalt eines Hauptversammlungsbeschlusses der beherrschten Gesellschaft gemäß § 295 Abs. 1 AktG stehen kann.

Die einhellige Ablehnung einer Vetomacht der Hauptversammlung der beherrschten Gesellschaft überzeugt. Denn nach dem Willen des Gesetzgebers ist weder die Verschmelzung noch der Eintritt der Universalsukzession von der Zustimmung außenstehender Dritter abhängig. Die Entscheidung über die Umstrukturierung eines Unternehmens obliegt allein der Organisationsfreiheit der Anteilseigner. Zustimmungsvorbehalte zugunsten gesellschaftsfremder Dritter sieht das UmwG grundsätzlich nicht vor.[267] Diese konzeptionelle Entscheidung des Gesetzgebers wäre ad absurdum geführt, wenn die Hauptversammlung der beherrschten Gesellschaft über die Verschmelzung des herrschenden Unternehmens beschließen dürfte.

---

[264] *W. Bayer* ZGR 1993, 599, 606 f. mit Verweisen auf *W.F. Bayer* FS Ballerstedt, S. 178 f; *Rehbinder* ZGR 1977, 606 f. und *Priester* ZIP 1992, 297 f. I.E. übereinstimmend ferner *Hirte* Der Vertragskonzern, S. 27.

[265] *W. Bayer* ZGR 1993, 599, 606.

[266] *W. Bayer* aaO.

[267] Vgl. die Begr. zum RegE UmwG BT-Drucks. 12/6699, S. 79: "In sachlicher Hinsicht geht der Entwurf von der Eigenverantwortlichkeit der Anteilsinhaber (...) aus. Er unterwirft jeden Umwandlungsvorgang ihrer freien Entscheidung."; s. auch *Hennrichs* Formwechsel und Gesamtrechtsnachfolge, S. 103.

Somit verengt sich die Diskussion auf die Frage, ob die verschmolzene Obergesellschaft auch nach der Verschmelzung die Rechte aus dem Unternehmensvertrag ausüben darf, wenn die Hauptversammlung der beherrschten Gesellschaft die Verschmelzung des herrschenden Unternehmens nicht durch einen Beschluss nach § 295 Abs. 1 AktG absegnet. Diese Frage ist zu bejahen.

Bayers Einwand, aus der Perspektive der Hauptversammlung der beherrschten Gesellschaft könne es nicht darauf ankommen, ob eine Herrschaftsänderung auf Rechtsgeschäft oder auf Gesamtrechtsnachfolge beruht, verfängt nicht. Eine einseitige Problembetrachtung aus dem Blickwinkel der beherrschten Gesellschaft führt zu keinem sachgerechten Ergebnis.

Zunächst ist zu bedenken, dass die Hauptversammlung der beherrschten Gesellschaft in der Regel nicht einmal bei den als Vergleichsmaßstab herangezogenen Maßnahmen der Vertragsübernahme oder des Vertragsbeitritt schutzbedürftig ist. Denn die Hauptversammlung der beherrschten Gesellschaft wird, wie *Bayer* zutreffend herausstellt, regelmäßig vom herrschenden Unternehmen dominiert. Ein Hauptversammlungsbeschluss nach § 295 Abs. 1 AktG wäre deshalb ein überflüssiger Formalakt.[268] Ein Beschluss nach § 295 Abs. 1 AktG würde daher allenfalls in einer Konstellation Sinn ergeben, in der das herrschende Unternehmen nicht über die erforderliche Aktienmehrheit verfügt, um den Beschluss im Alleingang durchzusetzen.

Doch auch in solchen Fallgestaltungen ist zu berücksichtigen, dass bei einer Verschmelzung des herrschenden Unternehmens der "Herrschaftswechsel" anders als bei Vertragsbeitritt oder -übernahme nicht zielgerichtet erfolgt, sondern lediglich Reflex einer Umwandlungsmaßnahme ist. Die unterschiedliche Behandlung der unterschiedlichen Sachverhalte ist daher gerechtfertigt. Im Ergebnis ist daher festzuhalten, dass die Hauptversammlung der Untergesellschaft bei einer Verschmelzung des herrschenden Unternehmens keinen Beschluss nach § 295 Abs. 1 AktG zu fassen braucht.

---

[268] Zu dieser Einschätzung vgl. auch *Emmerich*/Habersack Aktien- und GmbH Konzernrecht § 293, Rdn 30a. Vordringlich ist vielmehr die Gewährleistung eines effektiven Minderheitsschutzes. Dieser wäre jedoch nicht durch einen Hauptversammlungsbeschluss, sondern allenfalls durch einen Sonderbeschluss nach § 295 Abs. 2 AktG zu erzielen, dazu sogleich.

b. Sonderbeschluss gemäß § 295 Abs. 2 AktG

Wie soeben dargelegt, muss ein laufendes Abfindungsangebot in eigenen Aktien bei übertragender Verschmelzung des herrschenden Unternehmens auf Aktien der aufnehmenden Gesellschaft (bei Verschmelzung auf eine GmbH: auf ein Barabfindungsangebot) umgestellt werden. Derartige "Anpassungen" greifen in bereits konkretisierte Vermögensrechte der außenstehenden Aktionäre ein. Ginge es hier nicht um den Sonderfall einer Verschmelzung, wären sie daher nur vorbehaltlich eines zustimmenden Sonderbeschlusses nach § 295 Abs. 2 AktG möglich. Zudem bergen die mit der Verschmelzung des herrschenden Unternehmens einhergehenden Kapitalmaßnahmen stets die Gefahr der Verwässerung von Abfindungs- und Ausgleichsansprüchen in sich. Dies könnte ebenfalls dafür sprechen, den außenstehenden Aktionären ein präventives Sonderbeschlussrecht zuzugestehen.

Indes ist zu bedenken, dass nach dem umwandlungsrechtlichen Regelungskonzept den außenstehenden Aktionären der beherrschten Gesellschaft kein Vetorecht für Strukturmaßnahmen des herrschenden Unternehmens eingeräumt werden kann. Erwägenswert wäre daher allenfalls ein „modifizierter" Sonderbeschluss, durch den die außenstehenden Aktionäre über die Fortsetzung des Vertrags oder aber über eine konkret vorgeschlagene Anpassung von Ausgleich und Abfindung entscheiden könnten. Derartige Beschlussfassungen finden aber keine Stütze im Gesetz. Außerdem gäbe man den außenstehenden Aktionären mit einem solchen "modifizierten" Sonderbeschluss Steine statt Brot, denn eine vorzeitige Beendigung des Vertrags wird nur ganz ausnahmsweise in ihrem Interesse liegen.

Den außenstehenden Aktionären trotz greifbarer Gefährdung ihrer Ansprüche das Sonderbeschlussrecht zu verwehren, ist aber zumindest dann akzeptabel, wenn man der hier vertretenen Auffassung folgt, und für die erforderlichen Anpassungen von Ausgleich und Abfindung das Spruchverfahren zulässt und bei verfristeter Abfindungsoption eine erneute Abfindungsmöglichkeit gewährt.

5. Ergebnis zur Verschmelzung des herrschenden Unternehmens

Ein bestehender Unternehmensvertrag setzt sich nach einer Verschmelzung des herrschenden Unternehmens mit der dann verschmolzenen Gesellschaft fort. Dies gilt sowohl bei Verschmelzungen zur Aufnahme durch das herrschende Unternehmen, als auch bei übertragenden Verschmelzungen.

Selbst wenn infolge der Verschmelzung künftig das Konzerninteresse neu definiert wird und die Einflussnahmen auf die beherrschte Gesellschaft eine andere Qualität erlangen, berechtigt dies die beherrschte Gesellschaft nicht zur außerordentlichen Kündigung des Unternehmensvertrags. Auch das herrschende Unternehmen kann den Vertrag nicht unter Berufung auf die Verschmelzung kündigen.

Kann zum Zeitpunkt einer übertragenden Verschmelzung des herrschenden Unternehmens ein auf Aktien lautendes Abfindungsangebot noch angenommen werden, ist fortan in Aktien der aufnehmenden Gesellschaft abzufinden. Hierfür findet eine rechnerische Anpassung "über das Dreieck" statt. Wird die Umtauschrelation zwischen den verschmelzenden Gesellschaften unzutreffend ermittelt, ist die laufende Abfindungsverpflichtung in Aktien anzupassen.

Ein fester Ausgleich wird durch die Verschmelzung des herrschenden Unternehmens grundsätzlich nicht berührt. Ein variabler Ausgleich kann sowohl bei übertragender als auch bei aufnehmender Verschmelzung weiter praktiziert werden. Das herrschende Unternehmen ist allerdings berechtigt, die Ausgleichsart zu wechseln und kann den außenstehenden Aktionären nun einen festen Ausgleich anbieten.

Eine eventuell erforderliche Anpassung von Abfindung oder Ausgleich kann im Spruchverfahren geltend gemacht werden.

Falls das ursprüngliche Abfindungsangebot aus dem Unternehmensvertrag wegen Fristablaufs nicht mehr angenommen werden kann und das herrschende Unternehmen durch die Verschmelzung in einen anderen Konzern eingebunden wird, löst der Vorgang eine erneute Abfindungsverpflichtung aus. Die dann zu gewährende Abfindung bemisst sich nach dem Wert der beherrschten Gesellschaft zum Verschmelzungsstichtag und ist im Spruchverfahren geltend zu machen.

Die Verschmelzung des herrschenden Unternehmens steht nicht unter dem Vorbehalt eines Hauptversammlungsbeschlusses der beherrschten Gesellschaft gemäß § 295 Abs. 1 AktG oder eines Sonderbeschlusses gemäß § 295 Abs. 2 AktG.

III. Verschmelzung der beherrschten Gesellschaft mit einer dritten Gesellschaft

1. Schicksal des Unternehmensvertrags

Es wurde bereits herausgearbeitet, dass der satzungsüberlagernde Charakter der Unternehmensverträge bei Verschmelzungen beherrschter Gesellschaften maßgeblichen Einfluss auf die Fragestellung hat, ob ein Unternehmensvertrag trotz der Verschmelzung der beherrschten Gesellschaft weiterhin gültig bleibt oder endet.[269] Diese Aussage soll im Folgenden näher präzisiert werden.

a. Beherrschte Gesellschaft als aufnehmender Rechtsträger

Ist die beherrschte Gesellschaft übernehmender Rechtsträger einer Verschmelzung, dann tastet der Vorgang ihre Existenz als juristische Person nicht an. Auch ihre Satzung bleibt weiterhin unverändert in Kraft. Für den satzungsüberlagernden Organisationsvertrag kann nichts anderes gelten.[270] Der Unternehmensvertrag setzt sich daher mit der verschmolzenen Gesellschaft fort.[271]

Vereinzelt wird jedoch wegen eines vorgeblichen Schutzbedürfnisses des herrschenden Unternehmens eine automatische Beendigung eines Unternehmensvertrags angenommen, wenn die beherrschte Gesellschaft mit einer dritten Gesellschaft verschmolzen wird.[272] Da die Interessenlage einer Partei

---

[269] S. oben, 3. Teil, § 1 C. IV. 4.

[270] Eine Ausnahme kann sich allein in Konsequenz des § 307 AktG ergeben: Werden aufgrund der Verschmelzung an einer Untergesellschaft, die bislang zu 100% in den Händen des anderen Vertragsteils war, erstmals außenstehende Aktionäre beteiligt, so endet der Vertrag. Folgeprobleme ergeben sich hieraus jedoch nicht.

[271] MünchKomm AktG/*Altmeppen* § 297 Rdn. 133; *Bermel* in: Goutier/Knopf/Tulloch UmwG § 20 Rdn. 32; *Emmerich*/Habersack Aktien- und GmbH-Konzernrecht § 297 Rdn. 42; *Exner* Beherrschungsvertrag und Vertragsfreiheit, S. 146; *Gerth* BB 1978, 1497, 1499; *Gattineau* Der Beherrschungsvertrag in der Verschmelzung, S. 83 ff; *Grunewald* in: Lutter UmwG § 20 Rdn. 35; *Gutheil* Auswirkungen von Umwandlungen auf Unternehmensverträge, S. 250 ff; *Hagemann* Die Beendigung kombinierter Gewinnabführungs- und Beherrschungsverträge mit abhängiger GmbH, S. 140; GroßKomm AktG/*Hasselbach/Hirte* § 304 Rdn. 57; MünchHdbAG/*Krieger* § 70 Rdn. 205; *ders.* ZGR, 1990, 536; *Langenbucher* in: Schmidt/Lutter AktG § 297 Rdn. 33; *Marsch-Barner* in: Kallmeyer UmwG § 20 Rdn. 19; *Martens* AG 1986, 61; *Müller* DB 2002, 157, 160; *Raiser/Veil* Recht der Kapitalgesellschaften § 54 Rdn. 118; *Veil* in: Spindler/Stilz AktG § 297 Rdn. 41; *Vossius* in: Widmann/Mayer UmwG § 20 Rdn. 292; GroßKomm AktG/*Würdinger* § 291 Anm. 25,

[272] Schmitt/Hörtnagl/*Stratz* UmwG § 20 Rdn. 45; *Westermann* FS Schilling, S. 271, 281 f; *Wilhelm* Die Beendigung des Beherrschungs- und Gewinnabführungsvertrages, S. 31 - dagegen zu Recht *Gutheil* aaO., S. 258.

aber nicht die umwandlungsrechtliche Sukzessionsdogmatik außer Kraft setzen kann, ist diese Auffassung abzulehnen.[273]

b. Beherrschte Gesellschaft als übertragender Rechtsträger

Wird die beherrschte Gesellschaft auf einen dritten Rechtsträger verschmolzen, ist bei der Ermittlung des Schicksals des Unternehmensvertrags besonderes Augenmerk auf die Sukzessionsfähigkeit der organisationsrechtlichen Rechte und Pflichten zu richten, die sich aus der Stellung als vertraglich beherrschtes Unternehmen ergeben. Ob eine Rechtsnachfolge in einen organisationsrechtlichen Unternehmensvertrag möglich ist, ist umstritten.

aa. Folgerungen aus dem organisationsrechtlichen Charakter des Vertrags

Sowohl das Weisungsrecht des herrschenden Unternehmens als auch die korrespondierende Verpflichtung der Untergesellschaft auf das Konzerninteresse und die Aufhebung der Vermögensbindung sind ausschließlich durch den satzungsüberlagernden Unternehmensvertrag legitimiert. Mit dem liquidationslosen Erlöschen des übertragenden Rechtsträgers (§ 20 Abs. 1 Nr. 2 UmwG) wird aber die Satzung der Gesellschaft gegenstandslos. Daraus lässt sich ableiten, dass auch der satzungsüberlagernde Unternehmensvertrag dieses Schicksal teilen muss und der Vertrag bei übertragender Verschmelzung der Untergesellschaft ipso iure endet.[274]

---

[273] Vgl. oben. 3. Teil, § 1 IV. 3. Zudem besteht in der Regel auch kein Schutzbedürfnis für das herrschende Unternehmen, das üblicherweise zumindest eine Sperrminorität in der Untergesellschaft halten wird. Ist dies nicht der Fall, kommt höchstens eine außerordentliche Kündigung des Vertrages in Frage, dazu sogleich.

[274] I. E. h.M. vgl. OLG Karlsruhe AG 1995, 139 ("SEN/KHS"); LG Mannheim ZIP 1994, 1025 ("SEN/KHS"); OLG Hamm WM 1988, 1164, 1169; MünchKomm AktG/*Altmeppen* § 297 Rdn. 130; *Emmerich*/Habersack Aktien- und GmbH-Konzernrecht § 297 Rdn. 40; *Gerth* BB 1978, 1497, 1498; *Grunewald* in: Lutter UmwG § 20 Rdn. 36; *Gattineau* Der Beherrschungsvertrag in der Verschmelzung, S. 71 ff; *Gutheil* Die Auswirkungen von Umwandlungen auf Unternehmensverträge, S. 176 ff; *Hagemann* Die Beendigung kombinierter Gewinnabführungs- und Beherrschungsverträge mit abhängiger GmbH, S. 141; GroßKomm AktG/*Hasselbach/Hirte* § 304 Rdn. 57; KölnKomm AktG/*Koppensteiner* § 297 Rdn. 38; KölnKomm AktG/*Kraft* § 346 Rdn. 33; MünchHdbAG/*Krieger* § 70 Rdn. 205; *Marsch-Barner* in: Kallmeyer UmwG § 20 Rdn. 19; *Martens* AG 1986, 61; Rdn. 21; *Müller* DB 2002, 157, 159; *Raiser/Veil* Recht der Kapitalgesellschaften § 54 Rdn. 118; *Sonnenschein* Organschaft, S. 415; Schmitt/Hörtnagl/*Stratz* UmwG § 20 Rdn. 45; *Westermann* FS Schilling, S. 281; *Wilhelm* Die Beendigung von Unternehmensverträgen, S. 31.

bb. Die Auffassung *Gutheils*

Gutheil hält die soeben vorgestellte Argumentation für falsch.[275] Er gelangt zwar mittels einer abstrakten Interessenwertung letztendlich auch zu dem Ergebnis, dass der Unternehmensvertrag bei übertragender Verschmelzung der beherrschten Gesellschaft endet, meint aber, aus dem verschmelzungsbedingten Erlöschen der Satzung des übertragenden Rechtsträgers könne gerade nicht abgeleitet werden, dass auch der satzungsüberlagernde Unternehmensvertrag erlischt. Er glaubt, der Vertrag könne als solcher nicht mit der Satzung gleichgesetzt werden. Der Unternehmensvertrag sei kein ausschließlich innerer Rechtsakt der beherrschten Gesellschaft, sondern eben auch und gerade ein Vertrag mit dem herrschenden Unternehmen. Daher sei es denkbar, dass die satzungsüberlagernden Wirkungen des Unternehmensvertrags im Wege der Gesamtrechtsnachfolge auf die aufnehmende Gesellschaft übergehen, und fortan deren Satzung überlagerten. *Gutheil* hält es also zumindest rechtstechnisch für möglich, dass sowohl die Weisungsfolgepflicht aus § 308 AktG und die aus § 291 Abs. 3 AktG folgende Aufhebung der Vermögensbindung im Wege der Universalsukzession auf die übernehmende Gesellschaft übergehen könnten.

cc. Die Auffassung *Gengs*

Geng ist der Meinung, dass bei der übertragenden Verschmelzung einer beherrschten Gesellschaft der Unternehmensvertrag *stets* auf den aufnehmenden Rechtsträger übergeht und diesen fortan bindet.[276] Er argumentiert, dass eine Verschmelzung ebenso wie der Abschluss eines Unternehmensvertrags eine Strukturmaßnahme sei, die von der Hauptversammlung mit einer Mehrheit von ¾ des stimmberechtigten Kapitals zu beschließen ist. Da die Gesellschafter des übernehmenden Rechtsträgers über den Vertrag nach § 8 Abs. 1 Satz 3 UmwG zu informieren waren, decke der Verschmelzungsbeschluss auch den Übergang des Unternehmensvertrags.

---

[275] *Gutheil* aaO., S. 85 ff. Ebenso *Hennrichs* Formwechsel und Gesamtrechtsnachfolge, S. 54 f; *Vossius* FS Widmann, 133, 138; *Vossius* in: Widmann/Mayer UmwG § 20 Rdn. 290 ff; tendenziell auch *Krieger* ZGR 1990, 517, 539.

[276] *Geng* Ausgleich und Abfindung der Minderheitsaktionäre, S. 69 ff. Vgl. auch *Hennrichs* Formwechsel und Gesamtrechtsnachfolge, S. 54 f; *Kley* Rechtsstellung außenstehender Aktionäre, S. 137.

dd. Fortsetzung des Vertrags gemäß § 23 UmwG

Bislang diskutiert die Literatur noch nicht, ob sich ein Unternehmensvertrag bei übertragender Verschmelzung der Untergesellschaft auf der Grundlage von § 23 UmwG fortsetzen kann. Nach § 23 UmwG sind den Inhabern von Sonderrechten im übertragenden Rechtsträger gleichwertige Rechte im aufnehmenden Rechtsträger zu gewähren. Der Wortlaut der Norm bezieht sich auf "Inhaber von Rechten, die kein Stimmrecht gewähren". Hierunter könnten theoretisch alle Rechtsinhaber verstanden werden, die eine rechtlich abgesicherte Position in der Gesellschaft innehaben, also etwa auch Anteilsinhaber mit Vorzugsrechten im Bereich der Geschäftsführung. Bei einer solchen Auslegung der Vorschrift könnte evtl. auch das Weisungsrecht bzw. das Recht auf Gewinnvereinnahmung aus einem Unternehmensvertrag gemäß § 23 UmwG auf den übernehmenden Rechtsträger übergeleitet werden.

ee. Stellungnahme

Der Ansicht *Gutheils*, die Beschränkung der Gesamtrechtsnachfolge durch die Rechtsnatur des Vertrags sei eine "konstruktive Überhöhung" des organisationsrechtlichen Verständnisses,[277] kann nicht gefolgt werden. Zwar ist unbestritten, dass ein Unternehmensvertrag auch schuldrechtliche Komponenten aufweist. Diese prägen den Vertrag aber nur sekundär. Das Schwergewicht der Vertragswirkungen liegt demgegenüber in der unmittelbaren Gestaltung gesellschaftsrechtlicher Beziehungen zwischen den Vertragspartnern, innerhalb der Gesellschaft und im Verhältnis zu den außenstehenden Aktionären.[278] Von der h.M. wird der Unternehmensvertrag daher zu Recht unmittelbar als Satzungsänderung begriffen.[279] Die Anknüpfung an die organisa-

---

277 *Gutheil* aaO.

278 So völlig zutreffend MünchKomm AktG/*Altmeppen* § 291 Rdn. 28.

279 OLG Karlsruhe NJW 1967, 831, 832; LG Ingolstadt AG 1991, 24, 25; *Bälz* AG 1992, 277, 285, 299 ff; *W. Bayer* Beherrschungsvertrag, S. 13; *Emmerich/Sonnenschein/Habersack* Konzernrecht § 8 II 2 a; *Emmerich*/Habersack Aktien- und GmbH-Konzernrecht § 291 Rdn. 26; *Exner* Beherrschungsvertrag und Vertragsfreiheit, S. 53; *Hüffer* AktG § 179 Rdn. 36; KölnKomm AktG/*Koppensteiner* Vorb. § 291 Rdn. 159; *Prael* Eingliederung und Beherrschungsvertrag, S. 69; *Raiser/Veil* Recht der Kapitalgesellschaften § 54 Rdn. 9; *K. Schmidt* Gesellschaftsrecht § 31 III 1 a; *Veil* Unternehmensverträge, S. 110 ff.; *Westermann* FS Schilling, S. 271, 274; *Zöllner* in: Baumbach/Hueck GmbHG Schlußanh. I Rdn. 37. Dass auch der BGH die Unternehmensverträge des § 291 AktG der Sache nach als Korporationsrecht einstuft, zeigt sich daran, dass er fehlerhafte Verträge nach den Grundsätzen über die fehlerhafte Gesellschaft behandelt, und nicht etwa nach allgemeinem Vertragsrecht abwickelt, vgl. BGHZ 103, 1, 5 ("Familienheim"); BGHZ 105, 168, 39 ("HSW"); BGHZ 116, 37, 39 ("Stromlieferung").

tionsrechtliche Rechtsnatur zur Ermittlung der Reichweite der Universalsukzession ist also gerade keine “konstruktive Überhöhung“ eben dieser Rechtsnatur. Erkennt man an, dass ein Unternehmensvertrag satzungsgleiche Wirkung entfaltet, so folgt hieraus, dass mit dem Erlöschen der Satzung auch der Unternehmensvertrag erlöschen muss.

Auch *Gengs* Ansatz ist abzulehnen. Seine Argumentation trifft zwar für die aufnehmende Verschmelzung zu, lässt sich aber keineswegs für die übertragende Verschmelzung fruchtbar machen. Auch *Geng* verkennt den unmittelbaren Zusammenhang zwischen Satzungsschicksal und Unternehmensvertrag. Das UmwG geht davon aus, dass mit dem verschmelzungsbedingten Erlöschen des Rechtsträgers auch dessen Satzung gegenstandslos wird. Auf der Satzung beruhende oder mit ihr verbundene Rechte und Pflichten werden also gerade nicht automatisch im Wege der Gesamtrechtsnachfolge auf den aufnehmenden Rechtsträger übergeleitet. Dies zeigt sich deutlich an § 50 Abs. 2 UmwG: Die Vorschrift gewährt den Inhabern statutarischer Sonderrechte einer übertragenden GmbH Individualzustimmungsrechte zu einer Verschmelzung. Würden nach dem Regelungskonzept des Umwandlungsrechts auf dem Gesellschaftsvertrag beruhende oder mit ihm untrennbar verknüpfte Rechte bereits gemäß § 20 Abs. 1 Nr. 1 UmwG auf den übernehmenden Rechtsträger übergeleitet, so wäre die gesetzliche Gewährung von Individualzustimmungsrechten schlicht überflüssig.

Schließlich folgt auch aus § 23 UmwG keine Fortgeltung des Unternehmensvertrags bei übertragender Verschmelzung der beherrschten Gesellschaft. Ausweislich der Regierungsbegründung soll die Vorschrift Verwässerungsschutz gewährleisten, wie er in § 347 AktG a.F. aufgrund von Art. 15 der 3. Richtlinie (sog. Verschmelzungsrichtlinie)[280] eingeführt wurde.[281] Nach h.M. erfasst § 23 UmwG daher nur *Vermögensrechte* wie die dort aufgeführten Wandelschuldverschreibungen, Gewinnschuldverschreibungen und Genussrechte.[282] Das Weisungsrecht aus einem Beherrschungsvertrag ist aber gerade kein Vermögensrecht. Eine Anwendung von § 23 UmwG auf die Rechte aus einem Beherrschungsvertrag scheidet daher aus.

---

[280] Amtsblatt EG Nr. L 295 vom 20.10.1978, S. 36 ff = *Lutter*, Europäisches Unternehmensrecht, S. 128 ff. § 347 AktG aF schützte die Inhaber von Wertpapieren, die mit Sonderrechten verbunden, jedoch keine Aktien sind.

[281] *Ganske* UmwR, S. 77.

[282] Vgl. *Bermel* in: Goutier/Knopf/Tulloch UmwG § 23 Rdn. 8; *Grunewald* in: Lutter UmwG § 23 Rdn. 2; *Marsch-Barner* in: Kallmeyer UmwG § 23 Rdn. 2; *Vossius* in: Widmann/Mayer UmwG § 20 Rdn. 10.

Hingegen ließe sich der auf einem Gewinnabführungsvertrag beruhende Anspruch durchaus als Vermögensrecht begreifen. Daher wäre vorstellbar, dass sich bei übertragender Verschmelzung der verpflichteten Gesellschaft das Gewinnvereinnahmungsrecht des herrschenden Unternehmens gemäß § 23 UmwG fortsetzten könnte. Es ist aber zu bedenken, dass die in § 23 UmwG namentlich aufgeführten Gläubiger weder Stimmrechte haben, noch ein Spruchverfahren nach §§ 306 ff UmwG einleiten können, und daher ohne den Normbefehl des § 23 UmwG schutzlos gestellt wären. Im Gegensatz zu den in § 23 UmwG aufgezählten Gläubigern ist das herrschende Unternehmen aber in aller Regel Anteilseigner der beherrschten Gesellschaft und kann daher bei der Beschlussfassung über die Verschmelzung mitstimmen. Meist wird es sogar Mehrheitsgesellschafter sein und die Verschmelzung initiiert haben. Jedenfalls besitzt es aber (fast) immer eine Sperrminorität, mit der es die übertragende Verschmelzung und die möglicherweise ungewünschte Konsequenz der Vertragsbeendigung verhindern kann. Es ist somit nicht auf den Schutz des § 23 UmwG angewiesen.

Daher bleibt es bei dem Befund, dass bei übertragender Verschmelzung der abhängigen Gesellschaft satzungsüberlagernde Beherrschungsverträge und Gewinnabführungsverträge nicht auf die übernehmende Gesellschaft übergehen, sondern mit Eintragung der Verschmelzung kraft Gesetzes enden.

c. Fortgang der Untersuchung

Die Analyse hat ergeben, dass das Schicksal des Unternehmensvertrags davon abhängt, ob die abhängige Gesellschaft als aufnehmender oder als übertragender Rechtsträger auftritt. Während sich der Unternehmensvertrag im ersten Fall fortsetzt, wird er in der anderen Variante automatisch beendet. Die weiteren Konsequenzen für die außenstehenden Gesellschafter hängen also von der Art der Verschmelzung ab, so dass die Untersuchung, anders als bei der Fallgruppe "Verschmelzung des herrschenden Unternehmens", getrennt zwischen den beiden Varianten fortgesetzt wird.

2. Folgeprobleme: Beherrschte Gesellschaft als übernehmender Rechtsträger

a. Problemstellung

Ist die Untergesellschaft bei einer Verschmelzung aufnehmender Rechtsträger, so sind vor allem die Anteilseigner des übertragenden Rechtsträgers schutzbedürftig. Denn durch die Verschmelzung werden sie zu Gesellschaftern einer vertraglich beherrschten Gesellschaft.[283] Daher ist hier vorrangig zu untersuchen, ob und gegebenenfalls wie die Schutzmechanismen der §§ 293 ff, 304, 305 AktG zu ihren Gunsten greifen. Zu erörtern ist ferner, ob auch in dieser Konstellation die Rechte bereits vorhandener außenstehender Aktionäre in der beherrschten Gesellschaft betroffen sein können, und auf welche Weise etwaigen Beeinträchtigungen zu begegnen ist. Schließlich ist zu klären, ob die Gesellschafter des herrschenden Unternehmens ein Mitspracherecht bezüglich der Verschmelzung der beherrschten Tochter haben.

b. Gesellschafterschutz durch Beschluss- und Zustimmungsrechte in der beherrschten Gesellschaft

Da die Hauptversammlung der beherrschten Gesellschaft bereits über die Verschmelzung abstimmt, ist eine gesonderte Beschlussfassung nach § 295 Abs. 1 AktG über die Änderung des Unternehmensvertrags weder erforderlich noch tunlich. Da die Verschmelzung auch nicht in bestehende Ausgleichsregelungen eingreift und sich nicht auf laufende Abfindungsansprüche auswirkt, sind auch die Tatbestandsvoraussetzungen für einen Sonderbeschluss der außenstehenden Aktionäre nicht erfüllt.

c. Gesellschafterschutz durch Beschluss- und Zustimmungserfordernisse in der übertragenden Gesellschaft

aa. Übertragende Aktiengesellschaft

Fraglich ist, ob die Hauptversammlung einer bislang unbeherrschten übertragenden Aktiengesellschaft, die auf eine beherrschte Gesellschaft verschmolzen werden soll, neben dem Verschmelzungsbeschluss noch einen

[283] In den meisten Fällen wird es sich bei übertragenden Verschmelzungen auf vertraglich beherrschte Gesellschaften um "horizontale Konzernverschmelzungen" zwischen Schwestergesellschaften handeln.

weiteren Beschluss nach § 293 Abs. 1 AktG über die Begründung vertraglicher Abhängigkeit fassen muss. Dagegen spricht, dass der Verschmelzungsbeschluss die weitergehende Konsequenz, die Gesellschaft der Leitungsmacht eines anderen Unternehmens zu unterstellen, gleichsam in sich trägt. Die Gesellschafter der übertragenden Gesellschaft unterwerfen sich mit dem Verschmelzungsbeschluss der Satzung der übernehmenden Gesellschaft, und unterstellen damit zwangsläufig ihr Unternehmen dem Regime des Unternehmensvertrags. Da die Zustimmungsbeschlüsse sowohl zu einem Unternehmensvertrag als auch zu einer Verschmelzung nur mit einer Mehrheit von mindestens drei Vierteln des bei der Beschlussfassung vertretenen Grundkapitals gefasst werden können und die Gesellschafter des übertragenden Rechtsträger gemäß § 8 Abs. 1 Satz 3 UmwG über den Vertrag umfassend zu informieren sind, sind sie hinreichend geschützt. Ein zusätzlicher Beschluss nach § 293 Abs. 1 AktG ergäbe daher keinen rechten Sinn. Jeder Gesellschafter muss sich daher fragen, ob er die Verschmelzung einschließlich der Konsequenz der Begründung vertraglicher Abhängigkeit befürwortet, oder aber im Ganzen ablehnt.

bb. Übertragende GmbH

Soll eine GmbH auf eine vertraglich beherrschte Gesellschaft verschmolzen werden, lässt sich die soeben vorgebrachte Argumentation nur fruchtbar machen, wenn man für den Zustimmungsbeschluss der Gesellschafterversammlung einer abhängigen GmbH zu einem Unternehmensvertrag eine qualifizierte Mehrheit ausreichen lässt.

Orientiert man sich hingegen an der h.M., die für die Unterwerfung der GmbH unter vertragliche Leitungsmacht die Zustimmung aller Gesellschafter verlangt, dann kann auch der Beschluss zur Verschmelzung auf eine beherrschte Gesellschaft nur mit der Zustimmung sämtlicher Gesellschafter gefasst werden. Andernfalls wäre das von der h.M. verfolgte Schutzkonzept nur allzu leicht zu umgehen. Die Minderheitsgesellschafter haben es daher in der Hand, sich die Zustimmung zur Verschmelzung angemessen kompensieren zu lassen. Die nachfolgend angestellten Erwägungen gelten daher nur für die außenstehenden Aktionäre einer übertragenden Aktiengesellschaft und sind nicht auf GmbH-Sachverhalte übertragbar.

d. Vermögensbezogener Schutz der neu hinzutretenden außenstehenden Aktionäre

aa. Abfindungsangebot an neue außenstehende Aktionäre

(1) Problemstellung

Die Aktionäre einer bislang unbeherrschten Gesellschaft werden durch eine übertragende Verschmelzung auf eine vertraglich beherrschte Gesellschaft zu außenstehenden Aktionären eines Vertragskonzerns. Daher könnte das herrschende Unternehmen verpflichtet sein, ihnen ein Ausscheiden gegen angemessene Abfindung zu ermöglichen.[284] Da der Wortlaut des § 305 AktG sich nur auf den originär rechtsgeschäftlichen Vertragsschluss bezieht, kann eine solche Abfindungspflicht nicht unmittelbar aus dem Gesetz abgeleitet werden.

Das Problem wurde in der Diskussion um ein neues Umwandlungsrecht erkannt und zunächst auch adressiert: § 387 Abs. 1 DiskE UmwG sah einen Abfindungsanspruch zu Gunsten solcher Aktionäre vor, die in Folge einer Verschmelzung zu Außenseitern einer vertraglich beherrschten Gesellschaft wurden. Dass die Vorschrift dann später doch nicht in das UmwG aufgenommen wurde, spricht aber nicht gegen eine planwidrige Regelungslücke: Die gesetzgeberische Entscheidung für einen Regelungsverzicht beruht nämlich, wie eingangs angedeutet,[285] nicht auf einer prinzipiellen Ablehnung einer solchen Verpflichtung, sondern ist allein darauf zurückzuführen, dass der Gesetzgeber den Problemkomplex als noch nicht hinreichend ausdiskutiert ansah. Ein Regelungsbedarf wurde hingegen ausdrücklich festgestellt. Eine planwidrige Regelungslücke liegt daher vor. Als analogiefähige Vorschrift bietet sich § 305 AktG an.

(2) § 305 AktG analog

§ 305 AktG enthält den verallgemeinerungsfähigen Rechtsgedanken, dass niemand gegen seinen Willen in einer Gesellschaft verbleiben muss, die sich unter die vertragliche Leitung eines anderen Unternehmens stellt. Dieser Grundsatz

---

[284] Vgl. *Exner* Beherrschungsvertrag und Vertragsfreiheit, S 150 ff, *Gattineau* Der Beherrschungsvertrag in der Verschmelzung, S. 237 ff; *Gutheil* Auswirkungen von Umwandlungen auf Unternehmensverträge, S. 255; *Hohner* DB 1973, 1487.

[285] S.o. Einleitung. A.

darf auch bei einer Verschmelzung auf eine beherrschte Gesellschaft nicht außer Acht gelassen werden. Ob die Einbindung in einen Vertragskonzern aufgrund eines Zustimmungsbeschlusses nach § 293 Abs. 1 AktG oder aufgrund einer Verschmelzung erfolgt, ist aus Sicht der Minderheitsgesellschafter irrelevant. Die Interessenlage der Minderheit bei verschmelzungsbedingter Begründung vertraglicher Leitungsmacht ist also mit der Situation beim rechtsgeschäftlichen Vertragsschluss nach § 293 AktG identisch, ein Analogieschluss zu § 305 AktG daher geboten.

Die Abfindungspflicht entsteht unabhängig davon, ob bei der aufnehmenden Gesellschaft noch ein Spruchverfahren läuft, oder ob dort die Geltendmachung eines Abfindungsanspruchs wegen Fristablaufs bereits ausgeschlossen ist[286] Ein schutzwürdiges Interesse des herrschenden Unternehmens, nicht auf „unbestimmte Zeit mit neuen Abfindungsansprüchen und -verfahren rechnen zu müssen“,[287] ist nicht zu erkennen. Das herrschende Unternehmen als Anteilseigner des aufnehmenden Rechtsträgers stimmt bei der Beschlussfassung über die Verschmelzung mit. Löst die Verschmelzung dann eine erneute Abfindungspflicht aus, so geschieht dies nicht überraschend, sondern ist vielmehr eine Folge der Entscheidung des herrschenden Unternehmens, in der Hauptversammlung der beherrschten Gesellschaft einer Verschmelzung zuzustimmen.

(3) Höhe des Abfindungsanspruchs

Welche Art der Abfindung (eigene Aktien / Aktien der Konzernspitze / Barabfindung) den außenstehenden Aktionären der übertragenden Gesellschaft geschuldet ist, ergibt sich unmittelbar aus § 305 Abs. 1 Nr. 1 - 3 AktG.[288]

Klärungsbedürftig ist aber, in welchem Umfang die "Neu-Außenseiter" abzufinden sind. Eine Möglichkeit wäre es, die neuen außenstehenden Aktionäre, nachdem ihre Aktien gegen Aktien der aufnehmenden beherrschten Gesellschaft getauscht wurden, in die existierende Abfindungsregelung einzubeziehen.[289]

---

[286] *Geng* Ausgleich und Abfindung der Minderheitsaktionäre, S. 96 ff; *Heckschen/Simon* Umwandlungsrecht S. 324 f; *Exner* Beherrschungsvertrag und Vertragsfreiheit; *Hohner* DB 1973, 1487; MünchHdbAG/*Krieger* § 70 Rdn 188, aA GroßKomm AktG/*Hasselbach/Hirte* § 304 Rdn. 58 und § 305 Rdn. 15; wohl auch KölnKomm AktG/*Koppensteiner* § 305 Rdn. 33.
[287] KölnKomm AktG/*Koppensteiner* § 305 Rdn. 33.
[288] Vgl. bereits § 387Abs. 2 DiskE UmwG.
[289] So offenbar GroßKomm AktG/*Hasselbach/Hirte* § 305 Rdn. 15.

Dagegen spricht aber, dass sich die Höhe des Abfindungsanspruchs der "Alt-Außenseiter" nach den Verhältnissen am Stichtag des § 305 Abs. 3 Satz 2 AktG bemisst. Hat sich der Wert der aufnehmenden beherrschten Gesellschaft zwischenzeitlich erhöht (und / oder bei einer Abfindung in Aktien der Wert des herrschenden Unternehmens oder der Konzernspitze vermindert), erhielten die neuen Außenseiter eine niedrigere Abfindung, als sie bei einer auf den Verschmelzungsstichtag bezogenen Wertrelationsermittlung zwischen ihrer Gesellschaft und dem herrschenden Unternehmen (bzw. der Konzernspitze) erhalten würden.

Das verstieße aber gegen den verfassungsrechtlich garantierten Grundsatz der vollwertigen Entschädigung. Die Minderheitsaktionäre der übertragenden Gesellschaft müssen deshalb im Ergebnis so gestellt werden, als ob ihre Gesellschaft unmittelbar einen Unternehmensvertrag mit dem herrschenden Unternehmens geschlossen hätte.[290] Der Abfindungsanspruch bemisst sich also analog § 305 Abs. 3 Satz 2 AktG anhand der Wertrelation von herrschendem Unternehmen und übertragender (bislang unbeherrschter) Gesellschaft am Tag der Zustimmung der Hauptversammlung der übertragenden Gesellschaft zur Verschmelzung. Die Angemessenheit der Abfindung ist in einem separaten Spruchverfahren überprüfbar.[291]

bb. Ausgleich für neue außenstehende Aktionäre

Ein Unternehmensvertrag ohne Ausgleichsregelung ist gemäß § 304 Abs. 3 Satz 1 AktG nichtig. Die zu außenstehenden Aktionären gewordenen Minderheitsaktionäre der übertragenden Gesellschaft können daher nicht lediglich auf die Abfindung verwiesen werden. Bleiben sie Mitglieder in der verschmolzenen (beherrschten) Gesellschaft, steht ihnen ein angemessener Ausgleich zu.

Problematisch ist die Ermittlung der Höhe des Ausgleichs für die neu hinzutretenden Außenseiter. Für den derivativen Erwerb ausgleichsberechtigter Aktien wird einhellig angenommen, dass die Ausgleichberechtigung inhaltlich unverändert auf den Erwerber übergeht. *Gutheil* ist der Auffassung, dies müsse

---

[290] Vgl. auch *Gattineau* Der Beherrschungsvertrag in der Verschmelzung, S. 71 ff; *Gutheil* Auswirkungen von Umwandlungen auf Unternehmensverträge, S. 253; *Geng* Ausgleich und Abfindung, S. 112.

[291] So auch *Gattineau* aaO, S. 240 ff; *Gutheil* aaO, S. 255 f; *Geng* aaO, S. 112. Für die Bewertung der übertragenden Gesellschaft wird man auf das Verschmelzungswertgutachten zurückgreifen können.

auch bei der Verschmelzung gelten. Die Neu-Außenseiter seien also in die bestehende Ausgleichsregelung einzubeziehen. Ist ihnen diese nicht genehm, so könnten sie schließlich die Abfindung wählen. Seine Auffassung stützt er darauf, dass auch bei Kapitalerhöhungen in der beherrschten Gesellschaft der Ausgleichsanspruch für die jungen Aktien nicht separat ermittelt werde.[292]

Dem ist entgegenzuhalten, dass die bestehende Ausgleichsregelung auf alten Unternehmensbewertungen der Gesellschaft(en) beruht. Gewährt man den Gesellschaftern des übertragenden Rechtsträgers denselben Ausgleich wie den Altaktionären der beherrschten Gesellschaft, erhielten sie also einen Ausgleich, der auf vergangenen Werten beruht - was sich, je nach Wertentwicklung der beherrschten Gesellschaft positiv (bei Wertminderung) oder negativ (bei Wertsteigerung) für die "Neu-Außenseiter" auswirken würde.

Im sog. "Hartmann & Braun"-Beschluss hat das Bundesverfassungsgericht aber aufgezeigt, dass auch der Ausgleich eine volle Entschädigung für den Verlust der mitgliedschaftlichen Rechtspositionen gewähren muss.[293] Die außenstehenden Aktionäre müssen daher ein echtes Wahlrecht zwischen Abfindung und Ausgleich erhalten. Dieses Wahlrecht wird ihnen genommen, wenn sie in eine bestehende Ausgleichsregelung einbezogen würden. Die Höhe des Ausgleichs für die neu hinzutretenden Außenseiter ist deshalb gesondert zu ermitteln. Sie sind auch hinsichtlich des Ausgleichs so zu stellen, als hätte ihre Gesellschaft direkt einen Unternehmensvertrag mit dem herrschenden Unternehmen abgeschlossen.[294] Maßgeblicher Stichtag für die Ermittlung des Ausgleichs ist daher der Tag des Zustimmungsbeschlusses zum Verschmelzungsvertrag.[295]

e. Vermögensbezogener Schutz vorhandener außenstehender Aktionäre

Die Ermittlung einer angemessenen Verschmelzungswertrelation gestaltet sich auch bei einer aufnehmenden Verschmelzung durch die beherrschte Gesellschaft problematisch. Dies wird für diese Fallgruppe erstaunlicherweise bislang

---

[292] *Gutheil* aaO, S. 257; i.E. ebenso *Grunewald* in: Lutter UmwG § 20 Rdn. 35 und GroßKomm AktG/*Hasselbach/Hirte* § 304 Rdn. 58.

[293] BVerfG AG 2000, 40 f ("Hartmann & Braun").

[294] *Gattineau* Der Beherrschungsvertrag in der Verschmelzung, S. 226 ;KölnKomm AktG/*Koppensteiner*; *Krieger* ZGR 1990, 517, 537; *Hohner* DB 1973, 1487; *Emmerich*/Habersack Aktien- und GmbH-Konzernrecht § 297 Rdn. 42; Widman/Mayer UmwG/*Vossius* § 20 Rdn. 292.

[295] So auch *Geng* Ausgleich und Abfindung der Minderheitsaktionäre, S. 115.

nicht diskutiert. Der verkürzte Blickwinkel erklärt sich wohl dadurch, dass die Bewertungsproblematik während der Vertragslaufzeit nicht relevant wird. Dass aber auch eine aufnehmende Verschmelzung die Rechte der vorhandenen außenstehenden Aktionäre mediatisieren kann, wird spätestens dann zum Problem, wenn die Gesellschaft nach Beendigung des Unternehmensvertrags wieder Erträge erzielt. Denn bei einer unangemessen niedrigen Bewertung ihrer Gesellschaft im Rahmen einer Verschmelzung würden die außenstehenden Aktionäre nicht angemessen an der neuen Blüte der Gesellschaft partizipieren. Daher muss auch bei einer aufnehmenden Verschmelzung durch die beherrschte Gesellschaft gegebenenfalls eine Stichtagsbilanz auf den Verschmelzungsstichtag erstellt werden. Weist die Stichtagsbilanz einen Verlust aus, ist ein entsprechender Verlustausgleichsanspruch in die Bewertung der beherrschten Gesellschaft einzubeziehen. Ferner sind auch hier bei der Ermittlung des nichtbetriebsnotwendigen Vermögens Schadensersatzansprüche nach §§ 309, 310 AktG und wegen der Erteilung existenzgefährdender Weisungen zu berücksichtigen.

f. Gesellschafterschutz durch Beschluss- und Zustimmungserfordernisse beim herrschenden Unternehmen

§ 388 DiskE UmwG sah für die Verschmelzung auf eine vertraglich beherrschte Gesellschaft einen Zustimmungsbeschluss der Hauptversammlung des herrschenden Unternehmens vor. Die Vorschrift wurde aber aus den in der Einleitung genannten Gründen nicht in das UmwG übernommen.

De lege lata ließe sich eine solche Hauptversammlungskompetenz aber aus einer analogen Anwendung der §§ 293 Abs. 2, 295 Abs. 1 Satz 2 AktG ableiten. Hintergrund der Entscheidungskompetenz der Hauptversammlung über Unternehmensverträge sind vor allem die erheblichen finanziellen Risiken für das herrschende Unternehmen aus der Verlustausgleichspflicht, sowie die Pflicht, die außenstehenden Aktionäre nach §§ 304, 305 AktG zu entschädigen.[296]

Wird ein dritter Rechtsträger auf die beherrschte Gesellschaft verschmolzen, gewinnen diese Risiken eine neue Dimension. Denn das herrschende Unternehmen haftet für die Verluste der dann verschmolzenen Untergesellschaft und steht daher fortan auch für die Altverbindlichkeiten des übertragenden Rechtsträgers ein, die mit der Verschmelzung gemäß § 20 Abs. 1 Nr. 1 UmwG auf die

[296] Begr. RegE des § 293 AktG, bei *Kropff* S. 381; KölnKomm AktG/*Koppensteiner* § 293 Rdn. 40; *Hüffer* AktG § 293 Rdn. 17; zur GmbH vgl. BGHZ 105, 324 ("Supermarkt").

beherrschte Gesellschaft übergehen. Zudem schuldet es jetzt auch den Minderheitsgesellschaftern des übertragenden Rechtsträgers Abfindung und Ausgleich. Der Schutzzweck der §§ 293 Abs. 2, 295 Abs. 1 AktG ist also auch bei aufnehmender Verschmelzung durch die beherrschte Gesellschaft betroffen. Dann ist es aber nur konsequent, dass die Hauptversammlung des herrschenden Unternehmens das Abstimmungsverhalten ihrer Verwaltung bei der Beschlussfassung über die Verschmelzung der Untergesellschaft legitimieren muss.[297] Da bei originär rechtsgeschäftlicher Begründung eines Unternehmensvertrags das Zustimmungserfordernis unabhängig von der Größe und Bedeutung der beherrschten Gesellschaft besteht, ist ein Rückgriff auf die "Holzmüller"-Doktrin des Bundesgerichtshofs insoweit nicht erforderlich.[298] Auf die Bedeutung der Untergesellschaft innerhalb der Unternehmensgruppe kommt es daher nicht an.

g. Kündigungsrecht des herrschenden Unternehmens

Häufig wird vertreten, das herrschende Unternehmen könne nach einer Verschmelzung der Untergesellschaft den Unternehmensvertrag aus wichtigem Grund kündigen.[299] Diese Auffassung übersieht jedoch, dass in der Regel gerade das herrschende Unternehmens die Verschmelzung der beherrschten Gesellschaft durch sein Stimmverhalten verursacht hat, so dass eine anschließende Kündigung gegen das Verbot des venire contra factum proprium verstoßen würde.

Fraglich kann daher nur sein, ob dies auch in den praktisch seltenen Fällen gilt, in denen die Obergesellschaft nicht einmal eine Sperrminorität in der Untergesellschaft hält, mit der sie deren Verschmelzung hätte verhindern können. Da sie neu hinzutretende außenstehende Aktionäre abfinden muss bzw. ihnen nun den Ausgleich schuldet, und außerdem Gefahr läuft, für die Altverbindlichkeiten der übertragenden Gesellschaft nach §§ 302, 303 AktG zu haften, scheint es in derartigen Fällen opportun, der Obergesellschaft die außerordentliche Kündigung zu erlauben.[300]

[297] So tendenziell auch *Krieger* ZGR 1990, 517, 538; vgl. ferner Emmerich/*Habersack* Aktien- und GmbH-Konzernrecht Vor § 311 Rdn. 44 (zum Abschluss eines Unternehmensvertrags durch eine Tochtergesellschaft); aA *Geng* Ausgleich und Abfindung der Minderheitsaktionäre, S. 80.

[298] So aber *Gattineau* Der Beherrschungsvertrag in der Verschmelzung, S. 242 f.

[299] MünchKomm AktG/*Altmeppen* § 297 Rdn. 133; *Emmerich*/Habersack Aktien- und GmbH-Konzernrecht § 297 Rdn. 42; *Grunewald* in: Lutter UmwG § 20 Rdn. 35; *Marsch-Barner* in: Kallmeyer UmwG § 20 Rdn. 19; Schmitt/Hörtnagl/*Stratz* UmwG § 20 Rdn. 44.

[300] Ebenso *Gattineau* aaO, S. 24; *Gutheil* Auswirkungen von Umwandlungen auf Unternehmensverträge S. 255. Vgl. bereits *Exner* Beherrschungsvertrag und Vertragsfreiheit, S. 151.

h. Ergebnis: Beherrschte Gesellschaft als aufnehmender Rechtsträger

Wird ein dritter Rechtsträger auf die beherrschte Gesellschaft verschmolzen, so setzt sich der Unternehmensvertrag fort.

Der verfassungsrechtlich garantierte Eigentumsschutz gebietet es, die im Zuge der Verschmelzung neu hinzutretenden Außenseiter hinsichtlich der Abfindung und des Ausgleichs so zu stellen, als hätte ihre Gesellschaft unmittelbar mit dem herrschenden Unternehmen einen Unternehmensvertrag geschlossen.

Aus einer Analogie zu §§ 295 Abs. 1, 293 Abs. 2 AktG folgt, dass die Hauptversammlung des herrschenden Unternehmens das Abstimmungsverhalten des Vorstandes bei der Stimmrechtsausübung über die Verschmelzung der Untergesellschaft stets legitimieren muss.

Das herrschende Unternehmen kann den Vertrag nur dann unter Berufung auf die Verschmelzung der beherrschten Gesellschaft außerordentlich kündigen, wenn es ausnahmsweise nicht einmal eine Sperrminorität in der beherrschten Gesellschaft hält.

3. Folgeprobleme: Beherrschte Gesellschaft als übertragender Rechtsträger

a. Problemstellung

Auch bei einer übertragenden Verschmelzung der beherrschten Gesellschaft auf eine dritte Gesellschaft bereitet die Ermittlung der angemessenen Verschmelzungswertrelation besondere Schwierigkeiten. Hier ist erneut zu untersuchen, inwieweit die Verschmelzungswertrelation mit den Auswirkungen auf eine laufende Abfindungsverpflichtung und den Ausgleich verknüpft ist. Ferner soll erörtert werden, ob die Verschmelzung unter dem Vorbehalt eines Sonderbeschlusses analog §§ 296 Abs. 2, 297 Abs. 2 AktG steht.[301]

---

[301] Die Problemkonstellationen sind zum Teil vergleichbar mit denjenigen bei der Konzernverschmelzung zwischen herrschenden Unternehmen und beherrschter Gesellschaft, da der Unternehmensvertrag dort ebenfalls infolge der Verschmelzung kraft Gesetzes endet.

b. Vermögensbezogener Gesellschafterschutz

aa. Ermittlung der Verschmelzungswertrelation / Schicksal des Ausgleichs

Hat das herrschende Unternehmen während der Vertragslaufzeit massiv auf das Ertragspotential der Untergesellschaft eingewirkt, so schlägt dies naturgemäß auch auf das Umtauschverhältnis bei der Verschmelzung durch. Da der Unternehmensvertrag durch die übertragende Verschmelzung der Untergesellschaft beendet wird, ist auf den Bewertungsstichtag gegebenenfalls eine Stichtagsbilanz zu erstellen.[302] Ist während des laufenden Geschäftsjahrs ein Fehlbetrag entstanden, so ist der Verlustausgleichsanspruch nach § 302 AktG in die Unternehmensbewertung einzubeziehen. Auch Schadensersatzansprüche gegen das herrschende Unternehmen sind bei der Ermittlung des nichtbetriebsnotwendigen Vermögens zu berücksichtigen.

Anders als bei einer Konzernverschmelzung zwischen dem herrschenden Unternehmen und der beherrschten Gesellschaft[303] können aber bei einer Verschmelzung der Untergesellschaft mit einer dritten Gesellschaft die zukünftig entfallenden Ausgleichsansprüche der Außenseiter nicht in die Ermittlung des Umtauschverhältnisses einbezogen werden. Denn dem aufnehmenden Rechtsträger und seinen Gesellschaftern erwachsen aus der Beendigung des Unternehmensvertrags, anders als dem herrschenden Unternehmen bei einer Konzernverschmelzung, keinerlei Vorteile.[304] Eine Berücksichtigung entfallender Ausgleichszahlungen bei der Ermittlung der Verschmelzungswertrelation würde die außenstehenden Aktionäre der beherrschten Gesellschaft daher einseitig begünstigen, so dass die Gesellschafter des aufnehmenden Rechtsträgers die Verschmelzung erfolgreich anfechten könnten.

Das herrschende Unternehmen könnte in dieser Konstellation daher allenfalls zur Fortzahlung des Ausgleichs oder zur Barabfindung entfallender Ausgleichszahlungen verpflichtet sein. Es ist aber nicht ersichtlich, auf welcher Rechtsgrundlage die Fortzahlung oder eine bare Abfindung ausstehender Ausgleichsleistungen beansprucht werden könnte. Diese Wege sind also nicht gangbar. Die

[302] Vgl. BGHZ 103, 1, 9 ("Familienheim"); BGHZ 105, 168, 182 ("HSW"); MünchKomm AktG/*Altmeppen* § 302 Rdn. 24 ff; *Emmerich*/Habersack Aktien- und GmbH-Konzernrecht § 302 Rdn. 38 f; MünchHdbAG/*Krieger* § 70 Rdn. 66; *Raiser/Veil* Recht der Kapitalgesellschaften, § 54 Rdn. 55.

[303] Vgl. oben, 3. Teil, § 2 B. I. 2. b. ff.

[304] *Krieger* ZGR 1990, 517, 539.

übertragende Verschmelzung der beherrschten Gesellschaft auf einen Dritten führt demnach dazu, dass zukünftige Ausgleichsansprüche kompensationslos entfallen.

bb. Auswirkungen auf eine laufende Abfindungsverpflichtung

Der Bundesgerichtshof hat zu Recht klargestellt, dass die Beendigung eines Unternehmensvertrags nicht zum Erlöschen einer laufenden Abfindungsverpflichtung nach § 305 AktG führt, sondern die Abfindungsverpflichtung als gesetzliches Schuldverhältnis weiter fortbesteht.[305] Dieser Grundsatz gilt auch, wenn der Unternehmensvertrag infolge einer Verschmelzung der beherrschten Gesellschaft auf eine dritte Gesellschaft endet.

Außenstehende Aktionäre, die das Abfindungsangebot aus dem Unternehmensvertrag nach Durchführung der Verschmelzung annehmen wollen, müssen daher als Gegenleistung dem herrschenden Unternehmen die ihnen gemäß § 20 Abs. 1 Nr. 3 UmwG gewährten Aktien oder Geschäftsanteile des übernehmenden Rechtsträgers andienen. Die Parteien stehen dann im Ergebnis so, als ob das Abfindungsschuldverhältnis bereits vor der Verschmelzung abgewickelt worden wäre.[306]

c. Gesellschafterschutz durch Beschluss- und Zustimmungserfordernisse

aa. Sonderbeschluss analog §§ 296 Abs. 2, 297 Abs. 2 AktG

Gerade wurde aufgezeigt, dass der Ausgleich nach § 304 AktG mit dem Wirksamwerden der Verschmelzung ersatzlos entfällt. Wenn Ausgleichsansprüche aufgrund einer Vertragsaufhebung oder einer durch die Untergesellschaft erklärten Kündigung entfallen, setzen diese Maßnahmen gemäß §§ 296 Abs. 2, 297 Abs. 2 AktG einen Sonderbeschluss der außenstehenden Aktionäre voraus. Daher könnte analog §§ 296 Abs. 2, 297 Abs. 2 AktG auch eine vertragsbeendende übertragende Verschmelzung der be-

---

[305] BGHZ 135, 374, 380 ("Guanao"); BGHZ 138, 136, 138 f ("Asea/BBC II"). Die Höhe der Abfindung orientiert sich weiterhin am Wert der Untergesellschaft zum Stichtag des § 305 Abs. 3 Satz 2 AktG. Für die Forderung von Kübler in: Semler/Stengel UmwG § 20 Rdn. 31, der Abfindungsanspruch müsse noch vor Eintragung der Verschmelzung geltend gemacht werden, gibt es keine plausible Begründung.

[306] Vgl. auch *Gutheil* Auswirkungen von Umwandlungen auf Unternehmensverträge S. 186 f. Anders KölnKomm AktG/*Koppensteiner* § 305 Rdn. 26, der offenbar nur die Wertdifferenz zwischen den in der Verschmelzung gewährten Anteilen des übernehmenden Rechtsträgers und der angemessenen Abfindung ausgleichen will.

herrschten Gesellschaft auf eine dritte Gesellschaft unter dem Vorbehalt eines Sonderbeschlusses stehen. Denn für die außenstehenden Aktionäre macht es keinen Unterschied, ob sie ihre Ausgleichsansprüche durch eine Vertragsaufhebung bzw. eine außerordentliche Kündigung oder infolge einer übertragenden Verschmelzung verlieren.

Kann das Abfindungsangebot aus dem Unternehmensvertrag wegen eines laufenden Spruchverfahrens noch angenommen werden, so können die außenstehenden Aktionäre aber zumindest weiterhin die angemessene Abfindung realisieren. Da hierdurch auf der Vermögensebene hinreichender Minderheitenschutz gewährleistet wird, ist der ersatzlose Wegfall des Ausgleichsanspruchs hinnehmbar. In diesem Fall besteht also nur ein eingeschränktes Schutzbedürfnis, so dass hier eine analoge Anwendung von § 296 Abs. 2 AktG abgelehnt werden sollte. Dem Umwandlungsinteresse des Mehrheitsgesellschafters kann hier der Vorrang eingeräumt werden. Ein Sonderbeschluss ist nicht erforderlich.

Anders ist die Situation, wenn (i) das Abfindungsangebot aus dem Unternehmensvertrag wegen Fristablaufs nicht mehr angenommen werden kann und (ii) die beherrschte Gesellschaft auf der Grundlage des Unternehmensvertrags nachhaltig in ihrer Ertragskraft geschwächt wurde. Hier müssen sich die außenstehenden Aktionäre u.U. nicht nur mit dem Verlust zukünftiger Ausgleichsansprüche, sondern, da die Verschmelzung einen zwischenzeitlichen Wertverlust ihrer Anteile perpetuiert, auch mit einer endgültigen Entwertung ihrer Aktien abfinden. Die Situation ist insofern auch nicht vergleichbar mit einer „normalen“ Vertragsbeendigung infolge von Zeitablauf oder Kündigung. Denn die Verschmelzung zementiert den aktuellen Ertragswert der beherrschten Gesellschaft und nimmt den außenstehenden Aktionären somit die Möglichkeit, an einem späteren „Wiederaufblühen“ ihrer Gesellschaft angemessen zu partizipieren.

Auch die gesetzgeberische Wertentscheidung, dass vermögensbezogene Streitigkeiten vorrangig im Spruchverfahren zu lösen sind, führt nicht zu einer Ergebniskorrektur. Denn auf der Vermögensebene kann hier, anders als bei einer Verschmelzung mit dem herrschenden Unternehmen, ja gerade kein befriedigender Minderheitenschutz gewährleistet werden. Ist die Annahmefrist für das Abfindungsangebot zum Zeitpunkt der Verschmelzung bereits abgelaufen, müssen die außenstehenden Aktionäre der Verschmelzung analog §§ 296 Abs. 2, 297 Abs. 2 AktG durch Sonderbeschluss zustimmen.[307]

Weil hier nicht über Strukturmaßnahmen einer dritten Gesellschaft zu entscheiden ist, ist ein Sonderbeschluss auch kein Systembruch mit dem umwandlungsrechtlichen Regelungskonzept, schließlich kennt auch das UmwG in den §§ 50 Abs. 2, 65 Abs. 2 Individualzustimmungsrechte bzw. Sonderzustimmungsvorbehalte einzelner Anteilseignergruppen.

bb. Individualzustimmungsrechte bei übertragender GmbH

Auch wenn eine vertraglich beherrschte GmbH auf eine dritte Gesellschaft verschmolzen werden soll, können etwaige individuell ausgehandelte Ausgleichsregelungen bei der Ermittlung der Verschmelzungswertrelation nicht berücksichtigt werden, weil andernfalls die Gesellschafter der aufnehmenden Gesellschaft übervorteilt würden. Der Verlust der Ausgleichsansprüche lässt sich also nicht durch eine Bemessung der Beteiligungsquote am übernehmenden Rechtsträger kompensieren. Daher setzt der vertragsbeendende Verschmelzungsbeschluss nach § 50 Abs. 2 UmwG[308] eine individuelle Zustimmung aller betroffenen ausgleichsberechtigten Gesellschafter voraus.[309]

d. Ergebnis: Beherrschte Gesellschaft als übertragender Rechtsträger

Wird eine vertraglich beherrschte Gesellschaft auf eine dritte Gesellschaft verschmolzen, endet der Unternehmensvertrag.

---

[307] Das Problem entschärft sich dadurch, dass Unternehmensverträge üblicherweise aus steuerlichen Gründen zunächst mit einer festen Laufzeit von fünf Jahren geschlossen werden (vgl. § 14 Abs. 1 Nr. 3 KStG). Normalerweise wird darüber hinaus vereinbart, dass sich der Vertrag anschließend um jeweils ein Jahr verlängert, wenn er nicht zuvor zum Ende des Geschäftsjahres ordentlich gekündigt wird, vgl. *Hoffmann-Becking* in: Münchener Vertragshandbuch Gesellschaftsrecht (Band 1), Formular X 2, Anm. 23. Während der ersten fünf Jahre der Vertragslaufzeit wird ein herrschendes Unternehmen nur selten Interesse an einer vertragsbeendigenden Verschmelzung haben, weil es andernfalls rückwirkend die Steuervorteile der Organschaft verliert. Praktisch relevant wird die hier erörterte Fragestellung daher meistens wohl erst, wenn die fest vereinbarte Vertragslaufzeit abgelaufen ist, und das herrschende Unternehmen den Vertrag ohne Sonderbeschlusserfordernis zum Jahresende ordentlich kündigen kann.

[308] Vgl. hierzu oben, 3. Teil, § 2 B. I. 3. b.

[309] I.E. ebenso *Hagemann* Die Beendigung kombinierter Gewinnabführungs- und Beherrschungsverträge mit abhängiger GmbH, S. 141, der das Ergebnis jedoch nicht aus § 50 Abs. 2 UmwG, sondern aus allgemeinen Grundsätzen des GmbH-Vertragskonzernsrechts ableiten will.

Die Verschmelzungswertrelation zwischen der beherrschten Gesellschaft und der aufnehmenden Gesellschaft ist zu aktuellen Unternehmenswerten zu ermitteln. Zukünftig entfallende Ausgleichsansprüche nach § 304 AktG können bei der Bewertung der Aktien der außenstehenden Aktionäre nicht berücksichtigt werden.

Ein laufendes Spruchverfahren zur Überprüfung von Abfindung und Ausgleich ist trotz der Verschmelzung zu Ende zu führen. Die außenstehenden Aktionäre können in diesem Fall weiterhin die Abfindung realisieren. Sie müssen dann dem vormals herrschenden Unternehmen als Gegenleistung für die Abfindung die ihnen in der Verschmelzung gewährten Anteile der aufnehmenden Gesellschaft andienen.

Ist das Abfindungsangebot ausgelaufen und hat die beherrschte Gesellschaft während der Vertragslaufzeit an Wert verloren, kann auf der Vermögensebene kein sachgerechter Minderheitenschutz erzielt werden. Die Wirksamkeit des Verschmelzungsbeschlusses hängt daher in dieser Konstellation von einem zustimmenden Sonderbeschluss der außenstehenden Aktionäre analog §§ 296 Abs. 2, 297 Abs. 2 AktG bzw. von einer individuellen Zustimmung ausgleichsberechtigter GmbH-Gesellschafter gemäß § 50 Abs. 2 UmwG ab.

C. Spaltungen im Vertragskonzern

I. Problemstellung / Methodisches Vorgehen zur Ermittlung des Schicksals eines Unternehmensvertrags in der Spaltung

Das Rechtsinstitut der Spaltung ermöglicht es Rechtsträgern, Gegenstände ihres Aktiv- und Passivvermögen - inklusive Vertragsverhältnissen[310] - im Wege einer "partiellen Gesamtrechtsnachfolge" auf andere Rechtsträger zu übertragen. Von gewissen Ausnahmen abgesehen, kann der übertragende Rechtsträger sein Vermögen ohne Beschränkungen aufteilen und zuordnen. Anders als bei Formwechsel und Verschmelzung lässt sich das Schicksal eines Unternehmensvertrags daher bei Spaltungen nicht unmittelbar aus dem Gesetz ableiten, sondern ist, wenn auch mit gewissen Einschränkungen, der Willkür der Beteiligten unterworfen. Deshalb sind hier zunächst die Möglichkeiten und Grenzen der Spaltungsfreiheit bei der Übertragung von Rechtspositionen aus Unternehmensverträgen auszuloten. Hierbei ist besonderes Augenmerk auf den organisationsrechtlichen Charakter der Unternehmensverträge zu richten. Es bietet sich folgender Prüfungsablauf an:

Zunächst gilt es sich zu vergegenwärtigen, dass auch in Folge einer Spaltung ein Unternehmensvertrag entweder automatisch *enden* muss oder sich mit einem bzw. mehreren aus der Spaltung hervorgegangenen Rechtsträgern *fortsetzen* kann.

Wird der Unternehmensvertrag durch die Spaltung nicht automatisch beendet, ist zu fragen, ob er sich automatisch *mit allen* aus der Spaltung hervorgegangenen Rechtsträgern fortsetzt.

Wird diese Frage verneint, ist zu ergründen, ob der Vertrag zwingend *mit einem bestimmten* aus der Spaltung hervorgehenden Rechtsträger fortgesetzt wird.

---

[310] Dass Vertragsverhältnisse von § 126 Abs. 1 Nr. 9 UmwG erfasst werden, also in der Spaltung zugewiesen werden müssen, ist unstreitig, vgl. BegrRegE zu § 126 bei *Ganske*; *Kallmeyer* in: Kallmeyer UmwG § 126 Rdn. 22 ff; Widmann/*Mayer* UmwG § 126 Rdn. 195; *Raiser/Veil* Recht der Kapitalgesellschaften § 49 Rdn. 28; *Schäfer* Die Spaltung, S. 114; Schmitt/*Hörtnagl*/Stratz UmwG § 126 Rdn. 73, 108. Problematisch ist jedoch, ob diesbezüglich Zustimmungsvorbehalte zugunsten von Gläubigern bestehen, dies wird eingehend zu erörtern sein.

Ist auch dies zu verneinen, kann schließlich diskutiert werden, ob im Spaltungsvertrag bzw. Spaltungsplan die Rechte und Pflichten aus einem Unternehmensvertrag einem bzw. mehreren Rechtsträgern *frei zugewiesen* werden können.

Abschließend ist jeweils noch zu klären, was geschieht, wenn keine ausdrückliche Zuordnung des Unternehmensvertrags im Spaltungsvertrag bzw. Spaltungsplan erfolgt.

Nachdem für die verschiedenen Varianten der Spaltung die Möglichkeiten und Grenzen der Spaltungsfreiheit aufgezeigt sind, wird sich die Fallgruppenanalyse nicht mehr primär an den einzelnen Spielarten der Spaltung orientieren, sondern sich danach ausrichten, ob der Vertrag (i) endet, sich mit (ii) einzelnen oder mit (iii) allen aus der Spaltung hervorgehenden Rechtsträgern fortsetzt. Allerdings werden aufgrund gewisser Eigenarten der Spaltungsmöglichkeiten bestimmte Probleme dann doch wieder differenziert nach den verschiedenen Varianten erörtert werden müssen.

II. Spaltungen des herrschenden Unternehmens

1. Schicksal eines Unternehmensvertrags bei Aufspaltung des herrschenden Unternehmens

Gemäß § 131 Abs. 1 Nr. 2 UmwG erlischt ein sich aufspaltender Rechtsträger mit der Eintragung der Aufspaltung in das Handelsregister kraft Gesetzes. Hieraus könnte folgen, dass bei Aufspaltung eines herrschenden Unternehmens ein Unternehmensvertrag beendet wird. Allerdings ist die Aufspaltung - ebenso wie die übertragende Verschmelzung[311] - weniger vom liquidationslosen Erlöschen des Rechtsträgers, als von der (partiellen) Universalsukzession geprägt. Aus dem Erlöschen des Rechtsträgers folgt daher nicht zwangsläufig, dass auch der Unternehmensvertrag automatisch endet.

Vielmehr ist zu bedenken, dass sich der übertragende Rechtsträger durch eine Spaltung nicht bestehenden Vertragspflichten entziehen können soll. Daher müssen bei einer Aufspaltung grundsätzlich alle Vertragsverhältnisse einem der beteiligten Rechtsträger zugewiesen werden. Aus dem aufspaltungsbedingten

---

[311] Vgl. oben, 3. Teil, § 1 C. IV 2.

Erlöschen der Obergesellschaft kann somit gerade nicht gefolgert werden, dass der Unternehmensvertrag automatisch endet.[312]

Da die Aufspaltung des herrschenden Unternehmens einen Unternehmensvertrag nicht beendet, könnte er sich automatisch mit *allen* aus der Aufspaltung hervorgegangenen Rechtsträgern fortsetzen. Gegen eine derartige Rechtsfolge spricht aber, dass in der Spaltung grundsätzlich ein Zuordnungsgebot besteht. Nach § 131 Abs. 3 UmwG wird ein Gegenstand nur dann automatisch mehreren Rechtsträgern zugeordnet, wenn er weder im Spaltungs- und Übernahmeplan erfasst ist, noch eine Auslegung zu einer eindeutigen Zuordnung führt.

Schließlich liefern weder das Konzernrecht noch das Umwandlungsrecht Anhaltspunkte dafür, dass bei der Aufspaltung eines herrschenden Unternehmens die Rechtsstellung aus einem Unternehmensvertrag zwingend *einem bestimmten* Rechtsträger zugewiesen werden müsste. Da die Stellung als vertraglich herrschendes Unternehmen auch nicht zwingend mit dem Anteilseigentum an der beherrschten Gesellschaft verknüpft ist,[313] wäre es sogar zulässig, das Anteilseigentum an der Untergesellschaft und die Stellung als herrschendes Unternehmen verschiedenen Rechtsträgern zuzuordnen.

Die Position als vertraglich herrschendes Unternehmen kann demnach bei einer Aufspaltung des herrschenden Unternehmens frei zugeordnet werden. Der Spaltungsplan bzw. -vertrag kann den Unternehmensvertrag sowohl einem, oder, da eine koordinierte Mehrmütterherrschaft zulässig ist,[314] auch mehreren Rechtsträgern zuordnen. Dies gilt sowohl für Aufspaltungen zur Neugründung als auch für Aufspaltungen zur Aufnahme.

---

[312] MünchKomm AktG/*Altmeppen* § 297 Rdn. 126 ff; *Emmerich*/Habersack Aktien- und GmbH-Konzernrecht § 297 Rdn. 46; *Gutheil* Auswirkungen von Umwandlungen auf Unternehmensverträge, S. 223; MünchHdbAG/*Krieger* § 70 Rdn 206; *Kallmeyer* in: Kallmeyer UmwG § 126 Rdn. 26 *Langenbucher* in: Schmidt/Lutter AktG § 297 Rdn. 34. *Veil* in: Spindler/Stilz AktG § 297 Rdn 42; aA *Emmerich/Sonnenschein/Habersack* Konzernrecht § 15 IV 6 c; *Teichmann* in: Lutter UmwG § 132 Rdn. 57 (Beendigung).

[313] MünchKomm AktG/*Altmeppen* § 291 Rdn. 16; *Emmerich/Habersack* Aktien- und GmbH-Konzernrecht § 291 Rdn. 10; KölnKomm AktG/*Koppensteiner* § 291 Rdn. 7; Münch HdbAG/*Krieger* § 70 Rdn. 8; aA *van Veenroy* BB 1986, 612 ff; dagegen *Kort* BB 1988, 79 ff.

[314] Unkoordinierte Mehrmütterherrschaft ist allerdings unzulässig, vgl. LG Frankfurt DB 1990, 624; *Geßler*/Hefermehl AktG § 291 Rdn. 54; KölnKomm AktG/*Koppensteiner* § 291 Rdn 57 f.; MünchHdbAG/*Krieger* § 70 Rdn. 10.

2. Schicksal eines Unternehmensvertrags bei Abspaltung und Ausgliederung auf Ebene des herrschenden Unternehmens

Bei einer Abspaltung oder Ausgliederung erlischt der Rechtsträger der übertragenden Gesellschaft nicht, sondern bleibt als „Rumpfgesellschaft" bestehen. Da mit der Rumpfgesellschaft die ursprüngliche Vertragspartei als juristische Person weiterhin existiert, wäre es denkbar, dass der Unternehmensvertrag stets diesem fortbestehenden Teil des Unternehmens zugeordnet werden müsste. Zwingend wäre diese Rechtsfolge gemäß § 131 Abs. 1 Nr. 1 Satz 2 UmwG aber nur dann, wenn die Rechtsposition als herrschendes Unternehmen nicht rechtsgeschäftlich übertragen werden könnte, was aber nach zutreffender h.M. grundsätzlich möglich ist.[315] Da § 131 Abs. 1 Nr. 1 S. 2 UmwG hier nicht einschlägig ist, kann - gleichgültig ob zur Neugründung oder zur Aufnahme abgespalten bzw. ausgegliedert wird - das herrschende Unternehmen den Unternehmensvertrag nach freiem Ermessen der Rumpfgesellschaft und / oder einem oder mehreren aufnehmenden Rechtsträgern zuweisen.

3. Schicksal eines Unternehmensvertrags bei unterbliebener Zuordnung

Soeben wurde gezeigt, dass bei Spaltungen des herrschenden Unternehmens ein Unternehmensvertrag frei zugeordnet werden kann. Nachfolgend wird untersucht, was geschieht, wenn bei einer Spaltung des herrschenden Unternehmens die Rechtsposition als herrschendes Unternehmen versehentlich oder absichtlich nicht zugeordnet wird.

a. Aufspaltung

Da der Rechtsträger des herrschenden Unternehmens gemäß § 131 Abs. 1 Nr. 2 UmwG mit Eintragung der Aufspaltung erlischt, könnte bei unterbliebener Zuordnung auch der Unternehmensvertrag automatisch enden. Jedoch bestimmt § 131 Abs. 3 UmwG, dass bei unterbliebener Zuordnung durch Auslegung zu ermitteln ist, welchem Rechtsträger ein "vergessener" Gegenstand zuzuordnen ist. Die Vorschrift kann auch für die Behandlung von "vergessenen Verträgen"

---

[315] Vgl. *Emmerich*/Habersack Aktien- und GmbH-Konzernrecht § 297 Rdn. 46; *Gutzler* Übertragungshindernisse bei der Unternehmensspaltung, S. 123; Schmitt/*Hörtnagl*/Stratz UmwG § 131 Rdn. 72; *Heidenhain* NJW 1995, 2873, 2877 (hält jedoch die Zuordnung zu mehreren Rechtsträger für verboten); *Kallmeyer* in: Kallmeyer UmwG § 126 Rdn. 26, MünchHdbAG/*Krieger* § 70 Rdn. 186; *Rieble* ZIP 1997, 301, 312; *K. Müller* DB 2002, 157, 158; aA *Teichmann* in: Lutter UmwG § 132 Rdn. 56; wohl auch MünchKomm AktG/ *Altmeppen* § 297 Rdn. 126.

fruchtbar gemacht werden. Bei "vergessenen Unternehmensverträgen" bietet sich als Anknüpfungskriterium für die von § 131 Abs. 3 UmwG geforderte Auslegung die Zuordnung des Anteilseigentums an der beherrschten Gesellschaft an. Hierdurch wird vermieden, dass es zu einem Auseinanderfallen zwischen unternehmensvertraglich vermittelter Beherrschungsmacht und gesellschaftsrechtlichem Einfluss kommt. Bei unterbliebener Zuordnung des Unternehmensvertrags setzt sich der Vertrag daher mit demjenigen Rechtsträger fort, dem die Anteile an der Untergesellschaft zugeordnet wurden.[316]

Eine Zuordnung des Unternehmensvertrags anhand der Zuweisung des Anteilseigentums ist freilich schwierig, wenn die Anteile an der beherrschten Gesellschaft entweder gar nicht oder nicht einheitlich[317] zugewiesen wurden. In solchen Fällen ist davon auszugehen, dass die Rechte aus dem Vertrag so lange ruhen, bis sich die aus der Spaltung hervorgegangenen Rechtsträger über eine Regelung geeinigt haben. Andernfalls bestünde die Gefahr einer unkoordinierten Ausübung von Herrschaftsmacht. Dies wäre der beherrschten Gesellschaft nicht zuzumuten. Für die Verpflichtungen aus dem Unternehmensvertrag haften die aus dem aufgespalteten herrschenden Unternehmen hervorgehenden Rechtsträger gemäß § 131 Abs. 1 UmwG (ohnehin) als Gesamtschuldner.

b. Abspaltung / Ausgliederung

Fraglich ist, ob auch bei unterbliebener Zuordnung des Unternehmensvertrags in Fällen der *Abspaltung* und *Ausgliederung* auf die Zuweisung der Anteile der beherrschten Gesellschaft abzustellen ist. Hier könnte argumentiert werden, dass der Rechtsträger der ursprünglichen Vertragspartei als „Rumpfgesellschaft" weiterexistiert, und deshalb stets die die Stellung als herrschendes Unternehmen behält.

Richtigerweise sollte aber auch hier ein Gleichlauf zwischen Anteilseigentum und Herrschaftsmacht hergestellt werden. Wird die Mehrheit der Anteile an der Untergesellschaft auf einen übernehmenden Rechtsträger übertragen, so steht dieser fortan in einer engeren gesellschaftsrechtlichen Nähebeziehung zu der beherrschten Gesellschaft als die Rumpfgesellschaft. Daher ergibt eine er-

[316] So auch *Geng* Ausgleich und Abfindung der Minderheitsaktionäre, S. 166 f.

[317] Hält eine der Gesellschaften auch nach der Spaltung eine qualifizierte Mehrheit in der beherrschten Gesellschaft, die es ihr z.B. erlaubt Änderungen des Unternehmensvertrags ohne die Stimmen weiterer Gesellschafter durchsetzen, so ergibt die Auslegung freilich, dass alleine diese Gesellschaft die Position des herrschenden Unternehmens ausübt.

gänzende Auslegung des Spaltungsplans bzw. Spaltungsvertrags, dass der übernehmende Rechtsträger in dieser Konstellation auch zur herrschenden Vertragspartei wird.

Werden hingegen bei einer Abspaltung oder einer Ausgliederung weder die Position als herrschendes Unternehmen noch die Anteile an der beherrschten Gesellschaft ausdrücklich zugeordnet, verbleiben die Anteile bei der Rumpfgesellschaft. Diese ist dann demzufolge weiterhin aus dem Unternehmensvertrag berechtigt und verpflichtet.

4. Außerordentliche Kündigung

Es wurde bereits aufgezeigt, dass Unternehmensverträge im Zusammenhang mit Umwandlungsmaßnahmen nur in Ausnahmefällen außerordentlich gekündigt werden können, und zwar dann, wenn die Umwandlung eine Gefahr begründet, dass das herrschende Unternehmen seine finanziellen Pflichten gegenüber der beherrschten Gesellschaft und den außenstehenden Aktionären nicht mehr wird erfüllen können. Dies gilt auch bei Spaltungen herrschender Unternehmen.

5. Folgeprobleme bei der Spaltung eines herrschenden Unternehmens

Auch die Untersuchung von Spaltungen im Vertragskonzern muss zwischen dem vermögensbezogenem Gesellschafterschutz und dem Gesellschafterschutz durch Mitwirkungs- und Zustimmungsrechte differenzieren. Zunächst werden daher die Auswirkungen der Spaltung auf laufende Abfindungsverpflichtungen sowie auf den Ausgleich diskutiert. Ferner ist zu untersuchen, ob Spaltungen des herrschenden Unternehmens eine erneute Verpflichtung zur Gewährung einer Abfindung an die außenstehenden Aktionäre auslösen können. Sind die Auswirkungen der Spaltung des herrschenden Unternehmens auf die Vermögensrechte der außenstehenden Aktionäre geklärt, wird erörtert, ob hinsichtlich der Zuordnung des Vertrags Mitspracherechte auf Ebene der Untergesellschaft bestehen.

a. Vermögensbezogener Gesellschafterschutz

aa. Auswirkungen auf eine laufende Abfindungsverpflichtung

(1) Abspaltung / Aufspaltung

Bei einer Abspaltung oder Ausgliederung beim herrschenden Unternehmen geht eine offene *Barabfindungsverpflichtung* auf denjenigen Rechtsträger über, dem im Spaltungsvertrag/-plan die Position als herrschendes Unternehmen zugewiesen wurde. Dieser haftet als Hauptschuldner. [318] Andernfalls würde gegen das auch im Vertragkonzernrecht geltende Prinzip des Gleichlaufs von Herrschaft und Haftung verstoßen. Nach § 133 Abs. 1 Satz 1 UmwG haften aber auch die übrigen Rechtsträger als Gesamtschuldner auf die Barabfindung. Gleiches gilt für eine laufende Abfindungsverpflichtung in Aktien der Konzernspitzengesellschaft.

Komplizierter ist die Rechtslage, wenn als Abfindung ursprünglich *Aktien* der sich spaltenden Gesellschaft anzubieten waren. Da die außenstehenden Aktionäre auch zukünftig mittelbar an den Erträgen "ihrer" Gesellschaft partizipieren sollen, muss eine unabhängige Aktiengesellschaft gemäß § 305 Abs. 2 Nr. 1 AktG die Abfindung grundsätzlich in eigenen Aktien anbieten. Dieses Regelungsanliegen ist bei Spaltung der herrschenden Gesellschaft aber nur dann umzusetzen, wenn gerade Aktien derjenigen Gesellschaft als Abfindung gewährt werden, die fortan die Rechte aus dem Vertrag wahrnimmt. Nach der Spaltung schuldet also jedenfalls diejenige Gesellschaft eine Abfindung in Aktien, der die Stellung als herrschendes Unternehmen zugewiesen wurde.

Fraglich ist aber ob es ausreicht, dass ausschließlich die fortan künftig herrschende Gesellschaft eine Abfindung in Aktien gewährt, oder ob die außenstehenden Aktionäre auch Anteile derjenigen Rechtsträger verlangen können, denen die Stellung als herrschendes Unternehmen *nicht* zugewiesen wurde.

Gutheil meint, die Abfindungsverpflichtung teile sich pro rata auf die an der Spaltung beteiligten Gesellschaften auf. Die Eigentumsgarantie des Art. 14 Grundgesetz gebiete es, die außenstehenden Aktionäre so zu stellen, als ob sie bereits im Zeitpunkt der Spaltung ein auf Aktien lautendes Abfindungsangebot angenommen hätten. Daher müssten auch diejenigen Rechtsträger eine Ab-

[318] Zu „Hauptschuld" und „Mithaft" bei Spaltungen vgl. *Hommelhoff/Schwab* in: Lutter UmwG § 133 Rdn. 16 ff. m.w.N.; *Raiser/Veil* Recht der Kapitalgesellschaften § 49 Rdn. 43.

findung in Aktien gewähren, denen die Rechtsposition als herrschendes Unternehmen nicht zugewiesen wurde.[319] Anknüpfungspunkt seiner Argumentation ist die Nachhaftung gemäß § 133 Abs.1 Satz 1 UmwG.

Diese Auffassung konfrontiert also auch solche Gesellschaften mit einer Abfindungsverpflichtung, die zukünftig keinerlei Rechte aus dem Unternehmensvertrag geltend machen können. Dies ist insbesondere bei Spaltungen zur Aufnahme bedenklich, da hier auch die Alt-Gesellschafter des aufnehmenden Rechtsträgers betroffen sind, der nicht einmal in der Vergangenheit Vorteile aus dem Vertrag ziehen konnte. Überdies bereitet *Gutheils* Auffassung erhebliche Probleme, wenn nicht auf eine Aktiengesellschaft, sondern auf eine GmbH gespalten wird, denn eine GmbH ist zur Abfindung in Geschäftsanteilen weder berechtigt noch verpflichtet. Was in einem solchen Fall gelten soll, wird von *Gutheil* nicht problematisiert.

Zudem besteht für eine Gewährung von Anteilen aller aus der Spaltung hervorgegangenen Rechtsträger kein Bedürfnis: Aus dem Unternehmensvertrag folgt die vertragliche Nebenpflicht des herrschenden Unternehmens, die außenstehenden Aktionäre der beherrschten Gesellschaft rechtzeitig über die bevorstehende Spaltung zu informieren. Diesen bleibt es dann unbenommen, noch vor Eintragung der Spaltung das laufende Angebot anzunehmen. Die ihnen daraufhin gewährten Anteile nehmen an der Spaltung teil, ohne dass etwaige Ergänzungsansprüche hierdurch berührt würden.[320]

Die Ermittlung der Höhe einer Abfindung in Aktien des künftig herrschenden Unternehmens bereitet allerdings erhebliche Schwierigkeiten. Dass die Abfindung wegen der veränderten Umstände auf einer anderen Grundlage zu ermitteln ist, liegt auf der Hand. Auf die bislang im Spruchverfahren gewonnen Erkenntnisse zum Wert des herrschenden Unternehmens kann nicht zurückgegriffen werden. Vielmehr ist eine gesonderte Ertragswertberechnung für die Rumpfgesellschaft vorzunehmen.

---

[319] *Gutheil* aaO.: Zur Aufspaltung vgl. S. 230, zur Abspaltung und Zuordnung des Vertrags zur Rumpfgesellschaft S. 234 und zur Zuordnung zum abgespaltenen Rechtsträger S. 236. Eine Differenzierung zwischen Spaltungen zur Aufnahme und Spaltungen zur Neugründung sei entbehrlich, vgl. S. 224, dort Fn. 774. I.E. wohl übereinstimmend *Geng* Ausgleich und Abfindung, S. 168, 170.

[320] Verletzt die Obergesellschaft diese Informationspflicht, ist sie gemäß §§ 280 Abs. 1, 241 Abs. 2 BGB zum Schadensersatz verpflichtet. Sie muss die Außenseiter dann so stellen, wie sie bei ordnungsgemäßer Informationserteilung gestanden hätten.

Weil eine rückbezogene Ertragswertermittlung einzelner Unternehmensteile kaum praktikabel sein dürfte, sollte bei der Bewertung der fortan herrschenden Gesellschaft vom Stichtagsprinzip des § 305 Abs. 3 Satz 2 AktG abgerückt, und diese auf den Spaltungsstichtag bewertet werden. Zwar ist ein derartiges Verfahren mit einigen Unwägbarkeiten und zusätzlichen Kosten verbunden, dennoch erscheint es im Vergleich zu dem von *Gutheil* präferierten Vorgehen als der sachgerechtere Weg.[321]

Die aufgrund der Neubewertung entstehende Verfahrensverzögerung lässt sich akzeptieren, wenn man das herrschende Unternehmen verpflichtet, kumulativ stets eine Barabfindung anzubieten. Über die Höhe der Barabfindung kann im Spruchverfahren durch Teilurteil entschieden werden. Da die Gesellschafter des herrschenden Unternehmens die Spaltung - und somit auch die erheblichen Komplikationen, die sich jetzt bei Ermittlung der Abfindung ergeben - durch ihre Beschlussfassung willentlich herbeigeführt haben, ist ihnen die Kumulierung der Abfindungsalternativen zuzumuten.

(2) Ausgliederung

Bei einer Ausgliederung beim herrschenden Unternehmen bereitet eine offene, auf Aktien lautende Abfindungsverpflichtung keine Probleme. Weil die Anteile der ausgegliederten Gesellschaft gemäß § 123 Abs. 3 UmwG Eigentum des übertragenden Rechtsträgers sind, beeinflusst eine Ausgliederung nicht den Wert des herrschenden Unternehmens.

Selbst eine Übertragung des Unternehmensvertrags auf den ausgegliederten Teil ist unproblematisch. Hierdurch wird die beherrschte Gesellschaft zur Enkelgesellschaft eines mehrstufigen Konzerns, so dass nunmehr gemäß § 305 Abs. 1 Nr. 2 AktG Aktien der Konzernspitze, also der übertragenden Obergesellschaft, geschuldet werden. Auf deren Wert, der ja bereits im anhängigen Spruchstellenverfahren ermittelt wird, hat die Ausgliederung wegen § 123 Abs. 3 UmwG keine Auswirkungen.

---

[321] A.A. *Geng* Ausgleich und Abfindung, S. 190, der beide Verfahren für zulässig erachtet, aber eine sachgerechte Bewertung nach der hier favorisierten Lösung für praktisch unmöglich hält.

(3) Begründung von Mehrmütterherrschaft

Bei nachträglicher Begründung von Mehrmütterherrschaft in Folge einer Spaltung stellt sich die Frage, ob sämtliche Mütter in eigenen Aktien abfinden dürfen bzw. sogar müssen, oder ob hier künftig eine Barabfindung geschuldet wird. Dies hängt davon ob, ob bei einer Mehrmütterherrschaft eine Abfindung in Aktien überhaupt zulässig ist. Die Frage ist umstritten.

Teilweise wird vertreten, dass auch bei Mehrmütterherrschaft eine Abfindung in Aktien statthaft bzw. sogar geboten sei. Jedes der herrschenden Unternehmen habe die Abfindung in eigenen Aktien so anzubieten, als ob es alleiniger Partner des Unternehmensvertrags sei. Die außenstehenden Aktionäre könnten dann wählen, welches der Angebote sie annehmen möchten.[322] Demgegenüber hält die h.L. eine Abfindung in Aktien bei einer Mehrmütterherrschaft für unzulässig.[323] Bereits der Wortlaut des § 305 Abs. 2 Nr. 1 AktG fordere bzw. erlaube eine Abfindung in eigenen Aktien nur dann, wenn der andere Vertragsteil *eine* Aktiengesellschaft ist. Bei der Mehrmütterherrschaft sei diese Formulierung im Singular nicht einschlägig, so dass einer der *anderen* Fälle nach § 305 Abs. 2 Nr. 3 AktG vorliege[324] und zwingend eine Barabfindung anzubieten sei. Hinzu trete das pragmatische Argument, dass die Abfindung in Aktien bei Mehrmütterherrschaft im Spruchstellenverfahren zu einer Vervielfachung der Unternehmensbewertungen führen würde, was die ohnehin schon langwierigen Verfahren noch weiter verzögert.[325]

Für die h.A. spricht außerdem folgende, bisher allerdings noch nicht in den Blickpunkt gerückte Erwägung: Wären mehrere herrschende Unternehmen verpflichtet, in eigenen Aktien abzufinden, könnte sich ein Großteil der außenstehenden Aktionäre für Aktien gerade *einer bestimmten* Gesellschaft entscheiden. Deren Gesellschafter wären hierdurch im Verhältnis zu denjenigen der anderen herrschenden Unternehmen überproportional belastet, obwohl ihrer Gesellschaft dafür keine äquivalenten Vorteile bei der Ausübung des Weisungsrechts bzw. der Ertragsvereinnahmung zukommen. Diese Imparität im

---

[322] *Exner* Beherrschungsvertrag und Vertragsfreiheit, S. 290 ff; *Geßler*/Hefermehl AktG § 305 Rdn. 25.

[323] MünchKomm AktG/*Bilda* § 305 Rdn. 55; *Emmerich/Gansweid* JuS 1975, 294, 298; *Emmerich*/Habersack Aktien- und GmbH-Konzernrecht § 305 Rdn. 15; *Hüffer* AktG § 305 Rdn. 12; KölnKomm AktG/*Koppensteiner* § 305 Rdn. 43; *ders.* ZHR 131 (1968), 289, 317; MünchHdbAG/*Krieger*, § 70 Rdn. 100; *Stephan* in: Schmidt/Lutter AktG § 305 Rdn. 46

[324] In diese Richtung offenbar *Emmerich/Sonnenschein/Habersack* Konzernrecht § 3 III 3.

[325] MünchKomm AktG/*Bilda* § 305 Rdn. 55.

Innenverhältnis zwischen den herrschenden Unternehmen auszugleichen, scheint praktisch unmöglich.

Gleichwohl spricht sich *Gutheil* dafür aus, bei spaltungsbedingter Begründung von Mehrmütterherrschaft die Abfindungsverpflichtung quotal auf sämtliche fortan weisungsberechtigten Rechtsträger zu verteilen.[326] Zum Schutz der außenstehenden Aktionäre ist eine solch quotale Aufteilung freilich nicht erforderlich. Denn sofern außenstehende Aktionäre an allen zukünftig herrschenden Unternehmen beteiligt sein möchten, können sie das auf Abfindung in Aktien lautende Angebot noch vor Eintragung der Spaltung annehmen, ohne hierdurch etwaige Abfindungsergänzungsansprüche zu verlieren. Die Auffassung *Gutheils* würde demgegenüber in der Praxis zu erheblichen Verfahrensverzögerungen führen. Überdies bleibt offen, was bei einer Spaltung auf eine GmbH gelten soll.[327] Daher folgt aus einer ergänzenden Vertragsauslegung des Unternehmensvertrags, dass die fortan herrschenden Unternehmen ein laufendes Abfindungsangebot nunmehr auf die Barabfindung, als einzig tunlicher Abfindungsform bei Mehrmütterherrschaft, umstellen müssen.[328]

bb. Auswirkungen auf den Ausgleich

(1) Fortsetzung des Vertrags mit *einem* herrschenden Unternehmen

Ein fester Ausgleich wird durch eine Spaltung des herrschenden Unternehmens nicht berührt. Primärschuldner der Ausgleichsverpflichtung ist fortan der Rechtsträger, der die Rechte aus dem Unternehmensvertrag wahrnimmt. Da der Entstehungsgrund der Verpflichtung bereits mit Abschluss des Vertrags gelegt ist, also die Verbindlichkeit vor dem Wirksamwerden der Spaltung i.S.v. § 133 UmwG "begründet" wurde,[329] haften die aus der Spaltung hervorgehenden Rechtsträger gemäß § 133 UmwG für die fünf folgenden Jahre gesamtschuldnerisch auf den Ausgleich.

---

[326] *Gutheil* Auswirkungen von Umwandlungen auf Unternehmensverträge, S. 225 f.

[327] Eine GmbH ist zu einer Abfindung in Geschäftsanteilen weder berechtigt noch verpflichtet.

[328] Vgl auch zum Vertragsbeitritt *Stephan* in: Schmidt/Lutter AktG § 305 Rdn. 156 m.w.N.

[329] Vgl. zum Entstehungszeitpunkt des Anspruch LG Hamburg AG 1991, 365, 366; MünchKomm AktG/*Bilda* § 304 Rdn. 96; *Emmerich*/Habersack Aktien- und GmbH-Konzernrecht § 304 Rdn. 42; *Tebben* AG 2003, 600, 601.

Hingegen bereitet eine variable Ausgleichsregelung bei einer Spaltung des herrschenden Unternehmens erhebliche Schwierigkeiten. Verwässerungsschutz lässt sich keinesfalls durch eine lediglich quotal am übertragenen Bilanzvermögen ausgerichtete Anpassung der Abfindungsverpflichtung erreichen. Denn das übertragene Netto-Vermögen steht allenfalls in einem mittelbarem Verhältnis zu der für die Unternehmensbewertung maßgeblichen Ertragskraft: Ein Betrieb kann beispielsweise zwar 50 % des Bilanzvermögens ausmachen, aber dennoch nur 10 % zu den Erträgen des Unternehmens beitragen. Bleibt also eine Rumpfgesellschaft, die 40% ihres Bilanzvermögens übertragen hat, herrschendes Unternehmen, kann der Ausgleich nicht einfach quotal um 40 % heraufgesetzt werden.

Wollte man den variablen Ausgleich der Wertrelation zwischen der beherrschten Gesellschaft und dem neuen herrschenden Unternehmen anpassen, würde der Bewertungsaufwand entweder das laufende Spruchverfahren erheblich verzögern oder die Einleitung eines neues Verfahrens erforderlich machen. Dies ist den außenstehenden Aktionären nicht zuzumuten. Das herrschende Unternehmen ist daher nunmehr verpflichtet, einen ausschließlich an den Ertragserwartungen der Untergesellschaft orientierten festen Ausgleichs anzubieten.

(2) Begründung von Mehrmütterherrschaft

Ein fester Ausgleich bereitet auch bei nachträglicher Begründung von Mehrmütterherrschaft keine Probleme. Die Mütter haften nach allgemeinen konzernrechtlichen Grundsätzen fortan gesamtschuldnerisch auf den Ausgleich.[330]

Schwierigkeiten treten jedoch auf, wenn ursprünglich ein variabler Ausgleich angeboten wurde, denn ein solcher ist nach zutreffender h.A. bei Mehrmütterherrschaft unzulässig.[331] Dem variablen Ausgleich liegt die Vorstellung einer fusionsähnlichen Verbindung zwischen abhängiger Gesellschaft und Ausgleichsschuldner zu Grunde. Eine solche Verbindung besteht bei einer Mehr-

---

[330] Vgl. MünchKomm AktG/*Bilda* § 304 Rdn. 34; *Emmerich*/Habersack Aktien- und GmbH-Konzernrecht § 304 Rdn. 8; *Gansweid* Gemeinsame Tochtergesellschaften, S. 149, 144 ff; *Geßler*/Hefermehl AktG § 304 Rdn. 38; KölnKomm AktG/*Koppensteiner* § 304 Rdn. 19.

[331] MünchKomm AktG/*Bilda* § 304 Rdn. 49; *Eschenbruch* Konzernhaftung Tz. 3111; Köln-Komm AktG/*Koppensteiner* § 304 Rdn. 34; *Hüffer* AktG § 304 Rdn. 14; *Emmerich*/ Habersack Aktien- und GmbH-Konzernrecht § 304 Rdn 45; MünchHdbAG/*Krieger* § 70 Rdn. 94; aA *Exner* Beherrschungsvertrag und Vertragsfreiheit, S. 296 und GroßKomm AktG/ *Hasselbach/Hirte* § 304 Rdn. 68.

mütterherrschaft nicht, denn der Integrationsprozess verläuft nicht zugunsten einer Mutter unter Ausschluss der anderen.[332] Hinzu kommen die bereits bei der Abfindung thematisierten Komplikationen bei der Bewertung der herrschenden Unternehmen. Daher sind nunmehr die herrschenden Unternehmen verpflichtet, den festen Ausgleich anzubieten.

cc. Erneute Abfindungsverpflichtung

Wird das herrschende Unternehmen zu einem Zeitpunkt gespalten, in dem das Abfindungsangebot aus dem Unternehmensvertrag nicht mehr angenommen werden kann, stellt sich die Frage, ob die Spaltung eine erneute Pflicht zur Abgabe eines Abfindungsangebots auslöst.

Eine erneute Abfindungspflicht kann auch bei der Spaltung eines vertraglich herrschenden Unternehmens allenfalls bei einer einschneidenden Änderung des Konzerninteresses entstehen.[333] Wann eine solche Änderung des Konzerninteresses eintritt, dass eine erneute Abfindungspflicht entsteht, ist eine Frage des Einzelfalls. Spaltungen des herrschenden Unternehmens zur Neugründung werden regelmäßig nicht zu einer Änderung des Konzerninteresses führen. Anders stellt sich die Situation dar, wenn infolge einer spaltungsbedingten Übertragung des Unternehmensvertrags auf einen bestehenden Rechtsträger zukünftig (auch) ein bislang konzernfremdes Unternehmen Leitungsmacht über die beherrschte Gesellschaft ausüben kann. Hier ist, analog der Argumentation zur Verschmelzung einer Obergesellschaft,[334] von einer neuerlichen Abfindungspflicht auszugehen.

Muss ein neues Abfindungsangebot unterbreitet werden, bemisst sich die Höhe der Abfindung nach dem Unternehmenswert der beherrschten Gesellschaft zum Spaltungsstichtag.[335] Hauptschuldner ist diejenige Gesellschaft, die fortan das Weisungsrecht aus dem Vertrag ausüben darf. Die Angemessenheit des Angebots kann im Spruchverfahren überprüft werden.

---

[332] MünchKomm AktG/*Bilda* aaO.
[333] Vgl. oben, 3. Teil, § 2 B II. 2.c.
[334] Vgl. oben, 3. Teil, § 2 B II. 3. e.
[335] Vgl. oben, 3. Teil, § 2 B II. 3. e. ee., s. auch *Geng* Ausgleich und Abfindung, S. 174.

b. Gesellschafterschutz durch Mitwirkungs- und Beschlusserfordernisse

Nachfolgend wird erörtert, ob die Übertragung der Rechtsposition als vertraglich herrschendes Unternehmen im Wege der partiellen Gesamtrechtsnachfolge einen Zustimmungsbeschluss der Hauptversammlung der beherrschten Gesellschaft und / oder einen Sonderbeschluss ihrer außenstehenden Aktionäre voraussetzt. Die Untersuchung differenziert danach, ob sich der Vertrag lediglich mit einem Rechtsträger fortsetzt, oder ob durch die Spaltung eine Mehrmütterherrschaft etabliert wird.

aa. § 295 Abs. 1 AktG bei Übertragung des Vertrags auf *einen* übernehmenden Rechtsträger

Eine *rechtsgeschäftliche Vertragsübernahme* auf Seiten des herrschenden Unternehmens ist nach h.M. stets an die Zustimmung der Hauptversammlung der Untergesellschaft nach § 295 Abs. 1 AktG geknüpft.[336] Daraus könnte folgen, dass auch die Übertragung des Vertrags auf einen übernehmenden Rechtsträger im Zuge einer Spaltung gemäß § 295 Abs. 1 AktG nur mit Zustimmung der Hauptversammlung der beherrschten Gesellschaft möglich ist.[337]

Jedoch wurde bereits bei der Untersuchung von Verschmelzungen vertraglich herrschender Unternehmen aufgezeigt, dass eine solche Beschlussfassung keinen rechten Sinn ergibt: Da die Hauptversammlung der beherrschten Gesellschaft regelmäßig vom herrschenden Unternehmen dominiert wird, wäre auch bei der Spaltung des herrschenden Unternehmens ein Beschluss nach § 295 Abs. 1 AktG, durch den die Hauptversammlung der beherrschten Gesellschaft der Übertragung des Unternehmensvertrags zustimmen muss, ein reiner Formalakt. Zudem ist auch hier zu berücksichtigen, dass ein “Herrschaftswechsel” infolge einer Spaltung des herrschenden Unternehmens, anders als bei Vertragsbeitritt oder -übernahme, in der Regel nicht das primäre Ziel des Umwandlungsvorgangs ist, sondern sich zumeist nur als Nebeneffekt einer komplexen Strukturmaßnahme darstellt.

---

[336] BGHZ 119, 1 (“Asea/BBC I“); MünchKomm AktG/*Altmeppen* § 295 Rdn. 4; *Emmerich/* Habersack Aktien- und GmbH-Konzernrecht § 295 Rdn. 13; *Hüffer* AktG § 295 Rdn. 5; KölnKomm AktG/*Koppensteiner* § 295 Rdn. 11; *Krieger/Jannot* DStR 1995, 1473, 1478; *Raiser/Veil* Recht der Kapitalgesellschaften § 54 Rdn. 101.

[337] So wohl auch *Teichmann* in: Lutter UmwG § 132 Rdn. 58. MünchKomm AktG/ *Altmeppen* § 297 Rdn. 129 hält eine Anwendung des § 295 AktG zumindest in Fällen der Begründung von Mehrmütterherrschaft für angezeigt.

bb. Hauptversammlungsbeschluss der beherrschten Gesellschaft gemäß § 295 Abs. 1 AktG bei Begründung von Mehrmütterherrschaft

Der rechtsgeschäftlich vereinbarte Beitritt eines weiteren herrschenden Unternehmens zu einem Unternehmensvertrag setzt nach h.A. stets einen zustimmenden Beschluss in der beherrschten Gesellschaft gemäß § 295 Abs. 1 AktG voraus.[338] Diese Auffassung hat sich im Anschluss an den sog. "Asea/BBC"-Fall entwickelt. Dort trat eine bis dato konzernfremde Gesellschaft als weiteres herrschendes Unternehmen einem bestehenden Unternehmensvertrag bei. Bei einem derartigen Vorgang, der allein darauf abzielt, die beherrschte Gesellschaft nun auch dem Konzerninteresse einer weiteren Unternehmensgruppe zu unterstellen, ist ein Zustimmungsbeschluss der Hauptversammlung nach § 295 Abs. 1 AktG offenkundig sachgerecht. Bei spaltungsbedingter Begründung von Mehrmütterherrschaft ist die Ausgangslage aber zumindest dann nicht mit dem Vertragsbeitritt vergleichbar, wenn die Herrschaftsänderung nur Teil eines weitergehenden, komplexen Umwandlungsvorgangs ist. Dies spricht dafür, der Hauptversammlung der beherrschten Gesellschaft bei einer spaltungsbedingten Begründung von Mehrmütterherrschaft kein Zustimmungsrecht einzuräumen. Ausnahmen können nur gemacht werden, wenn die Spaltung offensichtlich dazu instrumentalisiert wird, den Zustimmungsvorbehalt der Hauptversammlung der beherrschten Gesellschaft bei einem rechtsgeschäftlichen Vertragsbeitritt zu umgehen.

cc Sonderbeschluss gemäß § 295 Abs. 2 AktG bei Übertragung des Vertrags auf *einen* übernehmenden Rechtsträger

Oben wurde dargelegt, dass bei bestimmten Varianten der Spaltung des herrschenden Unternehmens eine laufende Abfindungsoption angepasst und / oder vom variablen in den festen Ausgleich gewechselt werden muss. Derartige Maßnahmen greifen in bereits konkretisierte Vermögensrechte der außenstehenden Aktionäre ein. Daher könnte in diesen Konstellationen die Übertragung des Unternehmensvertrags unter dem Vorbehalt eines Sonderbeschlusses gemäß § 295 Abs. 2 AktG stehen.

---

[338] BGHZ 119, 1, 6 ("Asea/BBC I"); MünchKomm AktG/*Altmeppen* § 295 Rdn. 5; *Emmerich*/Habersack Aktien- und GmbH-Konzernrecht § 295 Rdn. 13; KölnKomm AktG/ *Koppensteiner* § 295 Rdn. 11; *Hüffer* AktG § 305 Rdn. 5; *Raiser/Veil* Recht der Kapitalgesellschaften § 54 Rdn. 103.

Allerdings lassen sich gute Gründe gegen eine Anwendung des § 295 Abs. 2 AktG anführen: Die Festlegung der Ausgleichsart (fest oder variabel) obliegt allein dem herrschenden Unternehmen und der abhängigen Gesellschaft. Die außenstehenden Aktionäre haben hierauf keinen Einfluss. Daher wäre es nicht sachgerecht, allein aufgrund eines Wechsels der Ausgleichsart, der ja hier gerade zum Schutz der außenstehenden Aktionäre erfolgt, ein Sonderbeschlussrecht zu gewähren. Ähnliche Erwägungen lassen sich hinsichtlich einer laufenden Abfindungsoption in Aktien anstellen: Folgt man der hier vertretenen Auffassung, dass die außenstehenden Aktionäre aufgrund der Spaltung wählen können, ob sie (a) vor Vollzug der Spaltung das ursprüngliche Angebot oder (b) die fortan stets geschuldete Barabfindung oder (c) eine Abfindung in Aktien des künftig herrschenden Unternehmens annehmen, kann von einer Rechtsbeeinträchtigung kaum die Rede sein.

Die Zuordnung des Unternehmensvertrags bei der Spaltung des herrschenden Unternehmens steht daher nicht unter dem Vorbehalt eines Sonderbeschlusses der außenstehenden Aktionäre.

dd. Sonderbeschluss gemäß § 295 Abs. 2 AktG bei Begründung von Mehrmütterherrschaft

Für den rechtsgeschäftlichen Vertragsbeitritt auf Seiten des herrschenden Unternehmens wird ein Sonderbeschluss nach § 295 Abs. 2 AktG allgemein für entbehrlich gehalten, sofern ein *Barabfindungsangebot* noch angenommen werden kann und ein *fester Ausgleich* vereinbart ist.[339] Dies wird zutreffend damit begründet, dass der Beitritt nicht in die Vermögensrechte der außenstehenden Aktionäre eingreift, sondern diese lediglich einen weiteren Schuldner an die Hand bekommen. Diese Argumentation lässt sich auf die Spaltung übertragen, denn auch eine spaltungsbedingte Begründung von Mehrmütterherrschaft wirkt sich weder auf eine Barabfindung noch auf einen festen Ausgleich aus. Auch hier erhalten die beherrschte Gesellschaft und die außenstehenden Aktionäre einen zweiten Schuldner.[340] In dieser Konstellation ist ein Sonderbeschluss also nicht erforderlich.

---

[339] BGHZ 119, 1, 7 f ("Asea/BBBC I"); BGHZ 138, 136, 138 ff ("Asea/BBC II"); MünchKomm AktG/*Altmeppen* § 295 Rdn. 34 ff; *Hüffer* AktG § 295 Rdn. 11; *Kort* ZGR 1999, 402, 418 ff; *Priester* ZIP 1992, 293, 300 f; *Raiser/Veil* Recht der Kapitalgesellschaften § 54 Rdn. 103.

[340] Zwar wird die Haftungssubstanz nur bei Spaltungen zur Aufnahme vergrößert, andererseits wird sie aber wegen der Nachhaftungsvorschriften auch in den übrigen Fällen zumindest nicht verkürzt.

Komplexer ist Rechtslage, wenn ein auf *Aktien* lautendes Abfindungsangebot noch angenommen werden kann und / oder ein *variabler Ausgleich* angeboten wurde. Hier konstatiert die h.L. für den Fall eines rechtsgeschäftlichen Vertragsbeitritts, dass in bestehende Ansprüche eingegriffen wird, und stellt den Vorgang unter den Vorbehalt eines Sonderbeschlusses.[341] Auch diese Erwägungen könnten auf die Spaltung zu übertragen sein.
Die Argumente für und wider einen Sonderbeschluss entsprechen denjenigen bei Übertragung des Unternehmensvertrags auf einen dritten Rechtsträger. Auch bei Begründung von Mehrmütterherrschaft müssen u.U. die ursprünglichen Angebote auf Ausgleich und Abfindung inhaltlich geändert werden, so dass in bereits begründete Rechtspositionen der außenstehenden Aktionäre eingegriffen wird.[342] Da aber die Festlegung der Ausgleichsart den beteiligten Gesellschaften und nicht den außenstehenden Aktionären obliegt, und weil die außenstehenden Aktionäre noch vor Vollzug der Spaltung das ursprüngliche Abfindungsangebot annehmen können, sollte man auch hier § 295 Abs. 2 AktG teleologisch reduzieren. Die Begründung von Mehrmütterherrschaft in Folge einer Spaltung des herrschenden Unternehmens steht somit nicht unter dem Vorbehalt eines Sonderbeschlusses.

6. Zwischenergebnis zur Spaltung des herrschenden Unternehmens

Bei Spaltung eines vertraglich herrschenden Unternehmens kann der Unternehmensvertrag im Spaltungsvertrag bzw. -plan einer oder mehreren Gesellschaften zugewiesen werden. Findet keine Zuweisung statt, so setzt sich der Vertrag mit demjenigen Rechtsträger fort, der nach der Spaltung die Anteile der beherrschten Gesellschaft hält. Allein der Umstand, dass das herrschende Unternehmen gespalten wird, berechtigt weder die beherrschte Gesellschaft noch das herrschende Unternehmen zur außerordentlichen Kündigung.

Kann ein Barabfindungsangebot nach § 305 AktG noch angenommen werden, haften die aus der Spaltung hervorgehenden Rechtsträger gemäß § 133 UmwG als Gesamtschuldner auf die Erfüllung. Primärschuldner ist die fortan aus dem Unternehmensvertrag berechtigte Gesellschaft.

---

[341] *Emmerich*/Habersack Aktien- und GmbH-Konzernrecht § 295 Rdn. 27; *Hommelhoff* FS Claussen, S. 129, 137 ff; MünchHdbAG/*Krieger* § 70 Rdn. 188; *Pentz* FS Kropff, S. 225; 237 und 240; *Raiser/Veil* Recht der Kapitalgesellschaften § 54 Rdn. 103; *Röhricht* ZHR 162 (1998), 249, 251 ff.

[342] *K. Müller* DB 2002, 157, 159 hält, unter Berufung auf die Rechtslage beim Vertragsbeitritt, im Fall der Aufspaltung und Übertragung auf mehrere Rechtsträger einen Sonderbeschluss offenbar grundsätzlich für erforderlich.

Sofern ein auf Aktien des anderen Vertragsteils lautendes Abfindungsangebot noch angenommen werden kann, schuldet fortan nur die nun aus dem Vertrag berechtigte Gesellschaft eine Abfindung. Die außenstehenden Aktionäre sind rechtzeitig über die Spaltung zu informieren, so dass sie das ursprüngliche Angebot noch vor Eintragung der Spaltung annehmen können. Überdies muss das herrschende Unternehmen zusätzlich nun noch eine Barabfindung anbieten.

Wird im Zuge der Spaltung eine Mehrmütterherrschaft begründet, sind eine Barabfindung und ein fester Ausgleich anzubieten.
Die Übertragung eines Unternehmensvertrags auf einen anderen Rechtsträger im Wege der Spaltung setzt keinen Zustimmungsbeschluss in der beherrschten Gesellschaft nach § 295 Abs. 1 AktG voraus. Da auf der Vermögensebene effektiver Minderheitenschutz gewährleistet werden kann, ist auch § 295 Abs. 2 AktG nicht anwendbar. Somit stehen weder die Spaltung des herrschenden Unternehmens noch die Zuweisung bzw. Übertragung des Unternehmensvertrags unter dem Vorbehalt eines Sonderbeschlusses.

III. Spaltungen der beherrschten Gesellschaft

1. Schicksal des Unternehmensvertrags bei Aufspaltung

Mit Eintragung der Aufspaltung erlischt der übertragende Rechtsträger, § 131 Abs. 1 Nr. 2 UmwG. Mit dem liquidationslosen Erlöschen der beherrschten Gesellschaft geht auch ihre Satzung unter. Hieraus könnte folgen, dass auch ein satzungsüberlagernder Unternehmensvertrag automatisch beendet wird.

Für die *Aufspaltung* der beherrschten Gesellschaft *zur Aufnahme* bejaht die h.M einen derartigen Automatismus.[343] Da die organisationsrechtlichen Rechte und Pflichten der beherrschten Gesellschaft aus einem Unternehmensvertrag nicht sukzessionsfähig sind,[344] ist dem zuzustimmen.

---

[343] *Emmerich*/Habersack Aktien- und GmbH-Konzernrecht § 297 Rdn. 47; *Gutheil* Auswirkungen von Umwandlungen auf Unternehmensverträge, S. 211 f; GroßKomm AktG/*Hasselbach/Hirte* § 304 Rdn. 59; *Hagemann* Die Beendigung kombinierter Gewinnabführungs- und Beherrschungsverträge mit abhängiger GmbH, S. 142; *Heidenhain* NJW 1995, 2877; *Kallmeyer* GmbHR 1995, 578; KölnKomm AktG/*Koppensteiner* § 291 Rdn. 73; *Krieger* ZGR 1990, 542; *Langenbucher* in: Schmidt/Lutter AktG § 297 Rdn. 34, *Mertens* Umwandlung und Universalsukzession, S. 182 f; *K. Müller* BB 2002, 157, 161; *Teichmann* in: Lutter UmwG § 132 Rdn. 59; *Veil* in: Spindler/Stilz AktG § 297 Rdn. 45.

[344] S. oben, 3. Teil, § 2 III. 1. b.

Fraglich ist aber, ob ein Unternehmensvertrag auch bei einer *Aufspaltung* der beherrschten Gesellschaft zur *Neugründung* kraft Gesetzes endet. Es besteht insofern ein Unterschied zu der Aufspaltung zur Aufnahme, als dass bei Neugründungen zugleich mit dem Spaltungsbeschluss auch die Satzung der übernehmenden Rechtsträger festgestellt wird. Im Hinblick auf den satzungsähnlichen Charakter der Unternehmensverträge dürfte es daher möglich sein, im Spaltungsplan die Fortsetzung des Unternehmensvertrags mit einem oder mehreren Rechtsträgern festzulegen.[345]

2. Schicksal des Unternehmensvertrags bei Abspaltung und Ausgliederung

Bei Abspaltungen und Ausgliederungen bleibt der übertragende Rechtsträger nach Eintragung der Spaltung als „Rumpfgesellschaft" bestehen. § 131 Abs. 1 Nr. 1 Satz 2 UmwG ordnet daher folgerichtig an, dass Gegenstände, die nicht durch Rechtsgeschäft übertragen werden können, im Eigentum oder in Inhaberschaft des übertragenden Rechtsträgers verbleiben. Da die organisationsrechtlichen Rechte und Pflichten einer beherrschten Gesellschaft aus einem Unternehmensvertrag nicht rechtsgeschäftlich auf eine dritte Gesellschaft übertragbar sind,[346] folgt aus § 131 Abs. 1 Nr. 1 Satz 2 UmwG, dass sich der Vertrag stets mit der Rumpfgesellschaft fortsetzt.[347]

Für eine automatische Fortsetzung des Unternehmensvertrags auch mit dem abgespaltenen Teil liefert das Gesetz keine Anhaltspunkte.[348] Vielmehr ergibt sich

[345] Wie hier: *Gutheil* Auswirkungen von Umwandlungen auf Unternehmensverträge, S. 217 ff; *K. Müller* BB 2002, 157, 161; *Teichmann* in: Lutter UmwG § 132 Rdn. 59; aA - Fortsetzung mit allen Rechtsträgern zwingend - wohl *Emmerich/Sonnenschein/Habersack* § 15 IV 6 c; wieder anders (für die) GmbH *Hagemann* Die Beendigung kombinierter Gewinnabführungs- und Beherrschungsverträge mit abhängiger GmbH, S. 142, der auch bei Aufspaltungen zur Neugründung stets von einer Beendigung des Vertrags ausgeht.

[346] Vgl. oben, 3. Teil, § 2 III. 1. b.

[347] I.E. wie hier MünchKomm AktG/*Altmeppen* § 297 Rdn. 135; *Emmerich*/Habersack Aktien- und GmbH-Konzernrecht § 297 Rdn. 47; *Gutheil* Auswirkungen von Umwandlungen auf Unternehmensverträge, S. 220; *Hagemann* Die Beendigung kombinierter Gewinnabführungs- und Beherrschungsverträge mit abhängiger GmbH, S. 142; *Heidenhain* NJW 1995, 2873, 2877; Schmitt/*Hörtnagl*/Stratz UmwG § 131 Rdn. 73; *Kallmeyer* in: Kallmeyer UmwG § 126 Rdn. 26; *Langenbucher* in: Schmidt/Lutter AktG § 297 Rdn. 34; *K. Müller* BB 2002, 157, 160; *Teichmann* in: Lutter UmwG § 132 Rdn. 59; *Veil* in: Spindler/Stilz AktG § 297 Rdn. 45.

[348] *Heidenhain* NJW 1995, 2877; aA *Gutzler* Übertragungshindernisse bei der Unternehmensspaltung, S. 124 (mit dem wenig überzeugenden Hinweis auf die abstrakte Interessenlage des herrschenden Unternehmens); *Teichmann* in: Lutter UmwG § 132 Rdn. 59 (ohne Begründung).

aus dem soeben angesprochenen § 131 Abs. 1 Nr. 1 Satz 2 UmwG, dass sich der Unternehmensvertrag ausschließlich mit der Rumpfgesellschaft fortsetzt.

Schließlich ist zu fragen, ob der Vertrag durch rechtsgeschäftliche Gestaltung auf einen oder mehrere ausgegliederte bzw. abgespaltene Rechtsträger erstreckt werden kann. Hier sind die bereits bei der Verschmelzung und Aufspaltung ausgearbeiteten Grundsätze heranzuziehen.[349] Es muss demnach zwischen Spaltungen zur Neugründung und Spaltungen zur Aufnahme unterschieden werden: Während eine Übertragung des Unternehmensvertrags bei der Spaltung zur Aufnahme aufgrund des organisationsrechtlichen Charakters nicht möglich ist,[350] kann bei der Abspaltung zur Neugründung die Fortsetzung des Vertrags im Spaltungsplan festgelegt werden.[351]

3. Schicksal des Unternehmensvertrags bei unterbliebener Zuordnung

Bei *Abspaltung* und *Ausgliederung* bleibt die beherrschte Gesellschaft einschließlich ihrer Satzung als Rumpfgesellschaft bestehen. Mit Blick auf § 131 Abs. 1 Nr. 1 Satz 2 UmwG ist daher hier davon auszugehen, dass sich auch der satzungsüberlagernde Unternehmensvertrag mit der Rumpfgesellschaft fortsetzt. Für eine automatische Fortgeltung mit den übernehmenden Rechtsträgern gibt es keine Anhaltspunkte.

Wird die beherrschte Gesellschaft zur Aufnahme *aufgespalten*, endet der Unternehmensvertrag, da in diesem Falle nicht einmal eine willentliche Zuordnung zum übernehmenden Rechtsträger möglich wäre. Auch bei der Aufspaltung zur Neugründung ist aus dem liquidationslosen Erlöschen des übertragenden Rechtsträgers zu folgern, dass der satzungsüberlagernde Unternehmensvertrag endet, sofern nicht zugleich mit der Feststellung der neuen Satzungen explizit eine Fortsetzung vereinbart wird.

---

[349] Vgl. oben, 3. Teil, § 2 C. III. 1.

[350] *Gutheil* aaO, S. 220; *Gutzler* Übertragungshindernisse bei der Unternehmensspaltung S. 124; *Heidenhain* NJW 1995, 2877; MünchHdbAG/*Krieger* § 70 Rdn. 207; *K. Müller* BB 2002, 157, 161; *Teichmann* in: Lutter UmwG § 132 Rdn. 59.

[351] MünchKomm AktG/*Altmeppen* § 297 Rdn. 135; *Emmerich*/Habersack Aktien- und GmbH-Konzernrecht § 297 Rdn. 47; Schmitt/*Hörtnagl*/Stratz UmwG § 131 Rdn. 74; *K. Müller* DB 2002, 157, 161; *Teichmann* in: Lutter UmwG § 132 Rdn. 59.

4. Sonderzustimmungsrecht / Kündigungsrecht des herrschenden Unternehmens

Teilweise wird in der Literatur vertreten, das herrschende Unternehmen habe bei Spaltung einer beherrschten Gesellschaft hinsichtlich der Zuweisung des Unternehmensvertrags ein auf Treu und Glauben beruhendes Sonderzustimmungsrecht.[352] Ein solches Zustimmungsrecht wäre aber allenfalls von Bedeutung, wenn das herrschende Unternehmen nicht einmal eine zur Verhinderung der Spaltung ausreichende Sperrminorität in der beherrschten Gesellschaft hält. Doch selbst in diesen seltenen Ausnahmefällen wäre ein Sonderzustimmungsrecht nicht sachgerecht. Das herrschende Unternehmen darf jedoch in derartigen Sonderfällen den Unternehmensvertrag ausnahmsweise aus wichtigem Grund kündigen.

In allen anderen Fällen kommt eine außerordentliche Kündigung des herrschenden Unternehmens unter Berufung auf die Spaltung nicht Betracht.[353] Denn in aller Regel kann das herrschende Unternehmen mit seiner Stimmrechtsmacht einen Spaltungsbeschluss in der Untergesellschaft verhindern. Es wäre jedoch rechtsmissbräuchlich, die Spaltung zunächst zu dulden, anschließend aber unter Berufung auf die Spaltung den Vertrag zu kündigen.

5. Folgeprobleme bei Beendigung des Unternehmensvertrags

Soeben wurde aufgezeigt, dass ein Unternehmensvertrag bei einer Aufspaltung der beherrschten Gesellschaft in bestimmten Konstellationen kraft Gesetzes endet. Nachfolgend wird untersucht, welche Folgen die aufspaltungsbedingte Beendigung des Unternehmensvertrags nach sich zieht. Erörterungsbedürftig sind insbesondere das Schicksal einer laufenden Abfindungsverpflichtung und ein eventuelles Sonderbeschlussrecht der außenstehenden Aktionäre analog § 296 Abs. 2 AktG.

---

[352] *Mertens* Umwandlung und Universalsukzession, S. 182; *Gutheil* Auswirkungen von Umwandlungen auf Unternehmensverträge, S. 75, 218.

[353] Großzügiger *Gutheil* aaO, S. 221, *Mertens* aaO, S. 183 und *Krieger/Jannot* DStR 1995, 1479, die offenbar die Kündigung stets zulassen wollen, sobald sich der Vertrag nicht auf alle aus der Spaltung hervorgehenden Rechtsträger erstreckt.

a. Vermögensbezogener Gesellschafterschutz

Wie bereits aufgezeigt, hat der Bundesgerichtshof zutreffend entschieden, dass durch eine vorzeitige Beendigung des Unternehmensvertrags ein laufendes Abfindungsangebot nach § 305 AktG nicht hinfällig wird.[354] Dieser Grundsatz gilt selbstverständlich auch, wenn der Vertrag infolge einer Aufspaltung der beherrschten Gesellschaft endet.

Fraglich ist aber, wie das gesetzliche Abfindungsschuldverhältnis bei einer vertragsbeendigenden Aufspaltung der beherrschten Gesellschaft abzuwickeln ist. *Gutheil* meint, das Umtauschrecht könne nach einer Spaltung der beherrschten Gesellschaft nur einheitlich ausgeübt werden. Die außenstehenden Aktionäre müssten als Gegenleistung die erhaltenen Anteile *aller* aus der Spaltung hervorgegangenen Rechtsträger zum Tausch anbieten. Das Abfindungsrecht werde nicht derart auf die jeweiligen Anteile an den aufnehmenden Gesellschaften gespalten, dass die außenstehenden Aktionäre zwar die Anteile an einer aufnehmenden Gesellschaft gegen die Gewährung eines entsprechenden Bruchteils der Abfindung eintauschen könnten, hingegen die Anteile einer anderen Gesellschaft behalten dürften.[355]

Hieran ist zunächst richtig, dass eine volle wirtschaftliche Entschädigung der außenstehenden Aktionäre auch ohne ein Wahlrecht zwischen den Anteilen der aus der Spaltung hervorgehenden Rechtsträger erreicht werden kann. Allerdings können die außenstehenden Aktionäre im Einzelfall ein Interesse haben, sich für den Verbleib in einer Gesellschaft (oder gegebenenfalls auch in mehreren Gesellschaften) zu entscheiden, gleichzeitig aber bei einer anderen Gesellschaft die Ausstiegsoption wahrzunehmen. Dass ein solches Verfahren, wie *Gutheil* annimmt, das herrschende Unternehmen benachteiligen würde, ist nicht zu erkennen. Vielmehr kann es für das herrschende Unternehmen sogar durchaus vorteilhaft sein, wenn die außenstehenden Aktionäre die Abfindungsoption nicht einheitlich ausüben, weil dann weniger Kapital für die Abfindung aufgebracht werden muss.

Allerdings würde das laufende Spruchverfahren erheblich verkompliziert, wenn die außenstehenden Aktionäre das Abfindungsangebot nicht einheitlich wahrnehmen müssten, sondern wählen könnten, welche Anteile sie gegen den Erhalt einer Abfindung eintauschen möchten. Denn maßgeblich für die Bewertung der

---

[354] BGHZ 135, 374 ("Guano").

[355] So *Gutheil* Auswirkungen von Umwandlungen auf Unternehmensverträge, S. 212 f.

beherrschten Gesellschaft bleibt weiterhin der Stichtag des § 305 Abs. 3 Satz 2 AktG. Es müsste also nun rückbezogen ermittelt werden, welche quotalen Beiträge die aus der Spaltung hervorgehenden Rechtsträger zur Ertragskraft des vormals einheitlichen Unternehmens beigesteuert haben. Dies erscheint praktisch kaum durchführbar. Daher ist *Gutheil* im Ergebnis zuzustimmen. Die außenstehenden Aktionäre können also nach einer Spaltung ihrer Gesellschaft eine laufende Abfindungsoption nur dergestalt wahrnehmen, dass sie dem herrschenden Unternehmen statt einer „alten Aktie" all diejenigen Anteile andienen, die nach der Spaltung eine „alte Aktie" repräsentieren.

b. Gesellschafterschutz durch Beschluss- und Mitwirkungserfordernisse

Wenn eine Aufspaltung der beherrschten Gesellschaft den Unternehmensvertrag beendet, könnte der Spaltungsbeschluss unter dem Vorbehalt eines Sonderbeschlusses der außenstehenden Aktionäre analog §§ 296 Abs. 2, 297 Abs. 2 AktG stehen.

Kann das Abfindungsangebot aus dem Unternehmensvertrag wegen eines laufenden Spruchverfahrens noch angenommen werden, lassen sich die Belange der außenstehenden Aktionäre auf der Vermögensebene hinreichend berücksichtigen. Für eine analoge Anwendung §§ 296 Abs. 2, 297 Abs. 2 AktG bleibt daher in dieser Konstellation kein Raum.

Kann hingegen das Abfindungsangebot aus dem Unternehmensvertrag nicht mehr angenommen werden, so bereitet eine vertragsbeendende Aufspaltung zur Aufnahme durch einen dritten Rechtsträger bei der Ermittlung der Verschmelzungswertrelation erhebliche Schwierigkeiten. Die Problemkonstellation ist vergleichbar mit der Situation bei übertragender Verschmelzung der Untergesellschaft, denn in beiden Fällen kann bei verfristeter Abfindungsoption auf der Vermögensebene keine zufriedenstellende Kompensation geleistet werden. Insbesondere können zukünftig entfallende Ausgleichszahlungen bei der Ermittlung der Umtauschwertrelation nicht berücksichtigt werden. Deshalb ist auch in dieser Konstellation ein Sonderbeschlussrecht zu bejahen.

Bei einer Beendigung des Unternehmensvertrags infolge einer Aufspaltung der beherrschten Gesellschaft zur Neugründung ist ein Sonderbeschlussrecht hingegen auch bei abgelaufener Abfindungsoption zu verneinen. Denn in diesem Fall stehen die außenstehenden Aktionäre nicht anders, als sie auch bei einer

„normalen" Vertragsbeendigung aufgrund Zeitablaufs oder Kündigung stehen würden.

6. Folgeprobleme bei Fortsetzung des Unternehmensvertrags

Nachstehend werden die Folgeprobleme erörtert, die sich ergeben, wenn sich der Unternehmensvertrag nach einer Spaltung der beherrschten Gesellschaft fortsetzt. Wie bereits dargestellt, kann es in zwei verschiedenen Varianten zu einer Fortsetzung des Vertrags kommen:

- *Allein mit der Rumpfgesellschaft* setzt sich ein Unternehmensvertrag bei Abspaltungen zur Aufnahme und bei Abspaltungen zur Neugründung fort, sofern nicht die Erstreckung der vertraglichen Verpflichtung auf den übernehmenden Rechtsträger im Spaltungsplan festgesetzt wird.

- Zu einer Fortsetzung des Unternehmensvertrags mit *mehreren* aus der Spaltung hervorgegangenen *Rechtsträgern* kommt es bei Auf- und Abspaltungen zur Neugründung, sofern im Spaltungsplan die Fortsetzung mit entsprechend festgesetzt wird.

Auch bei der Fortsetzung des Unternehmensvertrags mit einem oder mehreren aus der Spaltung hervorgehenden Rechtsträger bereitet eine laufende Abfindungsoption Komplikationen. Zudem wird zu klären sein, ob und gegebenenfalls wie der Ausgleich anzupassen ist. Schließlich ist zu erörtern, ob die §§ 295, 293 AktG anwendbar sind.

a. Vermögensbezogener Gesellschafterschutz

aa. Auswirkungen auf eine laufende Abfindungsverpflichtung

Auch wenn sich der Unternehmensvertrag nach der Spaltung der beherrschten Gesellschaft mit einem oder mehreren Rechtsträgern fortsetzt, muss wegen der andernfalls auftretenden Schwierigkeiten im Spruchverfahren eine laufende Abfindungsoption einheitlich ausgeübt werden. Anstelle einer „alten Aktie" der Untergesellschaft müssen die außenstehenden Aktionäre also diejenigen Anteile andienen, die nach der Spaltung den Gegenwert einer „alten Aktie" repräsentieren.[356]

[356] Vgl. oben, 3. Teil, § 2 C. III. 5.a. Im Ergebnis so auch *Gutheil* Auswirkungen von Umwandlungen auf Unternehmensverträge S. 212 f.

bb. Auswirkungen auf den Ausgleich

Sofern nicht eine Übertragung des Unternehmensvertrags auf alle aus einer Spaltung der beherrschten Gesellschaft hervorgehenden Rechtsträger vereinbart wird, kann das herrschende Unternehmen mit Eintragung der Spaltung nur noch auf einen Teil des ursprünglichen Vertragspartners Einfluss nehmen und/oder von diesem Abführung der Gewinne verlangen. Daher ist der Ausgleich zu seinen Gunsten anzupassen.[357] Dies folgt aus einer ergänzenden Vertragsauslegung. Die Herabsetzung kann hier entsprechend der Quote des übertragenen Vermögens, das zukünftig der vertraglichen Leitungsmacht entzogen ist, im Verhältnis zum Vermögen der Gesellschaft vor der Spaltung erfolgen. Da die außenstehenden Aktionäre dividendenberechtigte Anteile an der aufnehmenden, unbeherrschten Gesellschaft erhalten, bekommen sie eine hinreichende Kompensation für die Kürzung des Ausgleichs.

Anders ist die Situation bei der Ausgliederung. Hier erhalten nicht die Anteilseigner, sondern die weiterhin beherrschte Gesellschaft die Anteile der ausgegliederten Gesellschaft. Die herrschende Gesellschaft hat somit weiterhin den alleinigen, jetzt mittelbaren, Zugriff auf die Leitung und die Erträge des ausgegliederten Vermögens. Bei einer Ausgliederung auf der Ebene der beherrschten Gesellschaft kommt daher eine Kürzung des Ausgleichs nicht in Frage.

b. Gesellschafterschutz durch Beschluss- und Zustimmungserfordernisse

aa. Beschlussfassungen in der beherrschten Gesellschaft

Eine Beschlussfassung der Hauptversammlung der beherrschten Gesellschaft gemäß § 295 Abs. 1 AktG über die Änderung des Unternehmensvertrags ist nicht erforderlich, da die Hauptversammlung bereits über die Spaltung, d.h. über die Veranlassung der Vertragsänderung beschlossen hat.

Jedoch berühren die hier diskutieren Varianten der Spaltung der beherrschten Gesellschaft die bereits begründeten Kompensationsansprüche der außenstehenden Aktionäre, so dass hier ein Sonderbeschlussrecht analog § 295 Abs. 2 AktG in Frage käme. Bei Spaltungen der beherrschten Gesellschaft zur Neugründung gibt es aber Lösungen, durch die sich ein sachgerechter, vermögensbezogener Außenseiterschutz gewährleisten lässt. Ein zustimmender Sonderbeschluss der außenstehenden Aktionäre zum Spaltungsbeschluss ist

---

[357] *Gutheil* aaO, S. 218 f, 221.

daher nicht erforderlich. Etwas anderes gilt, wenn die beherrschte Gesellschaft zur Aufnahme gespalten wird und das Abfindungsangebot aus dem Unternehmensvertrag nicht mehr angenommen werden kann. Da hier auf der Vermögensebene kein zufriedenstellender Schutz erzielt werden kann, steht in dieser Konstellation die Wirksamkeit des Spaltungsbeschlusses unter dem Vorbehalt eines Sonderbeschlusses nach § 295 Abs. 2 AktG analog.

bb. Beschlussfassung im herrschenden Unternehmen

Die hier erörterten Varianten der Spaltung der beherrschten Gesellschaft könnten unter dem Vorbehalt eines Hauptversammlungsbeschlusses des herrschenden Unternehmens analog § 293 Abs. 2 bzw. § 295 Abs. 1 Satz 2 AktG stehen. Die Untersuchung dieser Frage differenziert danach, ob sich der Vertrag nach der Spaltung der beherrschten Gesellschaft weiterhin mit nur einer Gesellschaft oder aber mit mehreren Gesellschaften fortsetzt.

(1) Fortsetzung des Vertrags mit mehreren Rechtsträgern

Setzt sich der Vertrag nach der Spaltung der beherrschten Gesellschaft mit mehreren Rechtsträgern fort, könnte auf der Ebene des herrschenden Unternehmens § 293 Abs. 2 AktG analog anzuwenden sein, wonach die Hauptversammlung einer herrschenden Aktiengesellschaft dem Abschluss eines Unternehmensvertrags zustimmen muss.

Für einen Analogieschluss spricht insbesondere der Schutzzweck des Zustimmungserfordernisses nach § 293 Abs. 2 AktG: Die Entscheidungskompetenz über den Abschluss eines Unternehmensvertrags liegt u.a. auch deshalb bei der Hauptversammlung des herrschenden Unternehmens, weil der Vertrag die Pflichten zur Verlustübernahme nach § 302 AktG und zur Sicherheitsleistung nach § 303 AktG begründet.[358] Setzt sich der Vertrag nach der Spaltung mit mehr als einer Gesellschaft fort, haftet der andere Vertragsteil zukünftig nicht nur für die Verluste einer beherrschten Gesellschaft, sondern muss die Verluste mehrerer Untergesellschaften ausgleichen. Dies spricht dafür, dass die Gesellschafter des herrschenden Unternehmens das Abstimmungsverhalten ihrer Verwaltung bei der Beschlussfassung über die Spaltung der Untergesellschaft grundsätzlich legitimieren müssen. Auf die Bedeutung der

---

[358] Begr. RegE des § 293, bei *Kropff* S. 381; vgl. ferner KölnKomm AktG/*Koppensteiner* § 293 Rdn. 40; *Hüffer* AktG § 293 Rdn. 17. Zur GmbH vgl. BGH WM 1988, 1819, 1822.

abgespaltenen Gesellschaft innerhalb der Unternehmensgruppe kommt es also nicht an.

(2) Fortsetzung des Vertrags mit nur einem Rechtsträger

Bei Fortsetzung des Unternehmensvertrags allein mit der Rumpfgesellschaft tritt eine Identitätsänderung eines Vertragsteils ein, die als eine Vertragsänderung i.S.v. § 295 Abs. 1 Satz 2 AktG zu begreifen sein könnte. Als solche stünde sie unter einem Zustimmungsvorbehalt der Hauptversammlung der Obergesellschaft. Da aber ein Teil der beherrschten Gesellschaft zukünftig nicht mehr dem Regime des Unternehmensvertrags untersteht, ist der Vorgang eher mit einer (wenn auch nur "partiellen") Vertragsbeendigung vergleichbar. Eine Vertragsbeendigung setzt aber nach der gesetzlichen Konzeption gerade keinen Hauptversammlungsbeschluss des herrschenden Unternehmens voraus, sondern fällt allein in die Kompetenz des Vorstandes. Daher muss in diesen Fällen das Stimmverhalten des Vorstands der Obergesellschaft hinsichtlich des Spaltungsbeschlusses nicht durch seine Hauptversammlung legitimiert werden.

7. Ergebnis zur Spaltung der beherrschten Gesellschaft

Wird eine vertraglich beherrschte Gesellschaft zur Aufnahme aufgespalten, so erlischt der Unternehmensvertrag. Bei Aufspaltungen zur Neugründung steht das Vertragsschicksal zur Disposition der Anteilseigner des übertragenden Rechtsträgers; diese können entscheiden, ob sich der Unternehmensvertrag mit einem oder mehreren aus der Spaltung hervorgehenden Rechtsträgern fortsetzen soll.

Bei Abspaltungen und Ausgliederungen auf der Ebene der beherrschten Gesellschaft setzt sich der Vertrag stets mit der übertragenden Rumpfgesellschaft fort. Wird zur Aufnahme gespalten, setzt sich der Vertag ausschließlich mit der Rumpfgesellschaft fort, wohingegen es bei einer Spaltung zur Neugründung möglich ist, die Fortsetzung auch mit dem neugegründeten Rechtsträger im Spaltungsplan festzulegen.

Erhebliche Probleme bereitet der Vermögensschutz der Außenseiter. Eine laufende Abfindungsoption muss in jedem Falle einheitlich ausgeübt werden. Als Gegenleistung für die Abfindung müssen die außenstehenden Aktionäre also jeweils die einer „alten Aktie“ entsprechenden Anteile aller aus der

Spaltung hervorgehenden Gesellschaften anbieten. Sie können also nicht frei entscheiden, von welchen Anteilen sie sich trennen wollen.

Setzt sich der Unternehmensvertrag nach der Spaltung der beherrschten Gesellschaft mit allen aus der Spaltung hervorgehenden Rechtsträgern fort, ist er quotal aufzuteilen. Andernfalls ist der Ausgleich zu Gunsten des herrschenden Unternehmens anzupassen.

Besondere Zustimmungsrechte der Hauptversammlung der beherrschten Gesellschaft bestehen nicht, denn sie entscheidet bereits mit dem Spaltungsbeschluss über das Schicksal des Vertrags. Bei Spaltungen zur Aufnahme kann jedoch ein Sonderbeschluss erforderlich werden.

Sofern nach der Spaltung mehrere Gesellschaften vertraglich beherrscht werden, besteht in entsprechender Anwendung von § 293 Abs. 2 AktG ein Mitwirkungsrecht der Hauptversammlung des herrschenden Unternehmens.

D. Ergebnis zur Umwandlung im Vertragskonzern

Umwandlungen unter Beteilung einer vertraglich beherrschten Gesellschaft oder eines herrschenden Unternehmens werfen eine Vielzahl komplexer Rechtsfragen auf. Die erste Frage ist stets, welches Schicksal der Unternehmensvertrag in der Umwandlung nimmt. Diese Frage ist jeweils unter besonderer Berücksichtigung der organisationsrechtlichen Besonderheiten der Unternehmensverträge anhand der umwandlungsrechtlichen Sukzessionsdogmatik zu ermitteln.

Der Schutz der außenstehenden Aktionäre erfolgt ganz überwiegend auf der vermögensrechtlichen Ebene. Bei Umwandlungen unter Beteiligung der beherrschten Gesellschaft fällt der Ermittlung der angemessenen Umtauschrelation eine besondere Rolle zu. Die hergebrachte Bewertungsmethodik ist regelmäßig aufgrund des bestehenden Unternehmensvertrags spezifisch zu modifizieren. Nur in wenigen Ausnahmefällen (übertragende Verschmelzung, Spaltung zur Aufnahme) kann ein Sonderbeschlussrecht entstehen, mit dem die außenstehenden Aktionäre theoretisch die Umwandlung ihrer Gesellschaft verhindern könnten.

4. Teil: Umwandlungen im Eingliederungskonzern

§ 1: Das System des Minderheitenschutzes im Eingliederungskonzern

Die Eingliederung ist ausschließlich zwischen zwei Aktiengesellschaften mit Sitz im Inland zulässig. Das Gesetz unterscheidet in §§ 319, 320 AktG zwischen der Eingliederung einer hundertprozentigen Tochtergesellschaft und der Eingliederung durch Mehrheitsbeschluss. Befinden sich bereits alle Aktien in den Händen der zukünftigen Hauptgesellschaft, erfordert die Eingliederung einen Beschluss in der Hauptversammlung der einzugliedernden Gesellschaft, der naturgemäß stets einstimmig ist; ferner einen mit 3/4-Mehrheit zu fassenden Zustimmungsbeschluss der Hauptversammlung der künftigen Hauptgesellschaft.

Die Eingliederung durch Mehrheitsbeschluss nach § 320 Abs. 1 Satz 1AktG ist zulässig, wenn sich bereits 95% der Aktien in der Hand der künftigen Hauptgesellschaft befinden. Außenstehenden Aktionären ist gemäß § 320b Abs. 1 AktG ein Abfindungsangebot zu machen. Der Abfindungsanspruch richtet sich in erster Linie auf Aktien der Hauptgesellschaft, dagegen besteht kein primärer Anspruch auf Barabfindung.[359] Nur wenn die Hauptgesellschaft ihrerseits von einer weiteren Konzernobergesellschaft abhängig ist, können die Minderheitsaktionäre nach § 320b Abs.2 Satz 2 AktG statt Aktien der Hauptgesellschaft auch eine Barabfindung verlangen. Das Wertverhältnis ist nach denselben Regeln zu ermitteln wie beim Umtausch im Zuge einer Verschmelzung.

Ein Eingliederungsbeschluss, der nicht rechtmäßig zustande gekommen ist, kann gemäß § 243 Abs. 1 AktG angefochten werden. Die Anfechtung ist jedoch ausgeschlossen, soweit der Kläger nur die Angemessenheit der Abfindung angreift. Stattdessen findet das Spruchverfahren nach § 1 Nr. 2 SpruchG[360] statt.

Aufgrund dieser Regelungstechnik ergeben sich weder bei Umwandlungen einer eingegliederten Gesellschaft noch bei Umwandlungen der Hauptgesellschaft komplizierte Probleme des Minderheitenschutzes. Einzig in Fällen, in denen ein Spruchverfahren noch anhängig ist, können gewisse Komplikationen auftreten. Die verschiedenen Formen der Umwandlung im Eingliederungskonzern werden nachstehend in einer Fallgruppenanalyse erörtert.

---

[359] H.M., vgl. OLG Hamm AG 1993, 93, Emmerich/*Habersack* Aktien- und GmbH-Konzernrecht § 320b Rdn. 5.

[360] Vgl. auch §§ 320b Abs. 2 Satz 1, 306 AktG a.F.

§ 2: Fallgruppenanalyse

A. Formwechsel

I. Formwechsel der Hauptgesellschaft

Gemäß § 327 Abs. 1 Nr. 2 AktG endet eine Eingliederung, sobald die Hauptgesellschaft nicht mehr die Rechtsform der Aktiengesellschaft hat. Ein Formwechsel der Hauptgesellschaft beendet demzufolge die Eingliederung.

Findet der Formwechsel der Hauptgesellschaft während eines laufenden Spruchverfahrens statt, kann ein bereits begründeter Anspruch der ausgeschlossenen Aktionäre auf Leistung von Aktien der Hauptgesellschaft nicht mehr erfüllt werden.

Eine Möglichkeit zur Lösung des Problems wäre, den außenstehenden Aktionären ein Recht auf einen Wiedereintritt in die eingegliederte Gesellschaft zu gewähren. Jedoch zeigt sich an § 327 Abs. 1 Nr. 1 AktG, dass es der Hauptgesellschaft grundsätzlich unbenommen bleibt, eine vollzogene Eingliederung jederzeit zu beenden, ohne dass das Gesetz ein Wiedereintrittsrecht gewähren würde. Auch für den Fall des Formwechsels ist keine gesetzliche Grundlage für ein Wiedereintrittsrecht ersichtlich.

Daher wandelt sich die ursprüngliche Verpflichtung zur Abfindung in Aktien nunmehr automatisch in eine Barabfindungsverpflichtung. Zwar wäre es auch vorstellbar, den ausgeschlossenen Aktionären einen Anspruch auf Abfindung in GmbH-Anteilen zuzusprechen, hierfür ist aber keine Rechtsgrundlage ersichtlich. Dass eine Eingliederung nur zwischen zwei Aktiengesellschaften zulässig ist, und die Wertung des § 305 Abs. 2 AktG, wonach im Vertragskonzern eine herrschende GmbH weder berechtigt noch verpflichtet ist, eine Abfindung in Geschäftsanteilen anzubieten, weisen eher in die entgegengesetzte Richtung.

Allerdings sind die ausgeschlossenen Aktionäre rechtzeitig über den bevorstehenden Formwechsel zu informieren. Sie können dann ihre Aktienurkunden noch vor dem Formwechsel der Hauptgesellschaft einreichen und erhalten im Gegenzug noch eine Abfindung in Aktien; die gewährten Aktien nehmen dann am Formwechsel teil. Ein Ergänzungsanspruch kann freilich nur noch in bar erfüllt werden.

II. Formwechsel der eingegliederten Gesellschaft

Gemäß § 319 AktG können nur Unternehmen in der Rechtsform der Aktiengesellschaft in eine andere Aktiengesellschaft eingegliedert werden. Daher wird durch einen Formwechsel der eingegliederten Gesellschaft die Eingliederung beendet.[361] Die Minderheitsaktionäre sind bereits aus der Gesellschaft ausgeschieden und nehmen daher nicht mehr am Formwechsel teil. Der Formwechsel der eingegliederten Gesellschaft bereitet deshalb selbst während eines laufenden Spruchverfahrens keine Probleme; die Aktienurkunden der ausgeschiedenen Aktionäre verbriefen weiterhin den Anspruch auf die Abfindung.

B. Verschmelzungen

I. Verschmelzung von Hauptgesellschaft und eingegliederter Gesellschaft

Mit einer Verschmelzung von Hauptgesellschaft und eingegliederter Gesellschaft wird die Eingliederung gegenstandslos. Die außenstehenden Aktionäre sind bereits mit Eintragung der Eingliederung endgültig aus der Gesellschaft ausgeschieden und nehmen demzufolge nicht mehr an der Verschmelzung teil. Ein laufendes Spruchverfahren wird durch den Vorgang nicht berührt.

II. Verschmelzung der Hauptgesellschaft mit einer dritten Gesellschaft

Wird die Hauptgesellschaft mit einer anderen Aktiengesellschaft verschmolzen, so hat dies keine Auswirkungen auf die Eingliederung,[362] wohingegen eine Verschmelzung der Hauptgesellschaft auf eine Gesellschaft anderer Rechtsform die Eingliederung mit den bereits beim Formwechsel aufgezeigten Folgen beendet.

Hinsichtlich der Auswirkungen auf ein laufendes Spruchverfahren ist die Problemkonstellation vergleichbar mit der Verschmelzung eines herrschenden Unternehmens im Vertragskonzern: Tritt die Hauptgesellschaft als aufnehmender Rechtsträger auf, ergeben sich kaum Schwierigkeiten, da sie als Rechtspersönlichkeit erhalten bleibt, und weiterhin in eigenen Aktien abfinden

---

361 *Emmerich/Sonnenschein/Habersack* Konzernrecht § 7 VI 1 b; MünchKomm AktG/*Grunewald* § 327 Rdn. 9; Emmerich/*Habersack* Aktien- und GmbH-Konzernrecht § 327 Rdn. 10; *Hüffer* AktG § 327 Rdn. 4; GroßKomm AktG/*Würdinger* § 327 Anm. 3b; KölnKomm AktG/*Koppensteiner* § 327 Rdn. 11.

362 MünchKomm AktG/*Grunewald* § 327 Rdn. 11; Emmerich/*Habersack* Aktien- und GmbH-Konzernrecht § 327 Rdn. 8; *Hüffer* AktG § 327 Rdn. 4; MünchHdbAG/*Krieger* § 73 Rdn. 73.

kann. Die Gefahr einer verschmelzungsbedingten Verwässerung des Abfindungsanspruchs ist gering, da die Aktionäre der Hauptgesellschaft der Verschmelzung andernfalls nicht zustimmen bzw. diese gerichtlich angreifen würden.

Bei übertragender Verschmelzung erlischt die Hauptgesellschaft zwar liquidationslos mit der Folge, dass ihre - ursprünglich als Abfindung geschuldeten - Aktien für kraftlos zu erklären sind. Die Abfindung kann aber, sofern auf eine andere Aktiengesellschaft verschmolzen wird, nunmehr auf Aktien der aufnehmenden Aktiengesellschaft umgestellt werden, wobei eine rechnerische Anpassung "über das Dreieck" zu erfolgen hat. Wegen der Einzelheiten wird auf die Ausführungen zur Verschmelzung einer vertraglich herrschenden Gesellschaft auf eine dritte Gesellschaft verwiesen.[363]

III. Verschmelzung der eingegliederten Gesellschaft mit einer dritten Gesellschaft

Gemäß § 327 Abs. 1 Nr. 3 AktG endet die Eingliederung, sobald sich nicht mehr alle Aktien der eingegliederten Gesellschaft in der Hand der Hauptgesellschaft befinden. Wie es zur Aufnahme eines Minderheitsaktionärs gekommen ist, ist für den Eintritt dieser Rechtsfolge ohne Bedeutung. Daher wird durch eine Verschmelzung der eingegliederten Gesellschaft die Eingliederung beendet, sofern nicht der Fusionspartner gleichfalls eine 100%ige Tochtergesellschaft der Hauptgesellschaft ist.[364]

Auch in dieser Konstellation bereitet der Minderheitenschutz keine Probleme, da die außenstehenden Aktionäre bereits aus der Gesellschaft ausgeschieden sind. Ihre Aktienurkunden verbriefen weiterhin das Recht auf Abfindung; der Vorgang hat keine Auswirkungen auf ein laufendes Spruchverfahren

C. Spaltungen

I. Spaltung der Hauptgesellschaft

Da eine Abspaltung oder eine Ausgliederung bei der Hauptgesellschaft keinen der Beendigungsgründe des § 327 Abs. 1 AktG auslöst, lassen diese

[363] Siehe oben, 3.Teil, § 2 B. II. 3. a. bb.

[364] MünchKomm AktG/*Grunewald* § 327 Rdn. 10; Emmerich/*Habersack* Aktien- und GmbH-Konzernrecht § 327 Rdn. 10; MünchHdbAG/*Krieger* § 73 Rdn. 74.

Maßnahmen die Eingliederung unberührt. Fraglich ist aber, ob eine Übertragung des Eingliederungsverhältnisses möglich ist.

Da auch hier die Spaltungshaftung des § 133 UmwG greift und keine Minderheitenrechte betroffen sind, sollte eine Übertragung zumindest dann möglich sein, wenn das Eingliederungsverhältnis auf eine andere Aktiengesellschaft gespalten wird[365] und außerdem sämtliche Anteile an der eingegliederten Gesellschaft auf diese Aktiengesellschaft übertragen werden.

Auch bei einer Aufspaltung der Hauptgesellschaft kann das Eingliederungsverhältnis auf einen der aufnehmenden Rechtsträger übertragen werden, sofern dieser eine Aktiengesellschaft ist, die auch sämtliche Aktien der eingegliederten Gesellschaft erhält. Andernfalls endet die Eingliederung infolge der Aufspaltung der Hauptgesellschaft.

Ist ein Spruchverfahren anhängig, so ist bei Ab- und Aufspaltung die Abfindungsverpflichtung anzupassen. Am einfachsten wäre es, auf eine Barabfindung umzustellen. Bedenkt man aber, dass hinter der gesetzlichen Verpflichtung zur Abfindung in Aktien der Hauptgesellschaft die Idee steht, die außenstehenden Aktionäre mittelbar auch weiterhin an den Erträgen ihres Unternehmen zu beteiligen, so spricht mehr dafür, die übernehmende bzw. die spaltungsbedingt wertgeminderte Hauptgesellschaft zur Abfindung in Aktien zu verpflichten. Zu diesem Zwecke ist sie auf den Spaltungsstichtag neu zu bewerten; für die Bewertung der eingegliederten Gesellschaft bleibt weiterhin der Stichtag des § 320b Abs. 1 Satz 5 AktG maßgeblich. Hierdurch wird ein laufendes Spruchverfahren freilich erheblich verzögert. Da eine solche Verzögerung den außenstehenden Aktionären nicht zuzumuten ist, muss die Hauptgesellschaft nun kumulativ eine Barabfindung anbieten.

Bei einer Ausgliederung unter Beibehaltung des Eingliederungsverhältnisses ist eine Anpassung entbehrlich, da sich der Wert der Hauptgesellschaft durch den Vorgang nicht ändert. Wird das Eingliederungsverhältnis hingegen auf die ausgegliederte Gesellschaft übertragen, haben die ausgeschiedenen Außenseiter in entsprechender Anwendung des § 320b Abs. 1 Satz 2 AktG nun ein Wahlrecht zwischen einer Abfindung in Aktien der Konzernspitze und einer Barabfindung.

---

[365] Emmerich/*Habersack* Aktien- und GmbH-Konzernrecht § 327 Rdn. 9; MünchKomm AktG/*Grunewald* § 327 Rdn. 8.

II. Spaltung der eingegliederten Gesellschaft

Abspaltung und Ausgliederung auf Ebene der eingegliederten Gesellschaft lassen - da keiner der Beendigungstatbestände des § 327 AktG ausgelöst wird - die Eingliederung grundsätzlich unberührt.[366]

Fraglich ist aber, ob im Zuge einer Spaltung das Eingliederungsverhältnis zusätzlich noch auf eine andere 100%ige Tochter-Aktiengesellschaft erstreckt werden kann. Dies scheint nicht prinzipiell ausgeschlossen. Allerdings ist zu bedenken, dass § 319 Abs. 1 AktG die Entscheidungskompetenz über die Begründung eines Eingliederungsverhältnis wegen der rigiden Haftung der Hauptgesellschaft nach § 322 AktG der Hauptversammlung zuweist. Hieraus folgt, dass es ohne eine Zustimmung der Hauptversammlung der Hauptgesellschaft nicht zu einer Verdoppelung der Eingliederungsverhältnisse kommen darf.

Wegen der möglichen Verdoppelung der Haftungsrisiken meinen *Habersack* und *Krieger*, dass die Eingliederung auch im Zuge einer Aufspaltung automatisch beendet wird.[367] Dies ist indes nicht zwingend. Wenn man den Übergang des Eingliederungsverhältnisses bei übertragender Verschmelzung auf eine andere 100%ige Tochter-Aktiengesellschaft für grundsätzlich möglich hält,[368] ist auch bei einer Aufspaltung die willentliche Überleitung der Eingliederung auf einen oder auf mehrere übernehmende Rechtsträger zulässig. Sofern allerdings durch die Spaltung mehrere Eingliederungsverhältnisse begründet werden sollen, setzt dies die Zustimmung der Hauptversammlung der Hauptgesellschaft voraus.

D. Ergebnis zur Umwandlung im Eingliederungskonzern

Umwandlungen im Eingliederungskonzern bereiten keine nennenswerten rechtlichen Probleme. Dies liegt daran, dass die Eingliederung nur zwischen zwei Aktiengesellschaft möglich ist und die außenstehenden Aktionäre, anders als im Vertragskonzern, kein Wahlrecht zwischen Ausgleich und Abfindung haben, sondern stets mit der Eintragung der Eingliederung aus der Gesellschaft ausscheiden. Die Rechtsfolgen von Umwandlungen im Eingliederungskonzern lassen sich daher zumeist unmittelbar aus dem Gesetz ableiten.

---

[366] So auch Emmerich/*Habersack* Aktien- und GmbH-Konzernrecht § 327 Rdn. 11; MünchHdbAG/*Krieger* § 73 Rdn. 73.

[367] Emmerich/*Habersack*, Aktien- und GmbH-Konzernrecht § 327 Rdn. 11; MünchHdbAG/*Krieger* § 73 Rdn. 174.

[368] Emmerich/*Habersack* Aktien- und GmbH-Konzernrecht § 327 Rdn. 10.

Schlussbetrachtung

Ist die Nichtaufnahme konzernspezifischer Vorschriften in das UmwG rückblickend als verpasste Chance zu bewerten?

In der Einleitung wurde darauf hingewiesen, dass die Implementierung spezieller Regelungen seinerzeit mit der Begründung verworfen wurde, dass das Haftungskonzept im (qualifiziert) faktischen Konzern noch nicht hinreichend ausdiskutiert sei.[369] Diese Begründung trägt heute nicht mehr, denn mit der zwischenzeitlich etablierten BGH-Rechtsprechung zum „existenzvernichtenden Eingriff" hat sich die Rechtsfigur des „qualifiziert faktischen Konzerns" überholt. Einer Ergänzung des Umwandlungsrechts um konzernspezifische Vorschriften stünde daher nun nichts mehr im Wege. Die Frage lautet also nun, ob für eine Ergänzung des UmwG um konzernspezifische Vorschriften ein Bedürfnis besteht.

Die Untersuchung hat gezeigt, dass sich bei Umwandlungen faktisch verbundener Unternehmen und bei Umwandlungen im Eingliederungskonzern der Minderheitenschutz relativ unproblematisch gestaltet. Hier lassen sich die spezifischen Fragestellungen mit den vorhandenen gesetzlichen Regelungen in den Griff bekommen, so dass kein Bedarf für spezielle Sonderregelungen ersichtlich ist.

Komplizierte Probleme ergeben sich allerdings bei Umwandlungen im Vertragskonzern. Ein fairer Interessenausgleich lässt sich dort teilweise nur mit erheblichem Begründungsaufwand erzielen. Dennoch hat sich gezeigt, dass der Konflikt zwischen den Vermögensinteressen der außenstehenden Aktionäre und dem Umwandlungsinteresse der Unternehmen durch Auslegung vorhandener Vorschriften prinzipiell sachgerecht gelöst werden kann.

Auffällig ist aber, dass die hier erzielten Ergebnisse im Detail teilweise nicht unwesentlich von den Ergebnissen anderer Untersuchungen, namentlich der Untersuchung *Gutheils*, abweichen. Dies könnte für ein klärendes Eingreifen

---

[369] Der Verweis auf die Probleme des qualifiziert faktischen Konzerns war bereits damals wenig überzeugend. Auch wenn seinerzeit Einzelfragen des Haftungstatbestands (Stichwort: Strukturhaftung vs. Verhaltenshaftung) heftig umstritten waren, so war doch bereits recht deutlich, dass die Rechtsfolgen "qualifiziert faktischer Konzernleitung" aus der analogen Anwendung der §§ 302 AktG herzuleiten waren. Hätte man seinerzeit Regelungen über Umwandlungen im Vertragskonzern aufgenommen, hätten diese dann auf Umwandlungen "qualifiziert faktischer" Konzerngesellschaften ausstrahlen können.

des Gesetzgebers sprechen. Allerdings lassen sich die Differenzen hinsichtlich des Schicksals des Ausgleichs nach § 304 AktG darauf zurückführen, dass hier die "Hartmann&Braun"-Entscheidung beim Wort genommen wird, wohingegen *Gutheil* in dieser Frage dem Bundesverfassungsgericht ausdrücklich die Gefolgschaft versagt - was einem deutschen Gericht wegen § 31 Abs. 1 BVerfGG nicht möglich wäre. Ansonsten treten die unterschiedlichen Auffassungen hauptsächlich zu Detailfragen zu Tage, die offenbar durch die Kautelarpraxis zufrieden stellend gelöst werden. Das zeigt sich nicht zuletzt daran, dass in den nunmehr vierzehn Jahren seit Inkrafttreten des UmwG kaum einschlägige Rechtsprechung veröffentlicht wurde.

Wollte man dennoch die Vielzahl der hier erörterten Einzelprobleme einer gesetzlichen Lösung zuführen, würde das ohnehin nicht gerade besonders übersichtliche UmwG weiter überfrachtet. Überdies wurde gezeigt, dass ein sachgerechter Interessenausgleich oft erst durch die Berücksichtigung besonderer Umstände bei der Unternehmensbewertung erzielt werden kann. Detailvorgaben zur Unternehmensbewertung hat der Gesetzgeber aber bewusst nicht in das UmwG aufgenommen. Eine umfassende gesetzliche Lösung der analysierten Interessenkollisionen müsste daher einen Bruch mit dieser Grundsatzentscheidung in Kauf nehmen.

Gutheil erhofft sich von klärenden Worten des Gesetzgebers, dass die außenstehenden Aktionäre zukünftig seltener in langwierige umwandlungsrechtliche Spruchverfahren getrieben würden.[370] Ob gesetzliche Sonderregeln für die Umwandlung vertraglich verbundener Unternehmen tatsächlich zu einer Abnahme der Spruchverfahren führen würden, darf aber bezweifelt werden. Denn sofern Minderheitsgesellschafter vorhanden sind, ist in der Praxis die Einleitung des Spruchverfahrens bzw. die Erhebung einer Anfechtungsklage, unabhängig von der Einbindung eines der beteiligten Rechtsträger in einen Vertragskonzern, ohnehin eher die Regel als die Ausnahme. Es ist daher verständlich, dass der Gesetzgeber zunächst dringlicheren Handlungsbedarf für eine Reform des Spruchverfahrens gesehen hatte. Ob das SpruchG allerdings nachhaltig die erhoffte Verfahrensbeschleunigung bewirken wird, darf nach den bisherigen Erfahrungen der Praxis bezweifelt werden.

Auch jüngere Entscheidungen des Bundesverfassungsgerichts haben den Schutz des Anteilseigentums der Minderheitsgesellschafter im Vertragskonzern deutlich akzentuiert. Insbesondere durch die Entscheidungen "DAT/Altana"

[370] *Gutheil* Die Auswirkungen von Umwandlungen auf Unternehmensverträge, S. 290.

und “Hartmann & Braun“ wurden wegweisende Pflöcke eingeschlagen. Sollten hier diskutierte Probleme zur Entscheidung stehen, ist zu erwarten, dass sich die Rechtsprechung an den verfassungsrechtlich vorgegeben Wegmarken orientieren, und so - auch ohne eine Erweiterung des UmwG um konzern-spezifische Vorschriften - zu interessengerechten Lösungen kommen wird.

Literaturverzeichnis

Adolff, Johannes: Unternehmensbewertung im Recht der börsennotierten Aktiengesellschaft, München 2004.

Aha, Christof: Aktuelle Aspekte der Unternehmensbewertung im Spruchstellenverfahren, AG 1997, 26 ff.

Altmeppen, Holger: Zur Vermögensbindung in der faktisch abhängigen AG, ZIP 1996, 693 ff.

Aubel, Stephan / *Weber*, Christian: Ausgewählte Probleme bei Eingliederung und Squeeze Out während eines laufenden Spruchverfahrens, WM 2004, 857 ff.

Bälz, Ulrich: Verbundene Unternehmen, AG 1992, 277, 285 ff.

Ballerstedt, Kurt: Handels- und gesellschaftsrechtliche Probleme der Organschaft , DB 1956, 813 ff und 837ff;
- Schranken der Weisungsbefugnis aufgrund eines Beherrschungsvertrags, ZHR 137 (1973) 388 ff.

Baumbach, Adolf / *Hueck,* Alfred: GmbH-Gesetz: Gesetz betreffend die Gesellschaften mit beschränkter Haftung, 18. Auflage, München 2005

Bayer, Walter: Der grenzüberschreitende Beherrschungsvertrag. Ein Beitrag zur Dogmatik des deutschen internationalen Konzernrechts; Heidelberg 1988;
- Herrschaftsververänderung im Vertragskonzern - Besprechung der Entscheidung BGHZ 119, 1, ZGR 1993, 599 ff;

Bayer, Wilhelm F.: Mehrstufige Unternehmensverträge, Festschrift Ballerstedt 1975, 157 ff.

Beckmann, Klaus / *Simon,* Stefan: Ist ein Ausgleich gemäß § 304 AktG nach der Unternehmenssteuerreform anzupassen? ZIP 2001, 1906 ff.

Beuthien, Volker: Art und Grenzen der aktienrechtlichen Haftung herrschender Unternehmen für Leitungsmachtmissbrauch, DB 1969, 1781 ff.

Bredow, Günther M. / *Tribulowsky,* Maik: Auswirkungen von Anfechtungsklage und Squeeze-Out auf ein laufendes Spruchstellenverfahren: NZG 2002, 841.

Breuninger, Gottfried E.: Organschaftsfragen bei Umstrukturierungen, JbFStR 1996/1997, 364 ff.

von Bülow, Christoph / *Bücker* Thomas: Das Konzernprivileg des § 36 Nr 3 WpÜG - Tatbestand, Rechtsfolgen, Verfahren, Der Konzern 2003, 185 ff.

Bungert, Hartwin: Unternehmensvertragsbericht und Unternehmensvertragsprüfung gemäß §§ 293a ff AktG, DB 1995, 1384 ff;
- Die Beendigung von Beherrschungs- und Gewinnabführungsverträgen im GmbH-Konzern, NJW 1995, 1118 ff;
- DAT/Altana: Der BGH gibt der Praxis Rätsel auf, BB 2001, 1163.

Bungert, Hartwin / *Eckert*, Jan: Unternehmenswert nach Börsenwert, BB 2000, 1845ff.

Clemm, Hermann: Die Grenzen der Weisungsfolgepflicht des Vorstands der beherrschten AG bei bestehenden Beherrschungsvertrag, ZHR 141 (1977), 197 ff.

Decher, Christian E.: Bedeutung und Grenzen des Börsenkurses bei Zusammenschlüssen zwischen unabhängigen Unternehmen, Festschrift Wiedemann, 2002, S. 787 ff.

Dötsch, Ewald: Organschaft und Umwandlungssteuergesetz, Festschrift Widmann, 2000, S. 265 ff.

Drukarczyk, Jochen: Unternehmensbewertung, 4. Aufl., München 2003.

Ebenroth, Carsten / *Parche*, Ulrich: Konzernrechtliche Beschränkungen der Umstrukturierung des Vertragskonzerns, BB 1989, 637 ff.

Ebenroth, Carsten / *Wilken,* Oliver: Zur Aufhebung von Beherrschungs- und Gewinnabführungsverträgen mit einer Einmann-GmbH; WM 1993, 1617ff.

Ehlke, Michael: Aufhebung von Beherrschungsverträgen – eine schlichte Geschäftsführungsmaßnahme? Zum Beschluss des OLG Karlsruhe vom 3. Juni 1994, ZIP 1995, 355 ff.

Emmerich, Volker: Bestandsschutz im GmbH-Vertragskonzern, in Hommelhoff u. a. (Hrsg.), Entwicklungen im GmbH-Konzernrecht, ZGR Sonderheft 6, 1986, S. 64 ff.

Emmerich, Volker / *Gansweid*, Wolfgang: Die Problematik der Gemeinschaftsunternehmen, JuS 1975, 294 ff.

Emmerich, Volker / *Habersack,* Mathias: Aktien- und GmbH-Konzernrecht, 5. Auflage, München 2008.

Emmerich, Volker / *Sonnenschein*, Jürgen / *Habersack*, Mathias: Konzernrecht, 8. Auflage, München 2005.

Engelmeyer, Cäcilie: Die Spaltung von Aktiengesellschaften nach dem neuen Umwandlungsrecht, Köln 1995.

Erb, Günther: Der Börsenkurs als Untergrenze der Abfindung auch in Verschmelzungsfällen, DB 2001, 523 ff.

Eschenbruch, Klaus: Konzernhaftung, Düsseldorf 1996.

Exner, Werner: Beherrschungsvertrag und Vertragsfreiheit, Frankfurt a.M. 1984.

Flume, Werner: Abfindung der sog. außenstehenden Aktionäre bei Abschluß eines Beherrschungsvertrages, DB 1969, 1047 ff;
- Die Organschaft im Gewerbesteuerrecht; DB 1955, 485 ff;
- Die Organschaft im Körperschaftssteuerrecht, DB 1956, 455 ff.

Ganske, Joachim: Umwandlungsrecht, 2. Auflage, Düsseldorf 1995.

Gansweid, Wolfgang: Gemeinsame Tochtergesellschaften im deutschen Konzern- und Wettbewerbsrecht, 1976.

Gattineau, Verena: Der Beherrschungsvertrag in der Verschmelzung von Aktiengesellschaften, Berlin 2005.

Geibel Stephan / *Süßmann* Rainer (Hrsg.): Wertpapiererwerbs- und Übernahmegesetz (WpÜG) Kommentar, 2. Aufl., München, 2008.

Geng, Norbert: Ausgleich und Abfindung der Minderheitsaktionäre der beherrschten Aktiengesellschaft bei Verschmelzung und Spaltung, Frankfurt am Main 2003;
-Erneute Ausgleichs- und Abfindungsansprüche bei Beitritt zu einem Beherrschungsvertrag, NZG 1998, 715 ff.

Gerkan Hartwin von: Die Gesellschafterklage, ZGR 1988, 441 ff.

Gerth, Axel: Die Beendigung des Beherrschungs- und Gewinnabführungsvertrages, BB 1978, 1497 ff.

Geßler, Ernst: Leitungsmacht und Verantwortlichkeit im faktischen Konzern, Festschrift Harry Westermann 1974, 145 ff;
- Neue Vorschläge zum GmbH-Konzernrecht, DB 1973, 48 ff;
- Bestandsschutz der beherrschten Gesellschaft im Vertragskonzern? ZHR 140 (1976), 433 ff.

Geßler, Ernst / *Hefermehl*, Wolfgang / *Eckhardt*, Ulrich / *Kropff*, Bruno: Aktiengesetz, Kommentar, Band VI, §§ 291-410, München, 1994.

Glaser, Erhard: Grenzen des Weisungsrechts im Vertragskonzern, München 1982.

Goutier, Klaus / *Knopf*, Rüdiger / *Tulloch*, Anthony: Kommentar zum Umwandlungsrecht, Umwandlungsgesetz – Umwandlungssteuergesetz, Heidelberg 1996.

Großfeld, Bernhard: Unternehmens- und Anteilsbewertung im Gesellschaftsrecht. Zur Barabfindung ausscheidender Gesellschafter, 4. Auflage, Köln 2002;
- Börsenkurs und Unternehmenswert, BB 2000, 261ff.

Großkommentar zum Aktiengesetz,
Band 4 (§§ 291- 410), 3. Auflage, Berlin 1975,
§§ 15 - 22, 4. Auflage 1999, 10. Lieferung
§§ 241 - 255, 4. Auflage 1996, 6. Lieferung

Gutheil, Stefan*:* Die Auswirkungen von Umwandlungen auf Unternehmensverträge nach §§ 291, 292 AktG und die Rechte außenstehender Aktionäre, Baden-Baden, 2001.

Gutzler, Stephan: Übertragungshindernisse bei der Unternehmensspaltung - Die partielle Gesamtrechtsnachfolge bei der Spaltung nach dem UmwG 1995 unter besonderer Berücksichtigung des § 132 UmwG, Frankfurt a.M., 2000.

Haarmann, Wilhelm /*Schüppen*, Matthias (Hrsg.): Frankfurter Kommentar zum Wertpapiererwerbs- und Übernahmegesetz, 3. Aufl., Frankfurt am Main 2007.

Haase, Karsten: Das Recht des aktienrechtlichen Abfindungsergänzungsanspruchs, AG 1995, 7ff.

Hachenburg Gesetz betreffend die Gesellschaften mit beschränkter Haftung (GmbHG): Großkommentar / Hachenburg. Hrsg. von Peter Ulmer,
Band II §§ 35 - 52, 8. Aufl., Berlin 1997.

Hagemann, Marcel: Die Beendigung kombinierter Gewinnabführungs- und Beherrschungsverträge mit abhängiger GmbH, Düsseldorf 2005.

Halm, Dirk: Aktuelle Zweifelsfragen bei der Begründung und Beendigung von Unternehmensverträgen mit der GmbH als Untergesellschaft, NZG 2001, 728 ff.

Heckschen, Heribert: Verschmelzung von Kapitalgesellschaften, Stuttgart 1989.

Heckschen, Heribert / *Simon,* Stefan: Umwandlungsrecht, Gestaltungsschwer punkte in der Praxis, Köln 2003.

Heidelberger Kommentar zum Aktiengesetz; Herausgegeben von Tobias Bürgers und Torsten Körber, Heidelberg 2008.

Heidenhain, Martin: Die Sonderrechtsnachfolge bei der Spaltung, ZIP 1995, 801 ff;
- Spaltungsvertrag und Spaltungsplan, NJW 1995, 2873 ff.

Hengeler, Hans: Probleme der Verschmelzung bei Bestehen eines Organvertrages; Festschrift Möhring 1975, S. 197 ff.

Hennrichs, Joachim: Formwechsel und Gesamtrechtsnachfolge bei Umwandlungen, Berlin 1995;
- Zum Formwechsel und zur Spaltung nach dem neuen Umwandlungsgesetz, ZIP 1995, 794 ff.

Hirte, Heribert: Bezugsrechtsausschluß und Konzernbildung, Köln 1986;
- Der Vertragkonzern im Gesellschaftsrecht - eine Teilkodifikation des Rechts des qualifiziert faktischen Konzerns, Köln 1993.

Hoffmann-Becking, Michael: Der materielle Gesellschafterschutz. Abfindung und Spruchverfahren, ZGR 1990, 482 ff;
- Gelöste und ungelöste Fragen des Unternehmensvertrages einer GmbH, WiB 1994, 57 ff.

Hohner, Georg: Beherrschungsvertrag und Verschmelzung, DB 1973, 1487 ff.

Holzborn, Timo / *Blank*, Joachim: Die Nichtzurechnung nach §§ 20, 36 WpÜG und die Befreiung vom Pflichtangebot nach § 37 WpÜG, §§ 8ff. WpÜG AngVO, NZG 2002, 948 ff.

Hommelhoff, Peter: Die Konzernleitungspflicht, 1982;
- (Hrsg.), Entwicklungen im GmbH-Konzernrecht, 1986;
- Eigenkapitalersatz im Konzern und in Beteiligungsverhältnissen, WM 1984, 1105 ff;
- Der Beitritt zum Beherrschungsvertrag und seine Auswirkungen auf die Sicherung außenstehender Aktionäre, Festschrift Claussen 1997, 129 ff.

Hüchting, Hans-Jochen: Abfindung und Ausgleich im aktienrechtlichen Beherrschungsvertrag, Köln 1972.

Hüffer, Uwe: Aktiengesetz, 8 Auflage, München 2008.

Hüttemann, Rainer: Börsenkurs und Unternehmensbewertung, ZGR 2001, 454 ff;
- Unternehmensbewertung als Rechtsproblem, ZHR 162, (1998) 563 ff.

Immenga, Ulrich: Bestandsschutz der beherrschten Gesellschaft im Konzern? ZHR 140 (1976), 301 ff.

Jaeger, Carsten: Sicherheitsleistung für Ansprüche aus Dauerschuldverhältnissen bei Kapitalherabsetzung, Verschmelzung und Beendigung eines Unternehmensvertrags, DB 1996, 1069 ff.

Kallmeyer, Harald (Hrsg.): Umwandlungsgesetz, Kommentar, Verschmelzung, Spaltung und Formwechsel bei Handelsgesellschaften, 3. Aufl., Köln 2006;
- Beendigung von Beherrschungs- und Gewinnabführungsverträgen, GmbHR 1995, 578 ff.

Kamprad, Balduin: Ausgleichszahlungen nach § 304 AktG in einem mehrstufigen Konzern, AG 1986, 321 ff.

Kantzas, Ioannis: Das Weisungsrecht im Vertragskonzern, Frankfurt a.M. 1988.

Kirchner, Jörg / *Sailer*, Viola: Rechtsprobleme bei Einbringung und Verschmelzung, NZG 2002, 305, 311ff.

Kleindiek, Detlef: Funktion und Geltungsanspruch des Pflichtangebots nach dem WpÜG, ZGR 2002, 546 ff.

Kley, Karl Ludwig: Die Rechtsstellung der außenstehenden Aktionäre bei der vorzeitigen Beendigung von Unternehmensverträgen, München 1986.

Knepper, Karl Heinz: Wirksamkeit von Unternehmensverträgen – Phasenverschiebung zwischen Zivilrecht und Steuerrecht, DStR 1994, 377 ff.

Köhler, Helmut: Rückabwicklung fehlerhafter Unternehmenszusammenschlüsse (Unternehmensvertrag, Eingliederung, Verschmelzung, Gemeinschaftsunternehmen), ZGR 1985, 307 ff.

Kölner Kommentar zum Aktiengesetz, Herausgegeben von Wolfgang Zöllner und Ulrich Noack
Band 6: §§ 291 – 410, 2. Aufl. Köln 1987;
Band 6: §§ 15 – 22 AktG, §§291 –328 AktG und Meldepflichten nach § 21 ff WpHG, SpruchG, 3. Aufl. Köln 2004;
Band 7, 1. Lieferung, §§ 329-361, 2. Auflage, Köln 1990.

Kölner Kommentar zum Spruchverfahrensgesetz, Herausgegeben von Bodo Riegger und Dirk Wasmann, Köln 2005.

Kölner Kommentar zum Wertpapiererwerbs- und Übernahmegesetz, mit AngebotsVO und §§ 327 a ff AktG, Herausgegeben von Heribert Hirte und Christoph von Bülow, Köln 2003.

Koerfner, Rolf/ *Selzner*, Harald: Minderheitenschutz beim Abschluß von GmbH-Beherrschungsverträgen, GmbHR 1997, 285 ff.

Koppensteiner, Hans Georg: Abfindungsergänzungsanspruch bereits abgefundener Aktionäre, BB 1978, 769 ff;
- Ordentliche Kapitalerhöhung und dividendenabhängige Ansprüche Dritter, ZHR 139 (1975), 191 ff.
- Unternehmergemeinschaften im Konzerngesellschaftsrecht, ZHR 131 (1968), 289 ff.

Kort, Michael: Der Abschluß von Beherrschungs- und Gewinnabführungsverträgen im GmbH-Recht, Köln 1986;
- Ausgleichs- und Abfindungsrechte beim Beitritt eines herrschenden Unternehmens zu einem Beherrschungsvertrag, ZGR 1999, 402 ff;
- Zur Vertragsfreiheit bei Unternehmensverträgen, BB 1988, 78 ff.

Krieger, Gerd: Der Konzern in Fusion und Umwandlung, ZGR 1990, S. 517 ff;
- Inhalt und Zustandekommen von Beherrschungs- und Gewinnabführungsverträgen im Aktien- und GmbH-Recht, DStR 1992, 432.

Krieger, Gerd / *Jannot*, Dirk: Änderung und Beendigung von Beherrschungs- und Gewinnabführungsverträgen im Aktien und GmbH-Recht, DStR 1995, 1473 ff.

Kropff, Bruno: Aktiengesetz, Textausgabe des Aktiengesetzes mit Begründung des Regierungsentwurfs;
- Der GmbH-Beherrschungsvertrag: Voraussetzung für den Vorrang von Konzerninteressen? Festschrift Semler, 1993, S. 527 ff.

Laule, Gerhard: Die Beendigung eines Beherrschungsvertrages aus wichtigem Grund (§ 297 Abs. 1 AktG) und korrespondierende Handlungspflichten der Verwaltung einer beherrschten AG, AG 1990, 145 ff.

Lutter, Marcus (Hrsg.): Umwandlungsgesetz, Kommentar, 4. Aufl., Köln 2009;
- Organzuständigkeiten im Konzern, Festschrift Stimpel 1985, 825 ff.

Lutter, Marcus / *Hommelhoff*, Peter: GmbH-Gesetz, Kommentar, 16. Auflage, Köln 2004.

Luttermann, Claus: Zum Börsenkurs als gesellschaftsrechtliche Bewertungsgrundlage, ZIP 1999, 45 ff.

Maier-Reimer, Georg / *Kolb*, Franz Josef: Abfindung und Börsenkurs – Verfassungsrecht vs. Aktienrecht? Festschrift Welf Müller, S. 93 ff.

Martens, Klaus Peter: Kontinuität und Diskontinuität im Verschmelzungsrecht der Aktiengesellschaften, AG 1986, 57;
- Unternehmensbewertung nach dem Grundsatz der Methodengleichheit oder dem Grundsatz der Meistbegünstigung, AG 2003, 593, 599.

Meilicke, Wienand: Beendigung des Spruchstellenverfahrens durch Beendigung des Unternehmensvertrages? AG 1995, 181 ff.

Meilicke, Wienand / *Heidel*, Thomas: Berücksichtigung von Schadensersatzansprüchen gem. §§ 117, 317 AktG bei der Bestimmung der angemessenen Abfindung für ausscheidende Aktionäre, AG 1989, 117 ff.

Meister, Norbert: Übergang von Unternehmensverträgen bei der Spaltung der herrschenden Gesellschaft, DStR 1999,1741ff.

Mertens, Hans-Joachim: Empfiehlt sich die Einführung eines konzernbezogenen Reorganisationsverfahrens? ZGR 1984, 542.

Mertens, Kai: Umwandlung und Universalsukzession, Heidelberg 1993;
- Zur Universalsukzession in einem neuen Umwandlungsrecht, AG 1994, 66 ff.

Möhring, Philip: Zur Systematik der §§ 311, 317 AktG, Festschrift Schilling 1973, S. 253 ff.

Mülbert, Peter O.: Aktiengesellschaft, Unternehmensgruppe und Kapitalmarkt, 2. Auflage, München 1996.

Müller, Klaus J.: Auswirkungen von Umstrukturierungen nach dem Umwandlungsgesetz auf Beherrschungs- und Gewinnabführungsverträge, BB 2002, 157 ff.

Müller, Hans-Peter: Zur Gewinn- und Verlustermittlung bei aktienrechtlichen Gewinnabführungsverträgen, Festschrift Goerdeler, 1987, S. 375 ff.

Müller, Welf: Bilanzierungsfragen bei der Beendigung von Unternehmensverträgen, Festschrift Kropff 1997, 517 ff;
- Anteilswert oder anteiliger Unternehmenswert? – Zur Frage der der Barabfindung bei kapitalmarktorientierten Aktiengesellschaft, Festschrift Röhricht 2005, S. 1015 ff.

Münchener Handbuch des Gesellschaftsrechts
Band 3, Gesellschaft mit beschränkter Haftung, 2. Aufl., München 2003, hrsg. von Hans Joachim Priester und Dieter Mayer;
Band 4, Aktiengesellschaft, 3. Aufl., München 2007, hrsg. von Michael Hoffmann-Becking.

Münchener Kommentar zum Aktiengesetz
hrsg. von Bruno Kropff und Johannes Semler,
Band 8, §§ 278-328, 2. Auflage, München 2000;
Band 9.1: §§ 327a-327f AktG ; WpÜG, SpruchG.

Naraschewski, Alexander: Verschmelzung im Konzern: Ausgleichs- und Abfindungsansprüche der außenstehender Aktionäre bei Erlöschen eines Unternehmensvertrages, DB 1997, 1653 ff. und DB°1998, 762 ff.

Neye, Hans Werner /*Limmer,* Peter / *Frenz,* Norbert / *Harnacke*, Ulrich M.: Handbuch der Unternehmensumwandlung, Berlin 1996.

Paschos, Nikolaos: Die Maßgeblichkeit des Börsenkurses bei Verschmelzungen, ZIP 2003, 1017 ff.

Peltzer, Martin: Die Haftung der Konzernmuter für die Schulden ihrer Tochter, AG 1975 310 ff.

Pentz, Andreas: Mitwirkungsrechte und Sicherung der außenstehenden Aktionäre im Falle der Änderung eines Unternehmensvertrages durch Beitritt eines weiteren Unternehmens, Festschrift Kropff 1997, 225 ff.

Phillipi, Ulrich / *Neveling*, Anjella: Unterjährige Beendigung von Gewinnabführungsverträgen im GmbH-Konzern – Beendigungsgründe und Rechtsfolgen, BB 2003, 1685 ff.

Piltz, Detlev: Die Unternehmensbewertung in der Rechtsprechung, 3. Auflage, 1994;
- Unternehmensbewertung und Börsenkurs im aktienrechtlichen Spruchstellenverfahren, ZGR 2001, 185 ff.

Popp, Matthias: Squeeze-out-Abfindung bei Beherrschungs- und Gewinnabführungsverträgen, WpG 2006, 436 ff.

Prael, Christoph: Eingliederung und Beherrschungsvertrag als körperschaftliche Rechtsgeschäfte, Berlin, 1978.

Priester, Hans-Joachim: Liquiditätsausstattung der abhängigen Gesellschaft und unterjährige Verlustdeckung bei Unternehmensverträgen, ZIP 1989, 1301 ff;
- Herrschaftswechsel beim Unternehmensvertrag, ZIP 1992, 293 ff;
- Strukturänderungen - Beschlußvorbereitung und Beschlußfassung, ZGR 1990, 420 ff.
- Die Aufhebung des Unternehmensvertrages. Nagelprobe der Dogmatik des GmbH-Vertragskonzernrechts, ZGR 1996, 189 ff.

Puszkajler Karl Peter: Verschmelzungen zum Börsenkurs? Verwirklichung der BVerfG-Rechtsprechung - Zugleich eine Erwiderung auf Bungert, BB 2003, 1692 ff.

Raiser, Thomas / *Veil*, Rüdiger: Recht der Kapitalgesellschaft - Ein Handbuch für Wissenschaft und Praxis, 4. Auflage, München 2006.

Rehbinder, Eckard: Gesellschaftsrechtliche Probleme mehrstufiger Unternehmensverbindungen, ZGR 1977, 581 ff.

Richter, Wolfgang / *Stengel*, Arndt: Anforderungen an die Zustimmung der Gesellschafter der abhängigen GmbH zum Abschluß eines Beherrschungs- und/oder Gewinnabführungsvertrages, DB 1993, 1861ff.

Rieble, Volker: Verschmelzung und Spaltung von Unternehmen und ihre Folgen für Schuldverhältnisse mit Dritten, ZIP 1997, 301ff.

Riegger, Bodo: Der Börsenkurs als Untergrenze der Abfindung, DB 1999, 1899 ff;
- Die Bedeutung des Ausgleichsanspruchs in einem Unternehmensvertrag für die im Rahmen einer nachfolgenden Strukturmaßnahme zu gewährende Kompensation, Festschrift Priester 2007, 661 ff.

Rix, Reinhard: Gesellschaftsrechtliche Probleme von Gewinnabführungsverträgen bei der GmbH, MittRhNotK 1986, 29 ff.

Rodloff, Frank: Börsenkurs statt Unternehmensbewertung, DB 1999, 1149 ff.

Röhricht, Volker: Die Rechtsstellung der außenstehenden Aktionäre beim Beitritt zum Beherrschungsvertrag, ZHR 162 (1998), 159 ff;
- Die GmbH im Spannungsfeld zwischen wirtschaftlicher Dispositionsfreiheit ihrer Gesellschafter und Gläubigerschutz, Festschrift 50 Jahre BGH, 2000, 53 ff.

Roth, Günther H. / *Altmeppen,* Holger: Gesetz betreffend die Gesellschaften mit beschränkter Haftung (GmbHG), Kommentar, 5. Auflage, München 2005.

Rottnauer, Achim: Kompetenzielle Schranken der Leitungsmacht im GmbH-Vertragskonzern, NZG 1999, 228 ff.

Rowedder, Heinz: Gesetz betreffend die Gesellschaften mit beschränkter Haftung (GmbHG), Kommentar / von Heinz Rowedder u.a., 4. Auflage, München 2002.

Säcker, Franz Jürgen: Die Rechte der Aktionäre bei konzerninternen Umstrukturierungen gemäß §§ 304 f AktG, DB 1988, 271.

Sagasser, Bernd / *Bula*, Thomas / *Brünger*, Thomas R.: Umwandlungen - Verschmelzung, Spaltung, Formwechsel, Vermögensübertragung, 2. Aufl., München 2000.

Schäfer, Carsten: Höchstpersönliche Rechte (Gegenstände) in der Aufspaltung, in Habersack, Koch, Winter (Hrsg.) Die Spaltung im neuen Umwandlungsrecht und ihre Rechtsfolgen, Heidelberg 1999, 114 ff.

Schlögell, Christian: Die Beendigung von Unternehmensverträgen im GmbH-Konzern, GmbHR 1995, 401 ff.

Schmidt, Jochen: Das Recht der außenstehenden Aktionäre, Frankfurt a.M. 1979.

Schmidt, Karsten: Gesellschaftsrecht, 4. Aufl., Köln 2002;
- Die konzernrechtliche Verlustübernahmepflicht als gesetzliches Dauerschuldverhältnis, ZGR 1983, 513 ff;
- Zwingend gesamtschuldnerischer Verlustausgleich bei der Mehrmütter-Organschaft?, DB 1984, 1181 ff;
- Universalsukzession kraft Rechtsgeschäfts - Bewährungsproben eines zivilrechtsdogmatischen Rechtsinstituts im Unternehmensrecht, AcP 191 (1991), 495 ff.

Schmidt, Karsten / *Lutter*, Markus (Hrsg.): Aktiengesetz Kommentar, Köln 2008.

Schmitt, Joachim / *Hörtnagl*, Robert / *Stratz*, Rolf-Christian: Umwandlungsgesetz, 4. Auflage, München 2006.

Schneider, *Uwe H.* (Hrsg.): Beherrschungs- und Gewinnabführungsverträge in der Praxis der GmbH, Frankfurt 1989;
- Das Recht der Konzernfinanzierung, ZGR 1984, 497 ff.

Schöne, Torsten: Die Spaltung unter Beteiligung von GmbH gem. §§ 123 ff. UmwG, Köln 1998.

Scholz, Franz: Kommentar zum GmbH-Gesetz
Band I: §§ 1-44, Anh. Konzernrecht, 9. Auflage, Köln 2000.

Schröer, Thomas: Sicherheitsleistung für Ansprüche aus Dauerschuldverhältnissen bei Unternehmensumwandlungen, DB 1999, 317 ff.

Schubert, Theo: Verschmelzung: Ausgleich und Abfindungsansprüche außenstehender Aktionäre bei vorhergehendem Unternehmensvertrag, DB 1998, 761 ff.

Schulze-Osterloh, Joachim: Das Recht der Unternehmensverträge und die stille Beteiligung an einer Aktiengesellschaft, ZHR 142 (1978), 519 ff.

Schwab, Martin: Abfindungsanspruch außenstehender Aktionäre bei Beendigung des Unternehmensvertrages durch Verschmelzung, BB 2000, 527 ff.

Schwark, Eberhard (Hrsg.): Kapitalmarktrechts-Kommentar, 3. Aufl., München 2004.

Schwedhelm, Rolf: Die Unternehmensumwandlung, 5. Aufl., Köln 2006.

Schwenn, Dirk: Der Ausgleich und Abfindungsanspruch der außenstehenden Aktionäre im Unternehmensvertrag bei Eintritt neuer Umstände, Frankfurt a.M. 1998.

Seetzen, Uwe: Spruchverfahren und Unternehmensbewertung im Wandel, WM 1999, 565 ff;
- Die Bestimmung des Verschmelzungswertverhältnisses im Spruchstellenverfahren, WM 1994, 45 ff.

Semler, Johannes / *Stengel,* Arndt (Hrsg): Umwandlungsgesetz, 2. Aufl., München 2007.

Sina, Peter: Grenzen des Konzernweisungsrechts nach § 308 AktG, AG 1991, 1 ff.

Sonnenschein, Jürgen: Organschaft und Konzerngesellschaftsrecht, Baden-Baden 1976.

Spindler, Gerald / *Stilz,* Eberhard (Hrsg.): Kommentar zum Aktiengesetz, München 2007.

Streck, Michael / *Mack*, Alexandra / *Schwedhelm*, Rolf: Verschmelzung und Formwechsel nach dem neuen Umwandlungsgesetz, GmbHR 1995, 161 ff.

Tebben, Joachim: Ausgleichszahlungen bei Aktienübergang, AG 2003, 600 ff.

Technau, Konstantin: Übernahmerechtliche Austrittsrechte in Verschmelzungsfällen AG 2002, 260 ff.

Timm, Wolfram: Die Aktiengesellschaft als Konzernspitze, München 1980;
- Geklärte und offene Fragen im Vertragskonzernrecht der GmbH, GmbHR 1987, 8, 11 ff;
- Zur Sachkontrolle von Mehrheitsentscheidungen im Kapitalgesellschaftsrecht, ZGR 1987, 403 ff.

Ulmer, Peter (Hrsg.): Probleme des Konzernrechts, 1989;
- Der Gläubigerschutz im faktischen GmbH-Konzern beim Fehlen von Minderheitsgesellschaftern, ZHR 148 (1984), 391 ff;

Ulmer, Peter / *Habersack*, Mathias / *Winter*, Martin (Hrsg.): Gesetz betreffend die Gesellschaften mit beschränkter Haftung (GmbHG), Großkommentar, Band III, §§ 53 bis 87, Tübingen 2008

Veil, Rüdiger: Unternehmensverträge, Organisationsautonomie und Vermögensschutz im Recht der Aktiengesellschaft, Tübingen 2003.

Veith, Alexander: Der Gläubigerschutz beim Formwechsel nach dem Umwandlungsgesetz, Franfurt a. M. 2003.

van Venrooy, Gerd: Probleme der Gläubigersicherung nach § 303 AktG, BB 1981, 1003 ff.

Vetter, Eberhard: Zur Aufhebung eines Beherrschungs- und Gewinnabführungsvertrages im GmbH-Recht, ZIP 1995, 345 ff;
- Die Entschädigung der Minderheitsaktionäre im Vertragskonzern erneut vor dem BVerfG, ZIP 2000, 561 ff;
- Börsenkurs und Unternehmensbewertung, DB 2001, 1347 ff.

Vollrath, Hans-Joachim: Grenzen des Minderheitenschutzes bei der verschmelzungsbedingten Realisierung einer Gesellschafterbeteiligung, Festschrift Widmann, 2002, S. 121.

Vossius, Oliver: Unternehmensvertrag und Umwandlung; Festschrift Widmann 2000, S. 133 ff.;
- Squeeze-out – Checklisten für Beschlussfassung und Durchführung, ZIP 2002, 511ff.

Wasmann, Dirk: Bewegung im Börsenkurs: Kippt die "Dreimonats"-Rechtsprechung? BB 2007, 680 ff.

Weiler, Lothar / *Meyer,* Ingo: Heranziehung des Börsenkurses zur Unternehmensbewertung bei Verschmelzungen, ZIP 2001, 2153 ff.

Westermann, Harry: Die Folgen von Verschmelzung und Umwandlung nach § 15 UmwG von Aktiengesellschaften für Beherrschungsverträge, Festschrift Schilling 1973, 271 ff.

Widmann, Sigfried / *Mayer,* Dieter: Umwandlungsrecht – Kommentar zur Umwandlung von Unternehmungen nach neuestem Handels- und Steuerrecht, Bonn, Loseblattt, 102. Lieferung, 2008.

Wiedemann, Herbert: Die Unternehmensgruppe im Privatrecht, 1988.

Wilhelm, Hermann: Die Beendigung des Beherrschungs- und Gewinnabführungsvertrags, Berlin 1976.

Wilm, Daniel: Abfindung zum Börsenkurs, NZG 2000, 234 ff;
- Nochmals: Abfindung zum Börsenkurs, NZG 2000, 1070 ff.

Wilsing, Hans-Ulrich / *Kruse*, Tobias: Maßgeblichkeit der Börsenkurse bei umwandlungsrechtlichen Verschmelzungen? DStR 2001, 991 ff.

Winter, Martin: Mitgliedschaftliche Treuebindungen im GmbH-Recht, München 1988.

Würdinger, Hans: Betrachtungen zur Regelung der Konzernverfassung im Entwurf des Aktiengesetzes, DB 1958, 1447 ff.

Zeidler, Finn: Ausgewählte Probleme des GmbH-Konzernrechts, NZG 1999, 692, 693 ff.

Zöller, Richard (Begr.) / *Geimer*, Reinhold: Zivilprozessordnung; mit Gerichtsverfassungsgesetz und den Einführungsgesetzen, 27. Aufl. 2008.

Zöllner, Wolfgang: Die sogenannten Gesellschafterklagen im GmbH-Recht, ZGR 1988, 392 ff.;
- Inhalt und Wirkung von Beherrschungsverträgen bei der GmbH, ZGR 1992, 182 ff.

FSC
www.fsc.org
MIX
Papier | Fördert
gute Waldnutzung
FSC® C083411

Kolibri 360 GmbH
Ferdinand-Jühlke-Straße 7
99095 Erfurt, Deutschland
produktsicherheit@kolibri360.de